原始・古代日本の集落

山岸良二 編

はじめに

　近年の考古学界において「集落論研究」は、本書でも何人かの執筆者が「混乱の観は拭えない」「悲観すべき状況」と手厳しく指摘しているように閉塞状況にあると思われる。
　その諸原因として、すでに多くの先学により危惧されていた増大する発掘資料数に理論的研究側面が追いつかない現状、同じく急増する遺跡調査に従事する第一線研究者のレベル低下現象といった根本的要因も指摘されている。
　その一方で、土器片などの精緻な発掘調査データの分析を実践したり、集落周辺の立地や地形面をも総合的に分析する視点を示唆したり、集落密度や土器形式の変遷状況から細かな地域性を掌握しようとしたり、生産関連遺物の出土状況と「市」場の姿を復元するといった地道な研究も各地で展開されている。
　本書はこのような視点から近年の研究動向のなかで注目すべき発表を行っている執筆者を選び、「今、集落研究に欠けている点は何か」という基本スタンスのもと、時系軸にしたがい縄文から古代までの論考を掲載している。今後の研究の展開に資するところ大であろうと自負するものであるが、読者諸氏の忌憚のないご批判を賜れば幸いである。
　なお本書刊行にあたっては同成社の山脇洋亮、工藤龍平両氏に原稿の遅れ等を含め、さまざまにご迷惑をおかけした。お詫びとともに厚く御礼申し上げたい。

　　2004年7月

　　　　　　　　　　　　　　　　　　　　　　　　　編者・山岸良二

目　次

はじめに
序　章　集落論研究の現状と課題——近年の研究動向分析を中心に—— …… 3
第1章　縄文時代の集落 ……………………………………………………… 19
　第1節　北海道・東北地方における集落変遷 ……………………………… 20
　第2節　縄紋集落研究の新展開 ……………………………………………… 37
第2章　弥生時代の集落 ……………………………………………………… 51
　第1節　瀬戸内地方の弥生集落 ……………………………………………… 52
　第2節　深い竪穴、浅い竪穴——旧地表面の考古学のために—— ……… 67
　第3節　南関東地方における弥生時代集落遺跡研究の課題
　　　　　　——いわゆる「低地」遺跡の評価をめぐって—— …………… 102
　第4節　原史集落の変貌——荒川下流域の弥生〜古墳時代へ—— ……… 126
第3章　古墳時代の集落 ……………………………………………………… 147
　第1節　東北古墳時代終末期の在地社会再編 ……………………………… 148
　第2節　古墳時代のムラ——黒井峯遺跡—— ……………………………… 169
第4章　歴史時代の集落 ……………………………………………………… 179
　第1節　古代東国集落遺跡研究の新展開 …………………………………… 180
　第2節　奈良・平安時代　都城の邸宅遺構 ………………………………… 192
　第3節　東国の集落遺跡に見る古代の終焉 ………………………………… 212
　第4節　古代の「市」を探る ………………………………………………… 229

装丁　吉永聖児

◎本書の執筆分担◎

序　章		山岸良二
第1章　縄文時代の集落	第1節	岡田康博
	第2節	小林謙一
第2章　弥生時代の集落	第1節	正岡睦夫
	第2節	及川良彦
	第3節	安藤広道
	第4節	鈴木敏弘
第3章　古墳時代の集落	第1節	菅原祥夫
	第2節	石井克己
第4章　歴史時代の集落	第1節	宮瀧交二
	第2節	村田和弘
	第3節	笹生　衛
	第4節	井上尚明

原始・古代日本の集落

序　章　集落論研究の現状と課題
――近年の研究動向分析を中心に――

1．はじめに

　集落論研究は墓制論研究・祭祀論研究と並んで考古学における基本的な社会構成復元研究の一翼を担うもので、学史的にもさまざまな先学が多くの業績を残してきている。
　本論では、ここ数年の集落論に関する研究動向について概観分析し、その研究方向と本書との関連に触れ、さらに筆者らが継続して実施している弥生時代後期～古墳時代前期竪穴式住居内生活域面積計算の分析から新たな集落論への一指針を示し、今後の集落論研究への課題を提起したい。

2．近年の集落論研究の動向概論

　1990年代後半以降の「集落論研究」は考古学全般の研究動向と軌を一つにするように低迷・停滞しているといえよう。
　1980年代前半日本考古学協会山梨大会で「縄文時代集落の変遷」をテーマとして、全国各地の小地域ごとの現状と課題がとり上げられた（日本考古学協会1984）。
　さらに同じ時期田中義昭はかつて南関東における弥生時代中期から後期の集

落動態について、「拠点集落」と「周辺集落」との大別による分析を示した経緯から新たな弥生時代集落研究の課題を提起した（田中1984）。

1980年代後半から90年代にかけて、佐賀県吉野ヶ里遺跡の全貌が明らかになるにつれ、いわゆる「環濠集落論研究」が全国的に活発となる。なかでも、大阪府池上曽根遺跡、奈良県唐古鍵遺跡など多数の環濠集落が検出された近畿、神奈川県大塚遺跡、千葉県大崎台遺跡などが検出された南関東地域での研究は都出比呂志の業績を筆頭に武末純一、安藤広道に代表される精緻な分析成果が報告されてきた（都出1983、武末1990、安藤1991）。

一方、研究自体は1930年代から始まる「弥生高地性集落」の研究もこの時期に飛躍的に伸びる。森岡秀人による全国的な総合研究により、従来「倭国大乱」記事との関連のみを追及されていた研究方向が今日では後期段階や終末期段階の例や分布も瀬戸内海方面のみならず北陸、北関東地域にも拡散している現象が指摘されるようになった（森岡1996・1999）。さらに、丘陵全域150ヘクタールにも及ぶ大集落遺跡の全貌が明らかになった鳥取県妻木晩田遺跡群の発見がこの研究に大きな貢献を成している。

この時期は、古墳時代で群馬県三ツ寺遺跡の発掘に代表されるいわゆる「豪族居館・首長居館」遺構の検出が注目された。方形の環濠に囲まれた敷地内に、大型掘立柱建物群と竪穴住居群とが企画的に存在し、大量の石製模造品等祭祀関係遺物が出土する様相は、その後全国各地で類例の発見が相次ぎ、従来希薄であった「古墳時代首長層」の生活実態解明に大きく貢献した。その一方、1970年代から大阪府嶋上郡衙跡遺跡以来全国で同様な郡衙遺跡が発見され、奈良時代地方行政拠点である郡衙と付属集落との研究に拍車がかかった。宮城県多賀城では外郭に計画的な集落が道路とともに造営されていたことも判明した。さらに、国府関係の調査も茨城県鹿の子遺跡からの「漆紙文書」発見に見られるように肥後、近江、筑後、武蔵などいくつかの国分寺と国府との関係を解明する事例発見が相次いだ。そのようななか、古代幹線道にからむ駅家をめぐる遺跡も静岡県御子ケ谷、兵庫県犬丸遺跡のように「駅」名記入の墨書土器類の分

析から判明してきた。

　1990年代は二つの「都市論」に翻弄された時期と総括できる。

　まず、「縄文都市論」が1992年から調査が開始された青森県三内丸山遺跡の成果から岡田康博、小山修三らによって提唱された。従来の縄文集落像、古くは藤森栄一、武藤雄六らによって分析されてきた中部高地縄文中期集落の実態から復元された小集団の短期集落像は、数千年間にわたる長期の同一時期5百人を越す大集団の「都市」像へと塗り替えられた。しかし、これに対しても90年代後半には批判が提起されてきている（梅原1995、山田1997）。

　このように一見縄文都市論が集落問題をも活発化しているように把握されていたが、研究自体は閉塞的な停滞気味の観は否めず、全国的規模で縄文時代研究を進めている縄文時代文化研究会ではこの状況打破のため大規模な「集落シンポ」を開催した（縄文2001）。

　ほぼ時を同じくして、大阪府池上曽根遺跡の調査成果が順次公表されてくるにつれ広瀬和雄らを中心に「大規模な弥生都市論」説が展開されてくる（広瀬1998）。一般の弥生集落規模をはるかに凌駕する何重にも巡らされた環濠、130m²を越す独立棟持柱を備えた巨大な掘立柱建物の「神殿」、遺跡全面積から同時期に千人を超す人口を擁していたと推定される「国」、これらが「弥生都市国家」論を醸成させていった。この動きは、佐賀県吉野ヶ里遺跡における「大環濠集落」＝「邪馬台国以前の大クニ」とする意向の高揚とまさに軌を一にしている。これらについても、2000年代に入って「都市」自体の定義も含めて、弥生社会論の再考という視点からの自重・批判が出されている（若林2001、禰宜田2002）。

　2000年が近づくにつれ、隣国の韓国・中国との弥生〜古墳時代に関する研究交流が活発化してくる。なかでも九州考古学会と嶺南考古学会合同研究会が毎年開催され、いち早く半島における環濠集落などの情報が広く伝わるようになった（奈良1997）。

　2000年代に入り、先にも触れたように生業論・交易論・祭祀論にくらべて集落論全般はやや停滞気味であり、そのなかで縄文時代だけは精緻な研究分析法

により新たな成果が挙げられている。山本暉久は環状集落の構造と墓域との関係論を説き、小林謙一は縄文集落の詳細な分析による変遷過程の復元作業を示し、羽生淳子は遺跡分布と集落規模、石器組成から定住度の指標モデルを考案した。このようなさまざまな方面からの細部分析の研究志向が各地で試行されている（小林1996、羽生2000、山本2001、石坂2002）。

弥生時代では近畿地方を中心に「環濠集落」「高地性集落」の細かな吟味が進捗している（大阪、松本2001）。一方、関東地方では従来方形周溝墓と報告されてきた事例に建物跡・住居跡の可能性が高い点が指摘され、新たな住居論もしくは集落論へと発展する動向が注目されている（及川、福田2001）。

シンポでは相変わらずテーマに集落・村落論が登場するが、古代分野では国衙・郡衙などの成立時期と集落との基本関係の考察などが議論されたり（埼玉2002）、東京都落川・一の宮遺跡の成果を基本に鉄器生産を生業とする集落構造の解明が論議されたりした（東京2004）。このような、古代村落内における生業内容と集落規模との関連研究は1991年度開催の日本考古学協会仙台大会時から指摘されてきた視点であり、今後の方向性の一つを示している。

以上概観してきたように、縄文時代を除いてはやや停滞・低迷気味と思われる近年の集落論について本書では、ここ数年積極的に独自の論考を示している中堅・若手の研究者を中心にさらに深化した内容を執筆していただいた。

3. 基本人口計算の一試論

この項では、筆者が関係する東邦考古学研究会が十年来研究を進めている房総半島における弥生時代後期から古墳時代前期の竪穴式住居跡面積計算の成果について触れながら、集落論のベースである竪穴住居内の利用状況から基本人口計算の単位割り出しを意図しようとする試論を展開する。

南関東弥生時代研究では、竪穴式住居の平面形態についての変遷は古くから「中期から後期が円形・楕円形を基本」「後期から末期には隅丸方形・隅丸長方

図1 後期土器の分布図

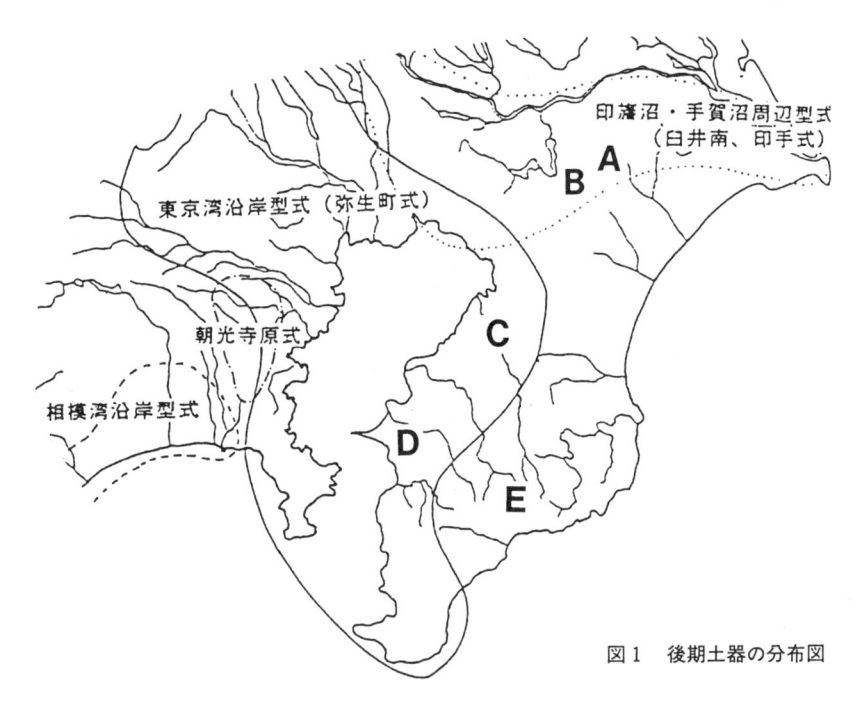

形」に変化していくことが把握されてきた。さらに、次の古墳時代前期になると方形度が増して、コーナー部の丸み度もほとんどなくなる傾向が指摘されている。

集落論研究を考える場合、その同一時期における構成人員数の掌握は集団規模等と関係して重要な要素である。かつて、関野雄らによって「竪穴住居の人員計算」が床面積から推察されたが、近年の研究では床面の「ハシゴ場」「寝所」「棚置き場」「炉」「貯蔵穴」といった〔利用区分〕による日常的利用場と非日常的利用場の区分が考えられている。

そのような意味から、本会では房総半島地域の弥生時代後期から古墳時代前期遺跡を対象に「全床面積」と「主柱空間内面積」＝日常的利用区分場との計算対比研究を進めてきた（東邦1992〜2003、図2の1号住参照）。

同じような視点からの研究は、弥生時代中期の神奈川県大塚遺跡を材料に倉

8 序　章　集落論研究の現状と課題

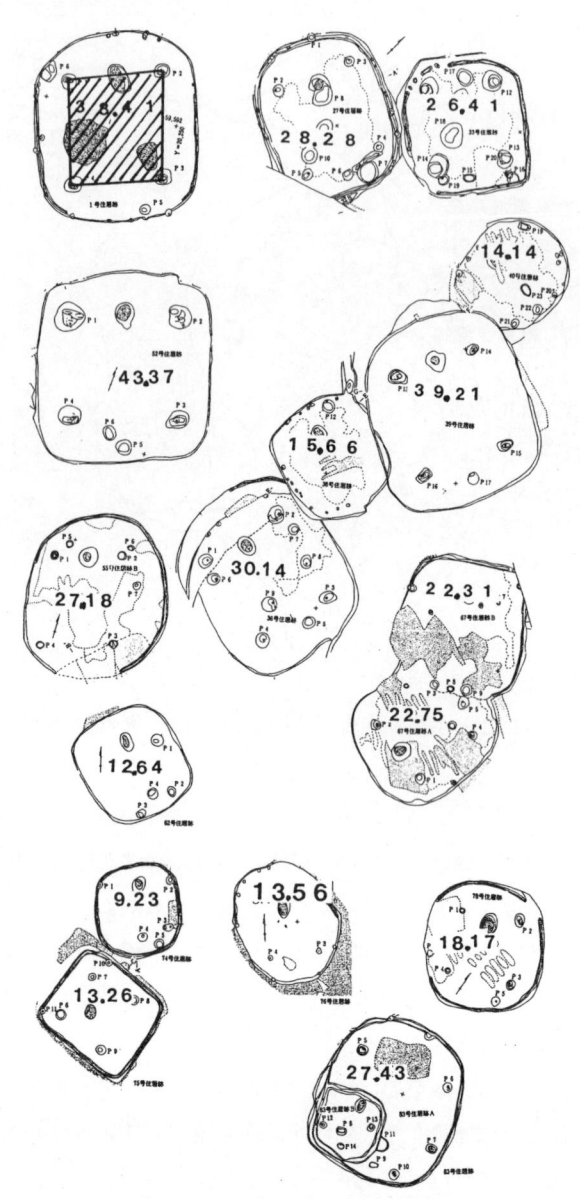

図2　六孫王原遺跡　個別住居跡図

序　章　集落論研究の現状と課題　9

図3　鷲尾余第2地点

10 序　章　集落論研究の現状と課題

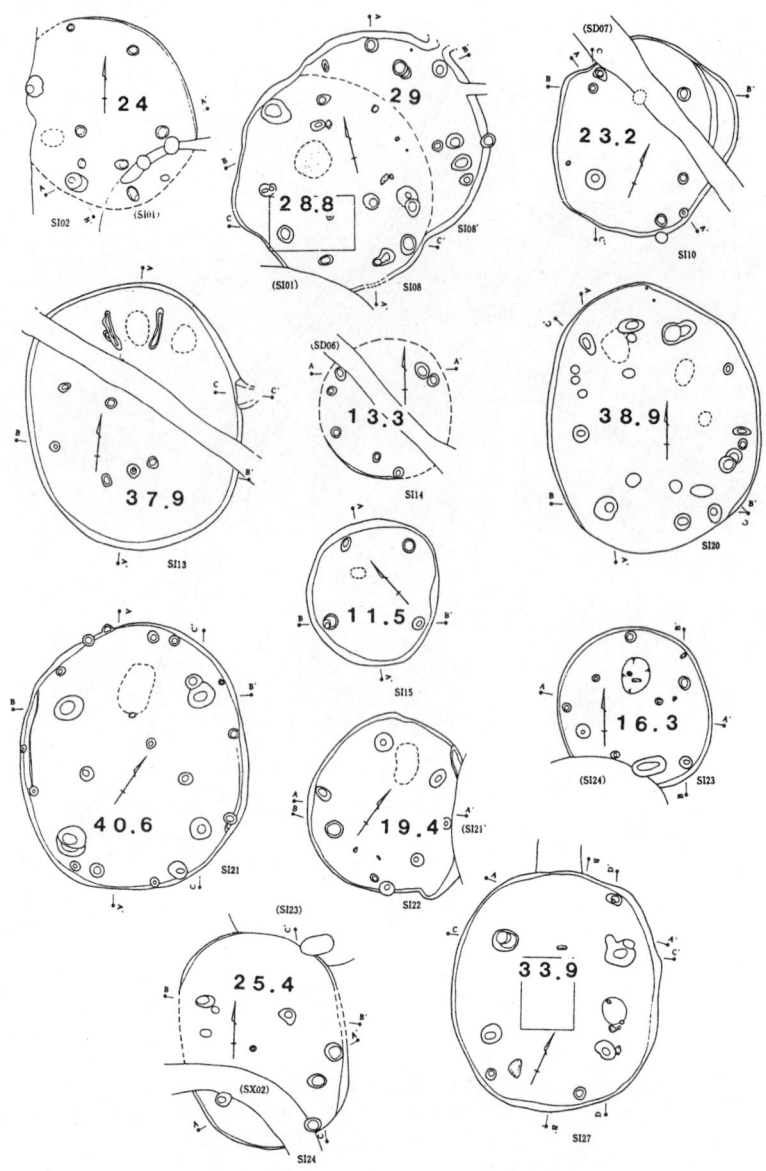

図 4-1　根方上ノ芝条里 C 地点　個別住居図

序　章　集落論研究の現状と課題　11

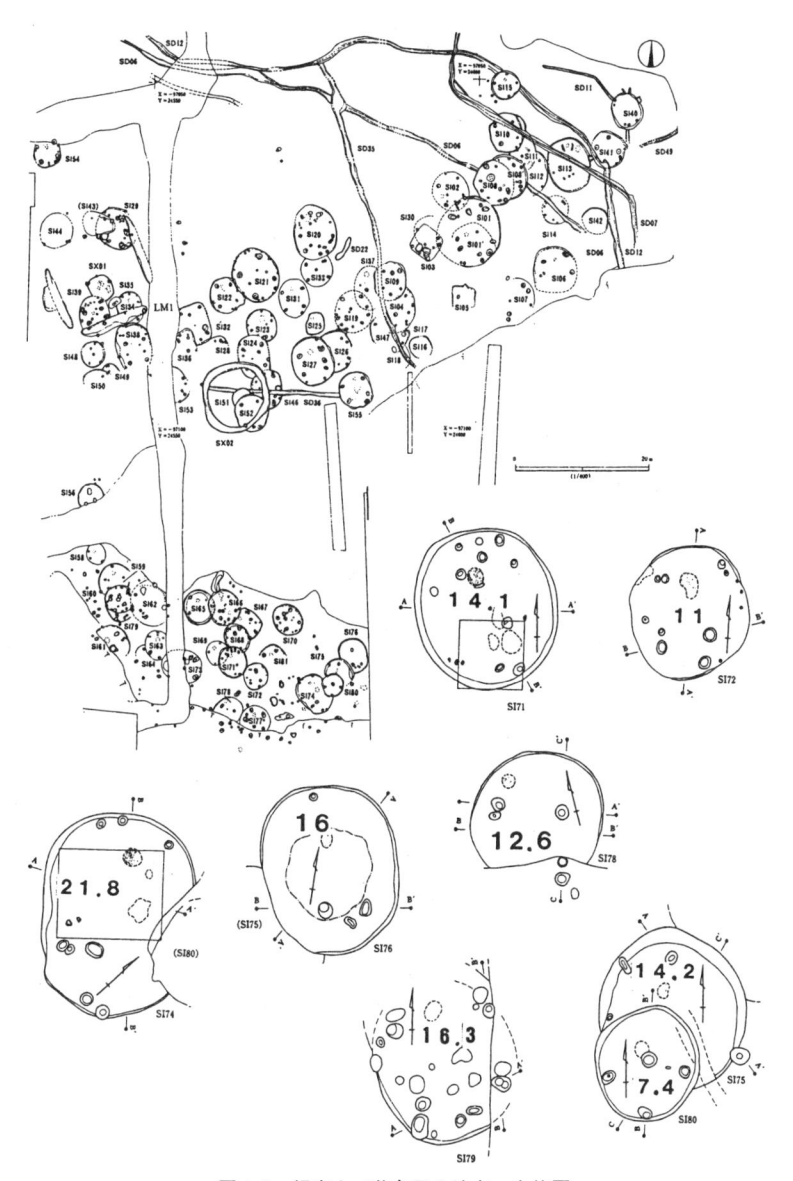

図 4-2　根方上ノ芝条里C地点　全体図

12　序　章　集落論研究の現状と課題

表1　各遺跡跡計算表
A　成田市　長田和田遺跡

住居名所	長辺×短辺	形　態	柱穴数	床面積(Am²)	柱間面積(Bm²)	比率(B/A)
001号	8.50×7.50	隅丸長方形	5	54.38	13.12	0.24
002号	4.20×3.70	隅丸長方形	5	11.78	4.54	0.39
003号	5.10×4.60	隅丸長方形	5	19	5.76	0.3
011号	4.65×4.40	隅丸円形	5	15.17	4.74	0.31
018号	3.50×3.10	隅丸長方形	5	7.91	3.42	0.43
020号	5.90×5.30	隅丸長方形	6	26.11	7.36	0.28
021号	4.60×4.00	隅丸長方形	4	18.17	5.63	0.31
022号	5.90×5.10	隅丸長方形	6	26.79	7.78	0.29
023号	4.30×4.00	隅丸長方形	5	132.18	4.67	0.35
024号	4.00×3.50	隅丸長方形	4	17.79	5.15	0.29
028号	4.10×3.60	隅丸長方形	5	13.12	4.48	0.34
029号	5.80×5.10	隅丸長方形	4	24.06	7.87	0.33
030号	8.00×5.75	隅丸長方形	5	35.43	12.87	0.36
031号	5.10×4.40	楕円形	5	18.37	5.95	0.32
032号	5.40×5.20	隅丸方形	5	23.23	8.64	0.37
034号	6.30×5.70	長楕円形	4	29.44	(11.00)	(0.37)
036号	4.90×4.60	楕円形	5	17.54	4.48	0.26
037号	5.10×4.90	隅丸方形	4	20.35	3.78	0.19
040号	4.00×3.10	隅丸長方形	5	9.78	(3.74)	(0.38)
043号	5.20×4.00	隅丸長方形	4	18.81	6.65	0.35
047号	5.80×4.70	隅丸長方形	5	22.91	9.02	0.39
054号	5.80×5.20	隅丸長方形	(3)	(21.90)	(8.12)	0.37
104号	5.10×4.70	隅丸長方形	5	20.54	6.27	0.31
118号	4.90×4.20	隅丸長方形	7	18.11	5.76	0.32

B　馬橋鷲尾余遺跡（千葉県）
　◆第1地点

住居名所	長辺×短辺	形　態	柱穴数	床面積(Am²)	柱間面積(Bm²)	比率(B/A)
第1号	6.90×6.04	隅丸長方形	7	33.9	14.4	0.42
第6号	3.00×3.05	隅丸方形	5	7.6	2.9	0.38
第7号	5.04×4.66	方形	4	19.9	5.9	0.3

　◆第2地点

第1号	3.00×3.36	隅丸長方形	5	9.4	(2.2)	(0.24)
第3号	3.05×3.02	隅丸方形	5	7.3	2.7	0.37
第7号	5.04×4.66	方形	4	19.9	5.9	0.3
第8号	7.10×6.00	長方形	6	35.6	11.4	0.32
第10号	4.34×4.03	不整隅丸方形	5	12.1	4.7	0.39
第12号	5.15×4.78	不整隅丸方形	10	19.68	8.7	0.44
第13号	5.90×6.18	方形	4	31.84	11.3	0.35

第15号	4.29×4.36	方　　形	5	15.83	6.7	0.42
第17号	3.72×4.50	長　方　形	4	12.58	5.2	0.41
第18号	4.72×5.03	方　　形	7	(19.6)	6.2	(0.32)
第19号	7.47×7.73	方　　形	6	(48.21)	21	(0.44)
第25号	5.85×6.62	長 方 円 形	4	32	11.7	0.37
第26号	3.25×3.90	隅丸長方形	3	11.7	(2.2)	(0.19)
第27号	7.80×7.63	隅 丸 方 形	7	12.8	4.6	0.36
第28号	6.44×7.03	隅丸長方形	4	37.5	17.6	0.47
第32号	5.57×5.43	隅 丸 方 形	5	25.5	11.5	0.45
第34号	6.87×5.97	方　　形	11	19.8	8.1	0.41
第35号	4.38×4.90	隅丸長方形	4	26.3	8	0.3
第36号	6.44×7.03	隅丸長方形	4	18.7	6.3	0.35
第39号	5.24×4.48	長　方　形	6	21.7	6.6	0.3
第41号	4.10×5.00	隅丸長方形	8	16.1	6.3	0.39

C　六孫王原遺跡

住居名所	長辺×短辺(m)	形　　態	柱穴数	床面積(Am²)	柱間面積(Bm²)	比率(B/A)
1 号	7.0×6.1	隅丸長方形	4	38.41	14.1	0.37
17 号	5.1×5.0	方　　形	4	24.51	11.82	0.48
22 号	4.9×4.4	隅 丸 方 形	5	21.5	8.78	0.41
27 号	6.0×5.7	隅丸長方形	6	28.28	9.47	0.34
30 号	4.5×4.4	小　判　形	4	17.32	4.38	0.25
33 号	4.9×4.9	隅 丸 方 形	4	26.41	7.43	0.29
36 号	6.5×5.9	隅 丸 方 形	(5)	30.14	9.45	0.32
39 号	7.1×6.3	小　判　形	4	39.21	11.47	0.29
40 号	4.6×4.0	円　　形	(4)	14.14	(5.16)	(0.36)
41 号	4.7×4.4	円　　形	(5)	16.51	(7.44)	(0.45)
48 号	5.2×4.1	隅丸長方形	4	19.22	7.88	0.41
52 号	7.1×6.7	隅 丸 方 形	4	43.37	15.81	0.36
55B号	6.1×5.3	楕　円　形	4	27.18	8.46	0.31
57 号	4.7×4.6	隅 丸 方 形	6	20.36	7.01	0.34
61 号	5.5×5.4	隅 丸 方 形	4	30.12	9.25	0.31
67A号	5.5×4.9	隅 丸 方 形	(6)	22.75	7.02	0.31
68D号	4.4×4.3	小　判　形	4	16.83	5.52	0.33
75 号	3.5×3.3	小　判　形	4	13.26	4.02	0.3
76 号	4.2×3.5	楕　円　形	4	13.56	4.71	0.35
78 号	4.8×4.5	小　判　形	(6)	18.17	5.25	0.29
82 号	4.4×4.4	小　判　形	4	17.1	7.18	0.42
83A号	6.5×5.5	小　判　形	4	27.43	12.11	0.44

D　富津市川島遺跡

住居名所	長辺×短辺	形　　態	柱穴数	床面積(Am²)	柱間面積(Bm²)	比率(B/A)
7 号	4.74×(4.60)	楕　円　形	4	22.63	3.4	0.15

14　序　章　集落論研究の現状と課題

13号	4.28×(4.10)	楕　円　形	5	18.3	3.14	0.17
15号	7.44×6.96	隅丸方形	13	56.01	13.71	0.25
17号	(5.60)×(5.30)	隅丸方形	13	(21.4)	9.98	0.47
20号	(6.90)×(4.70)	隅丸方形	4	(45.5)	5.63	0.12
21号	(7.20)×(5.10)	楕　円　形	7	(53.19)	9.63	0.18
29号	(7.80)×(6.60)	隅丸方形	4	58.9	15.77	0.27
34号	8.50×7.00	隅丸方形	10	65.37	18.24	0.28
37号	5.00×5.00	方　　形	6	32.4	5.62	0.17
40号	(9.10)×(6.50)	隅丸方形	11	(67.1)	16.93	0.25
43号	6.00×(5.30)	隅丸方形	6	36.2	9.11	0.25
46号	4.80×3.90	隅丸方形	6	20.4	7.81	0.38
47号	(4.20)×(4.00)	隅丸方形	5	(17.5)	4.32	0.25
52号	4.40×4.00	隅丸方形	4	19	6.12	0.32
58号	3.94×3.60	隅丸方形	4	15.14	2.94	0.19
62号	3.90×3.00	隅丸方形	6	13.3	4.98	0.37
63号	不明×4.20	隅丸方形	5	(30.2)	5.2	0.17
65号	(5.20)×(4.90)	隅丸方形	5	(25.97)	4.23	0.16
68号	4.12×3.77	楕　円　形	4	17.16	3.61	0.21
69号	(4.60)	隅丸方形	8	(24)	7.08	0.3
72号	(5.00)×4.50	隅丸方形	4	(25.3)	6.23	0.25
74号	(4.70)×4.37	隅丸方形	5	(23.5)	5.29	0.23
77号	(5.00)×(4.40)	隅丸方形	4	(30.4)	5.18	0.17
78号	(4.90)×(4.20)	隅丸方形	8	(26.4)	5.66	0.21
82号	5.70×5.14	隅丸方形	5	33.5	7.34	0.22
94号	(6.70)×(6.20)	隅丸方形	11	(41.8)	7.76	0.19

E　根方上ノ芝条里跡

住居名所	長辺×短辺	形　　態	柱穴数	床面積(Am²)	柱間面積(Bm²)	比率(B/A)
2	6×5.3	楕　円　形	4	24	6.25	0.26
6	7×6.1	隅円方形	3	43.5	12.7	0.29
8	6×不明	円　　形	4	28.8	10.5	0.39
8'	6.3×不明	円　　形	(4)	29	9	0.31
9	5.5× 5	隅円方形	4	20.5	7.02	0.34
10	5.9×5.6	隅円方形	4	23.2	8.4	0.36
12	6.8×6	楕　円　形	(4)	31.7	8.12	0.26
15	4.2×4	円　　形	4	11.5	6.9	0.6
19	6.1×5.7	円　　形	(5)	27.2	11.2	0.41
20	7.9×6.5	楕　円　形	5	38.9	14.7	0.38
21	7.9×6.9	楕　円　形	4	40.6	16.7	0.41
22	5×(4.1)	円　　形	5	19.4	8.1	0.42
23	4.8×4.7	円　　形	4	16.3	6.4	0.39
24	6.3×5	楕　円　形	4	25.4	6.9	0.27
26	6×5	円　　形	(5)	24	9.2	0.38

27	7.1×6.3	楕	円	形	4	33.9	9.2	0.27
29	6.3×5.5	楕	円	形	4	28	10.1	0.36
30	4.4×(4.3)	楕	円	形	4	15.2	6.8	0.45
31	5.7×4.6	楕	円	形	4	20.6	10.1	0.36
33	4.8×(4.4)	円		形	5	18.7	7.8	0.42
38	7×5.3	楕	円	形	6	30.1	9.9	0.33
39	5.7×4.7	楕	円	形	5	21.6	8.4	0.39
41	5.5×5	楕	円	形	4	18.9	5.1	0.27
46	5.7×4.7	楕	円	形	(5)	19.8	10.2	0.52
52	5.5×5.2	楕	円	形	5	20.6	9.1	0.44
54	4.1×3.3	隅	円	方形	(4)	13.9	6.6	0.47
55	5.3×5	楕	円	形	4	19.8	8.3	0.42
58	2.9×2.7	円		形	(1)	7	(2.4)	0.34
59	4.6×(3.9)	円		形	(5)	16.3	8.4	0.52
60	4.2×3.9	隅	円	方形	(6)	13.8	5.3	0.38
62	6.8×(6.1)	円		形	5	36.6	15.4	0.42
63	4.3×4	楕	円	形	5	13.3	4.8	0.36
65	5×4.8	円		形	(3)	17	5	0.29
66	5.2×4.7	円		形	5	17.3	5.3	0.31
68	4×(4)	円		形	(1)	9.4	(3.1)	0.33
70	5×4.3	円		形	4	15.2	6.3	0.41
71	4.7×4.4	隅	円	方形	4	14.1	7.5	0.53
72	4×3.8	楕	円	形	4	11	4.1	0.37
77	4.6×4.8	楕	円	形	(5)	18.1	5.5	0.3
79	5.1×4.1	楕	円	形	(6)	16.3	4.8	0.29

　林眞砂斗も進めており、周壁内全体の面積と内接する四角形の面積との対比を示している（倉林1997）。

　今回は図1「後期土器の分布圏」にもとづき、東京湾沿岸地域（弥生町式）から2遺跡、印旛・手賀沼周辺地域（臼井南、印手式）から2遺跡、房総南端地域から1遺跡を挙げて対比した。

　　A……長田和田遺跡（成田市）22軒　平均比32.3
　　B……馬橋鷲尾余遺跡（印旛郡酒々井町）20軒　平均比37.5
　　C……六孫王原遺跡（市原市）20軒　平均比 34.6
　　D……川島遺跡（富津市）26軒　平均比23.8
　　E……根方上ノ芝条里遺跡（鴨川市）40軒　平均比37.6

計算に使用する資料は原則として全床面積が計算可能な例で、4本なり6本なりの主柱穴が明確な例とした。このため、遺跡の保存状況によって計算可能な住居数に変動があったものの、上記の数値はある程度地域性なり、土器分布圏ごとの特徴が読み取れる（図2・3・4、表1参照）。

　つまり、東京湾沿岸地域では柱間面積は全床面積に対して狭小であり、逆に印旛・手賀沼周辺地域はやや広く柱間を利用して竪穴住居を構築している。興味深いのは南房総地域で距離的には遠い印旛・手賀沼地域と近似のデータを示しており、今後この数値と出土土器の分析とを連関させることで、同遺跡の構成集団の出自も推測されてこよう。

　集落論を集団論と絡める場合、このような個別の住居形態の詳細な分析も出土土器の分析と並んで重要な要素となる可能性を示している。

参考文献
安藤広道「弥生時代集落群の動態」『調査研究集録』第8冊、横浜市埋蔵文化財センター、1991
石坂　茂「縄文時代中期末葉の環状集落の崩壊と環状列石の出現」『研究紀要』20号　群馬県埋蔵文化財調査事業団、2002
梅原猛・安田喜憲編『縄文文明の発見』PHP研究所、1995
大阪府立弥生文化博物館編『弥生時代の集落』学生社、2001
大阪府立弥生文化博物館編『弥生都市は語る―環濠からのメッセージ』2001
大村　直「弥生時代におけるムラとその基本的経営」『史館』第14号、史館同人、1983
大村　直「竪穴住居に住む人びと」『考古学研究』34-4、1988
及川良彦「低地遺跡の再検討(3)」『青山考古』18号、2001
関西縄文文化研究会編『関西縄文時代の集落・墓地と生業』六一書房、2003
久世辰男『南関東の弥生社会』六一書房、2001
小林謙一「竪穴住居跡のライフサイクルからみた住廃絶時の状況」『住まいの考古学』山梨県考古学協会、1996
小林謙一「大橋集落の一時的景観復元の検討」『セツルメント研究』2、2000
倉林眞砂斗「遺跡内分析の方法論展望」『住の考古学』同成社、1997
埼玉考古学会　2002『シンポ坂東の古代官衙と人びとの交流』

佐原　真「弥生時代の集落」『考古学研究』100 号、1979
縄文時代文化研究会編『縄文時代集落研究の現段階』2001
武末純一「北部九州の環溝集落」『乙益重隆先生古稀記念　九州上代文化論集』1990
田中義昭「南関東地方における農耕社会の成立をめぐる若干の問題」『考古学研究』22-3、1976
田中義昭「弥生時代集落研究の課題」『考古学研究』31-3、1984
都出比呂志「環濠集落の成立と解体」『考古学研究』29-4、1983
都出比呂志『日本農耕社会の成立過程』岩波書店、1989
寺沢　薫「環濠集落の系譜」『古代学研究』146、1999
東京考古談話会『落川・一の宮遺跡を考える』2004
東邦考古学研究会「千葉県内の竪穴住居跡の面積（1）～(12)」『東邦考古』16 号～27 号、1992～2003
奈良県立橿原考古学研究所『東アジアの環濠集落』1997
日本考古学協会「シンポ縄文時代集落の変遷」1984
日本考古学協会「シンポ縄文時代の集落と環状列石」1997
禰宜田佳男「近畿地方における弥生集落研究の動向」『静岡県における弥生時代集落の変遷』静岡県考古学会、2002
羽生淳子「縄文人の定住度（上・下）」『古代文化』52-2、4　古代学協会、2000
広瀬和雄編『日本古代史都市と神殿の誕生』新人物往来社、1998
福田　聖「埼玉県における低地の周溝墓と建物跡（5）」『埼玉考古』36 号、埼玉考古学会、2001
松本洋明「環濠集落の終焉について」『みずほ』35 号、2001
村田文夫『縄文集落』ニューサイエンス社、1985
森岡秀人「弥生時代環濠集落論の今日的意義」『ヒストリア』152 号、大阪歴史学会、1996
森岡秀人「邪馬台国時代前後の近畿」『邪馬台国を知る事典』東京出版、1999
山田昌久「縄紋集落の大きさとしくみ」『縄文都市を掘る』NHK 出版、1997
山本暉久「縄文時代集落の諸問題」『シンポ縄文人と貝塚』学生社、2001
若林邦彦「弥生時代大規模集落の評価」『日本考古学』第 12 号日本考古学協会、2001

（山岸良二）

第1章　縄文時代の集落

第1節　北海道・東北地方における集落変遷

1. はじめに

　後氷期における気候の温暖化は森林の拡大をもたらし、人類による森林資源の開発と利用を大きく促進させることになった。やがて大・中型獣が減少するとともに水産資源の利用もまた活発となった。この変革は「定住革命」(西田1986) ともよばれ、生活要素のさまざまな変化と統合をもたらした。縄文文化の成立と展開は、針葉樹林から温帯落葉樹林への急変が大きく作用し、それにともない森林資源や植物資源をより積極的に利用する生業形態へと移行する、新たな適応戦略の出現とその成熟過程であるともいえる。

　縄文時代初期において、定住は集落を出現させ、定着度の深化とともに生活を営むためのさまざまな施設を生み出した。なかには利便性だけでは説明することのできない、精神世界に大きくかかわる施設もまた出現した。温暖化による食料の増加と安定、それらを利用する技術の進歩は人口を増加させ、地域によっては規模、構成、存続期間などが一般集落をしのぐ拠点集落、大規模集落も出現した。

　しかし、寒冷化のためか縄文時代後半にはこれらの拠点集落、大規模集落は少なくなり、やがて見られなくなる。一方では、祭祀や交流・交易の面で、他集落と違いを見せる集落もまた見られるようになる。集落の地域性、時代性が

明瞭となる時代でもある。

2. 集落の変遷

(1) 集落の萌芽
　最近、縄文時代草創期の集落についても開地遺跡での調査例が増加している。岩陰や洞窟を利用する以外にも丘陵の先部端などの開けた場所に居住を開始するようになる。
　群馬県笠懸町西鹿田中島遺跡は草創期中葉から後半の爪形文土器の遺跡で、竪穴（状）住居、配石、貯蔵穴などの施設が検出されている（笠懸町教育委員会 2003）。草創期後半の多縄文土器が出土した青森県八戸市櫛引遺跡では竪穴住居、土坑、集石が検出されている。集石は調理施設、土坑は墓の可能性が指摘されている（青森県教育委員会 2000）。
　この時期の集落は規模が小さく、数棟の住居から構成されており、住居以外にも貯蔵穴、調理施設、墓など縄文時代に普遍的な施設が出現し、それらが比較的住居の近くに配置されていることが注目される。しかし、各施設の配置の規則性や広場などは見られず、社会的な規制といったものが遺構配置からは強く感じられない（図1）。
　草創期の竪穴遺構（住居）が各地で検出されているが、概して掘り込みが浅く、柱穴が明確でない、使用頻度を表す床面の硬化が顕著でないなどから、耐久性や構造、使用期間に問題があるとし、定住にともなう恒常的な施設ではないとする見方がある。しかし、静岡県芝川町大鹿窪遺跡（芝川町教育委員会 2002）などでは掘り込みが深く、形態も類似した竪穴遺構が複数検出されており、一定期間の定住に十分に耐えられるものも見られ、今後定住との関係をさらに検討する必要がある。

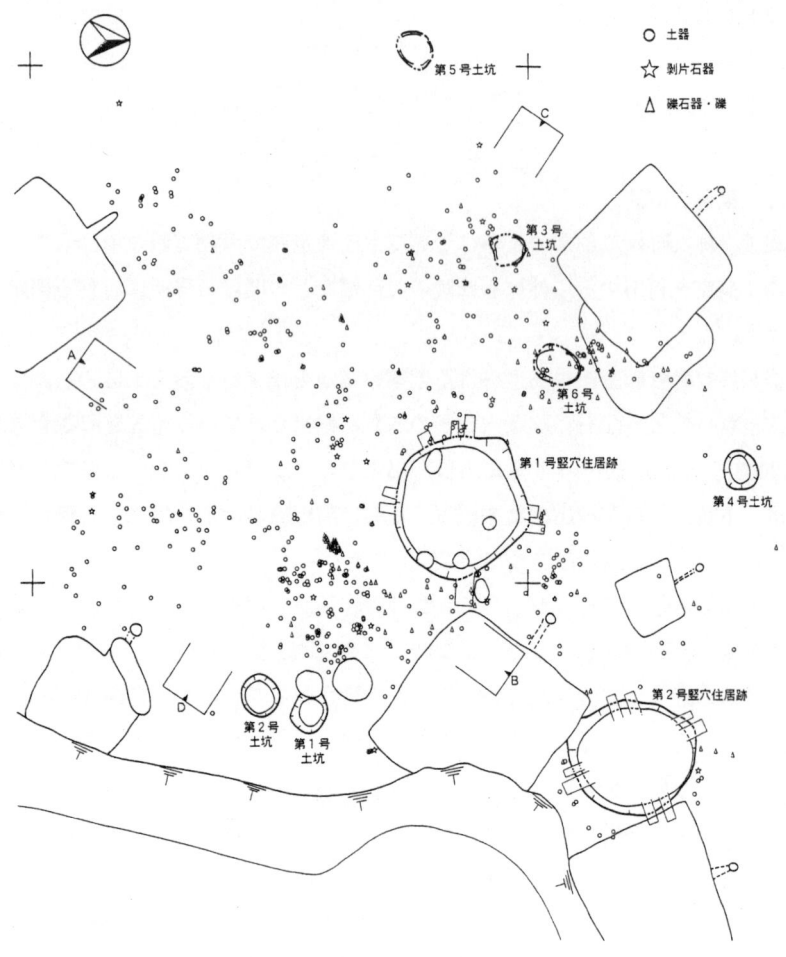

図1 櫛引遺跡（縄文時代草創期の集落）

（2） 定住の開始

　関東地方では早期後半の稲荷台式期になると竪穴住居は著しく増加し、環状など整然と分布する例が見られる。東北北部では縄文時代早期中葉には本格的な定住が開始した可能性が高い。しかし、早期前半の押型文土器の時期においても比較的深い掘り込みの竪穴遺構が散見することから、中葉以前にすでに定

着的な生活が行われ、より定着度が高くなったのが中葉以降と考えられる。

青森県下田町中野平遺跡（青森県教育委員会1991）では、長軸13.5mの大型住居（ロングハウス）をともなう集落跡が検出されている。この集落は同時に5棟前後の竪穴住居、土坑、捨て場で構成され、少なくとも5期以上の変遷が考えられることから一定期間居住したらしい（図2）。大型住居はその機能・用途もさることながら、構築に際して多くの労働力が必要である。定住による労働力の確保は大型施設の出現を促すことにもなった。大量の土器の他に石器が出土し、組成ではとくに植物

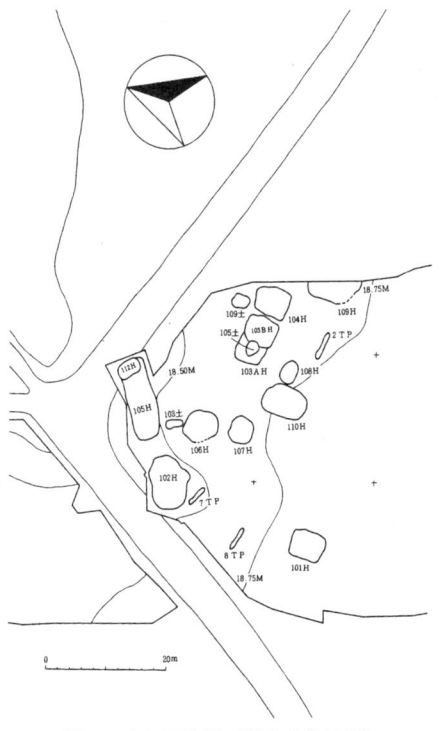

図2　中野平遺跡（縄文時代早期）

加工具とされる敲石・磨石・石皿が50%以上を占めている。狩猟具が少なく、漁労具である石錘が少しある程度である。集落の立地および石錘の出土から、生業のなかで漁労が一定の割合を占めつつも、植物資源の利用が大きな割合を占めていたことを示している。早期中葉以降の各時期の集落跡でも石錘の出土は目立ち、立地も沿岸地域や内陸の河川流域に多く分布していることから水産資源の利用が行われ、あわせて敲石・磨石も出土していることは植物資源の利用も継続して行われていたことを示している。この時期の石器組成では、立地条件にかかわらず比較的大型の集落では敲石・磨石が多く見られる傾向がある。これは個々の集落における生業の相違によるものと考えられるが、一定の地域に存在する集落が分業と協業を行っていた可能性がある。北日本では季節ごと

24　第1節　北海道・東北地方における集落変遷

図3　表館（1）遺跡にみる大型住居をともなう集落（縄文時代早期）

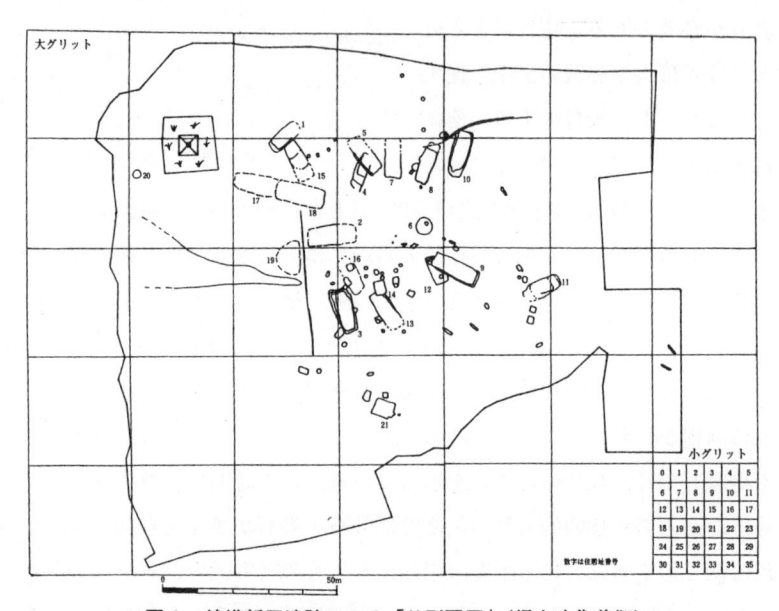

図4　綾織新田遺跡にみる「並列配置」（縄文時代前期）

に集中して出現する特定の水産資源と植物資源を効果的に利用するために、その利用技術と道具類が整備され、短期間に集中して労働力を効果的に投入できる大型集落の出現と社会の整備をもたらしたものと考えられる。

　早期後半においても大型住居をともなう集落や一定期間継続しての居住が見られ、北海道函館市中野A遺跡（北海道教育委員会 1993）、青森県六ケ所村表館（1）遺跡（図3、青森県教育委員会 1989）、同八戸市長七谷地貝塚（青森県教育委員会 1980a）では大型住居の周囲に竪穴住居を、さらにその周囲には貯蔵施設と考えられる土坑を配置している。貯蔵施設が集落の構成要素としてより明確になる時期である。集落の立地も海岸部の段丘上に多く分布しており、比較的大型の集落ほどその傾向が見られ、水産資源への依存を示している。このことはこの時期から貝塚が出現することからも裏づけられる。河川近くにも集落は見られ、内水面資源の積極的な利用もまた行われていた。石器組成では、植物利用を示す敲石・磨石が 15～20％ 程度を占めている。この傾向は前期初頭においても大きな変化は見られない。

　東北南部に広がる前期前半の大木式土器文化圏では中央に広場と考えられる空閑地をもつ集落が出現する。岩手県遠野市綾織新田遺跡（遠野市教育委員会 2002）は、大型住居が長軸方向に並ぶ「並列配置」の集落である（図4）。住居の分布しない空間があり、対になった弧状に住居が分布することから、放射状、環状とは明確にいい難いところがあるものの、中央の空間を広場として意識した分布といえよう。

（3）　円筒土器文化の成立と展開

　前期中葉に成立した東北北部の円筒土器文化圏では早くから集落内の施設配置に規則性があり、大規模集落ほどその傾向は強い。また大型の貯蔵施設の普及とともに内陸部での大型集落の出現も見られるようになる。その背景として、暖流系・寒流系の魚類の混在による資源量の増大や安定的な確保、栽培植物の出現、クリの管理、ウルシなどの有用資源の開発や利用技術の獲得など、資源

の豊富さや環境の変化に比較的対応しやすい地理的条件などが考えられる。

青森県碇ケ関村大面遺跡（青森県教育委員会 1980b）では竪穴住居の他に土坑、埋設土器、焼石（集石）、配石、捨て場などが検出されている。それらの配置は環状を構成せず、直線的である。この直線的配置は円筒土器文化圏の特徴的な施設配置と考えられ、秋田県大館市池内遺跡（秋田県教育委員会 1997）の掘立柱建物や土坑墓列にも顕著である。三内丸山遺跡では、このような直線的配置は中期後半までは確実に継続する。一方、東北南部の大木式土器文化圏では、前期段階から住居が環状に分布する集落が出現し、中期後半には岩手県西田遺跡（図5、岩手県教育委員会 1980）や福島県和台遺跡（飯野町教育委員会 2003）のように明確な環状集落が見られる。やがて東北北部の円筒土器文化圏においても大木式土器文化の北上とともに、直線的配置は見られなくなる。

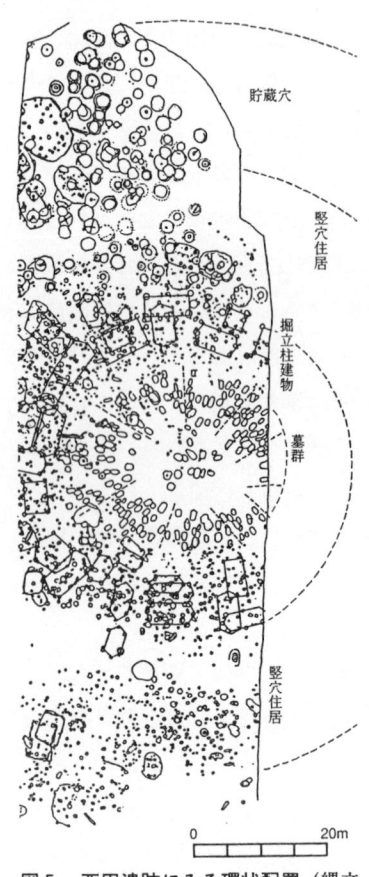

図5　西田遺跡にみる環状配置（縄文時代中期）

石器組成では敲石・磨石の占める比率がさらに高くなり、半円状扁平打製石器とよばれる円筒土器文化特有の道具も出現する。出土数は少ないながら、集落によっては土偶、岩偶などの祭祀的な遺物が見られ、この時期に共同祭祀が出現した可能性もある。

中期に入ると集落を構成する施設はさらに増加し、大規模かつ長期間継続する拠点集落が出現する。三内丸山遺跡（青森県教育委員会 1996）では、竪穴住

居、平地住居、大型住居、墓、捨て場、盛り土、大型掘立柱建物、貯蔵穴、粘土採掘穴、道路などが見られる。これらは集落内で一定の場所を占め、計画的に集落がつくられ、維持されたことがわかる。また、竪穴住居は各時期を通して床面積が 10 m² 前後に集中する傾向があり、床面積が居住する人数と形態を強く反映すると考えられることから、なんらかの社会的規制がはたらいていたものと言えよう。血縁関係を基本とした社会でありながらも、さらに分業、協業といった役割分担や集落そのものの性格や特殊性といったものが背景としてあるのかもしれない。

　これは大規模な墓地の存在、環状配石墓など独特な墓の構築、盛り土からの土偶や小型土器の大量出土などから集落内での継続的な祭祀が行われていたことなどにより推測できる。土偶の増加は祭祀の社会的な意味が増したことに他ならない。これらは集落の大型化や長期間の継続と連動し、集落の多様な施設の維持管理や社会を支える上での祭祀、儀礼を担うものであったと考えられる。黒曜石・ヒスイ・コハクなどの出土は頻繁な交流・交易とより遠距離に「もの」が動いた事実を示す。各集落間のネットワークが整備されるとともに、他文化圏との交流・交易も定着したものと考えられる。

（4）　三内丸山遺跡に見る集落変遷

　三内丸山遺跡は青森市の郊外、ＪＲ青森駅から南西約 4 km に位置し、八甲田からつづく緩やかな丘陵の先端、沖舘川右岸の河岸段丘上に立地する。標高は約 20 m である。遺跡は台地全体に広がり、その推定される範囲は約 38 ha と広大である。1992 年から行われた発掘調査で、円筒土器文化期の大規模な集落跡が姿を現し、大量の遺物も出土した。1994 年には巨大な建物の木柱が 6 本出土し、全国的に注目され、保存されることとなった。2000 年には国特別史跡に指定された。遺跡は縄文時代前期中頃から中期末葉（B.C 3500～2000）にかけての拠点的集落跡である。この時代には東北北部から北海道南部にかけて、バケツを上下に引っ張ったような筒型の土器が数多く分布し、円筒土器文化圏とよ

ばれている。それらの土器の影響は遠く北陸地方や北海道礼文島にまで見られる。

　前期の集落はその大半が中期の南・北盛り土の下に保存されている。集落は住居・大型住居・墓・捨て場などから構成される。集落中央を南北に走る谷をはさんで大きく西側に住居域、東側に墓域が形成される。この原則は集落の終末まで大きく変化しない。住居は建て替えが頻繁に行われたためか、重複が激しい。平面形は楕円形・長方形が多く、当初は住居内部に明確な炉をもたないが前期後半に入ると地床炉が出現する。集落の出現とほぼ同時に大型住居が出現している。前期で特筆されるのは大規模な捨て場である。捨て場は集落中央の谷と北側斜面に2ケ所検出されている。どちらも泥炭層となっているため土器・石器の他に大量の動物遺体・植物遺体・木製品・骨角器が出土した。また、谷の中央部から南北に走る道路跡と土留め用の杭列が検出された。この段階では遺物の廃棄に土砂をともなうことがなく、中期から顕著になる盛り土とは場所が同じであっても形態が違うものといえる。

　動物遺体はシカ・イノシシが少なく、ウサギ・ムササビなどの小動物や鳥類が多い。魚類は豊富でマダイ・ヒラメ・マグロ・ブリ・サバ・カレイ・イワシなどがある。植物遺体では栽培クリ・クルミなどの堅果類、ヤマブドウ・キイチゴ・サルナシ・ヤマグワ・ニワトコなどが大量に出土している。また、ヒョウタン・アサ・マメ類・ゴボウなど栽培植物の種子も水洗選別によって検出されている。木製品では漆器（皿、鉢、櫛）、弓、掘り棒、笊、草で編んだ袋、編布（あんぎん）が、骨角器では針・銛先・牙玉・刺突具・骨刀などが出土した。

　中期の集落の構成要素として、住居、大型住居、掘立柱建物、大型掘立柱建物、貯蔵穴、土坑墓（成人用埋葬施設）、埋設土器（小児用埋葬施設）、粘土採掘穴、盛り土、道路などがある。各施設は前期と同様に計画的に配置され、土地利用の規制が引きつづき守られていたものと考えられる（図6）。また、埋設土器や盛り土は複数の土器型式にわたって、長期間継続して形成されている。住居は前期に引きつづき谷の西側と南側斜面に分布する。長軸の一端にピット

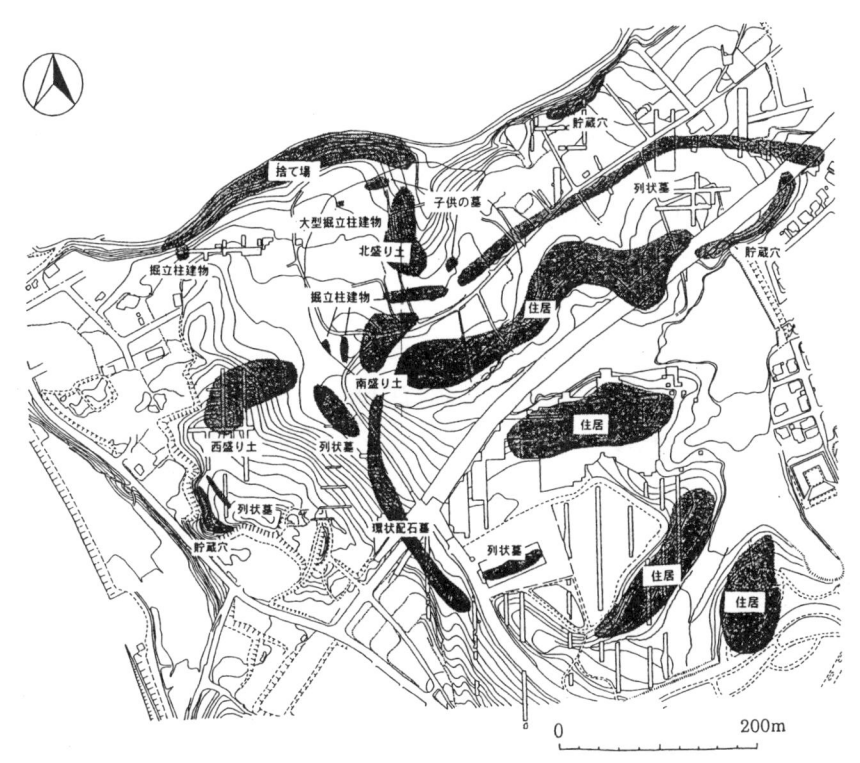

図6 三内丸山遺跡にみる拠点集落（縄文時代中期）

や周堤などの付属施設をもつものが出現する。最もこの集落が繁栄する時期は中期中頃であるが、住居そのものは他時期に比較して小型化し、床面積が均一になるなど、他集落にくらべて違いがある。長軸が30m以上の超大型住居（ロングハウス）がつくられるのも特徴的である。これらの大型住居は各時期を通して存在し、集落の中心近くに構築されるようである。各住居とも建て替え・拡張を頻繁にくり返しており、とくに大型住居に顕著である。広場と考えられるような空閑地は見られない。

墓は土坑墓と埋設土器が地点を異にして構築されている。土坑墓は谷の東側に、幅約12mの道路をはさんで向かい合うように東西に並列して配置される。

この列状の墓列と道路が、これまでの調査で約420m東側へ延びていることが確認されている。また、集落西側では南北に330m以上延びる道路が検出され、片側には環状配石墓が配置される。埋設土器は土器を直立した状態で埋設したもので、完形の他に、底部穿孔・側面穿孔、口縁部打ち欠き、底部打ち欠き、口縁部・底部打ち欠きなど形状に違いがある。なかから握り拳大の円礫が1～2個出土する場合がある。これらの埋設土器は谷の東側、台地の縁と西の居住域北側に密集して構築されている。

　掘立柱建物は集落北西の台地の縁、集落の中央部、南盛り土の南西付近からまとまって検出されている。各まとまりは時期ごとに変遷したものではなく、機能・用途別に建てられたものと考えられる。北西端の掘立柱建物はとくに大型で、直径約1mのクリの巨木を使った長方形・6本柱、1間×2間の構造である。中央では同規模の建物が同時に4～5棟存在した可能性が高い。南盛り土南西付近の掘立柱建物は南北に並列するようである。これらはほとんどが1間×2間の長方形で、梁行・桁行とも規格性がきわめて高いことからも建物と考えるのが妥当である。

　粘土採掘穴は谷の東側、土坑墓列の南側から検出されている。平面形は不整形であるが、底面はほぼ円形の掘り方が連続している。いずれも地山下層に堆積する粒径の細かな粘土質に近い火山灰まで達しており、その土を採取したものと考えられる。壁際は袋状になっており崩落の痕跡が見られるものが多い。

　盛り土は谷の西側（北盛り土）、南斜面（南盛り土）、集落西側（西盛り土）に構築されている。排土といっしょに土器・石器・食物残滓を廃棄したもので、常に平坦になるように整地されていたようである。そのくり返しによって、結果的に大規模な盛り土（マウンド）を形成したものと考えられる。ヒスイ製大珠、土偶、小型土器などが多数出土することからこの場所で祭祀行為が行われていた可能性がある。

（5） 拡散・分散する集落と大規模祭祀施設の出現

　とくに東北北部では、縄文時代後期になると大規模集落、拠点集落は減少するが遺跡数は飛躍的に増加し、以前には分布が見られなかった尾根筋、谷などの居住環境に適しているとはいい難いところへも進出するようになる。集落の小型化や拡散・分散する傾向が読みとれ、寒冷化による資源の減少にともなう適応と理解される場合が多い。三内丸山遺跡でも中期終末には、それまでの土地利用の規制が弱くなり、集落規模も小型化し、そしてやがて終焉を迎える。

　縄文時代後期には秋田県鹿角市大湯環状列石（図7、鹿角市教育委員会1998）、同鷹巣町伊勢堂岱遺跡（鷹巣町教育委員会2000）、青森県青森市小牧野遺跡（青森市教育委員会1998）のように、集落をともなわない大規模祭祀施設（ストーン・サークル）が出現する。複数の集落によって共同で維持管理される施設である。集落の拡散・分散と同時に大規模祭祀施設が登場することは、それまでの中期社会とは違う、より祭祀的な統合原理の登場を予感させる。しかし、環状配石の萌芽は縄文時代中期にはすでに見られる。たとえば三内丸山遺跡では縄文時代中期後半の列状墓に弧状や環状の配石がともなうものがある。本来死者個人の墓や葬送儀礼の施設であった環状配石が、拡散・分散型社会へ大きく変化する過程で、より社会的な意味や重要性が増した葬送儀礼の場として、あるいはその構築・維持管理自体が個々の集落のネットワークを維持するための施設となった可能性がある。その共同作業や祭祀行為が集落のアイデンティティーの確認と連帯意識を喚起するもので、それらが集落内から地域へと広がり、分散・拡散社会をつなぐ有効なシステムそのものであったものと考えられる。

　後期前半に見られた集落中央部に配石や墓地をもつ集落はやがて減少し、集落から離れたところに墓地をつくる場合や住居の外側に墓地を配置する場合も見られるようになる。また、後期後半の青森県八戸市風張（2）遺跡（八戸市教育委員会1996）のように集落中央部に二群の墓地をもつ集落や青森市上野尻遺跡のように掘立柱建物で構成する集落もある（図8、青森市教育委員会2002）。

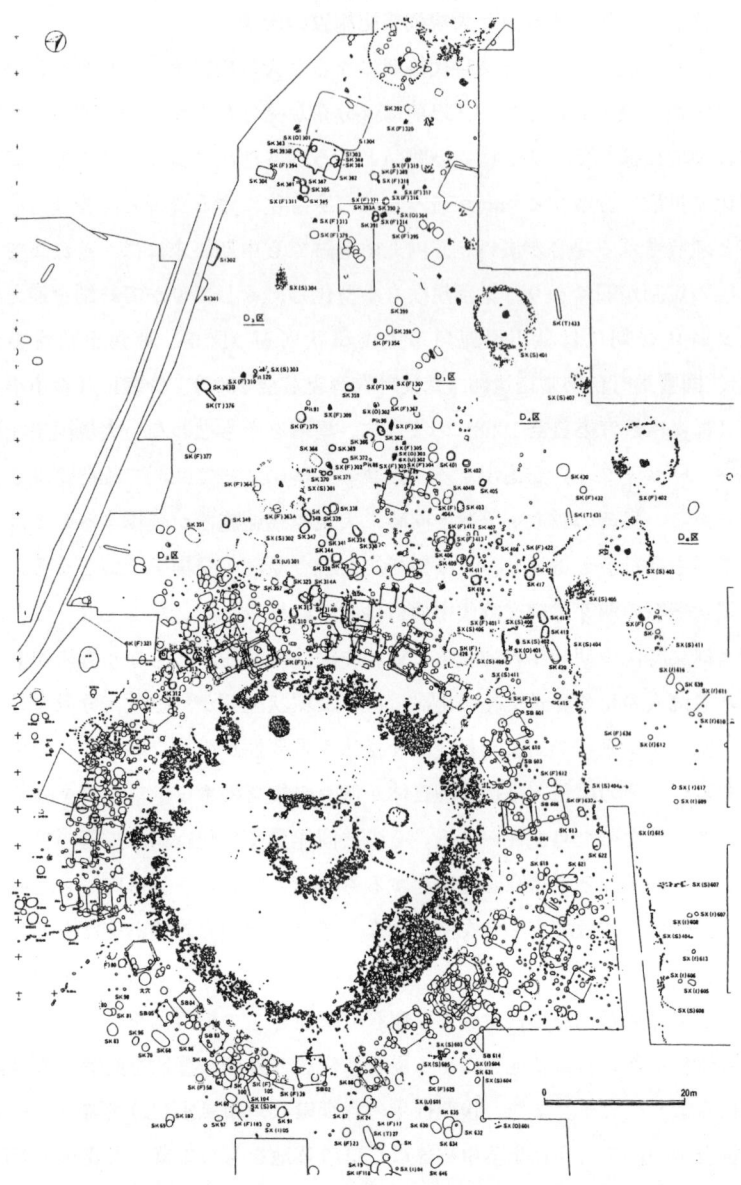

32 第1節 北海道・東北地方における集落変遷

図7 大湯環状列石・万座環状列石およびその周辺（縄文時代後期）

第 1 章 縄文時代の集落 33

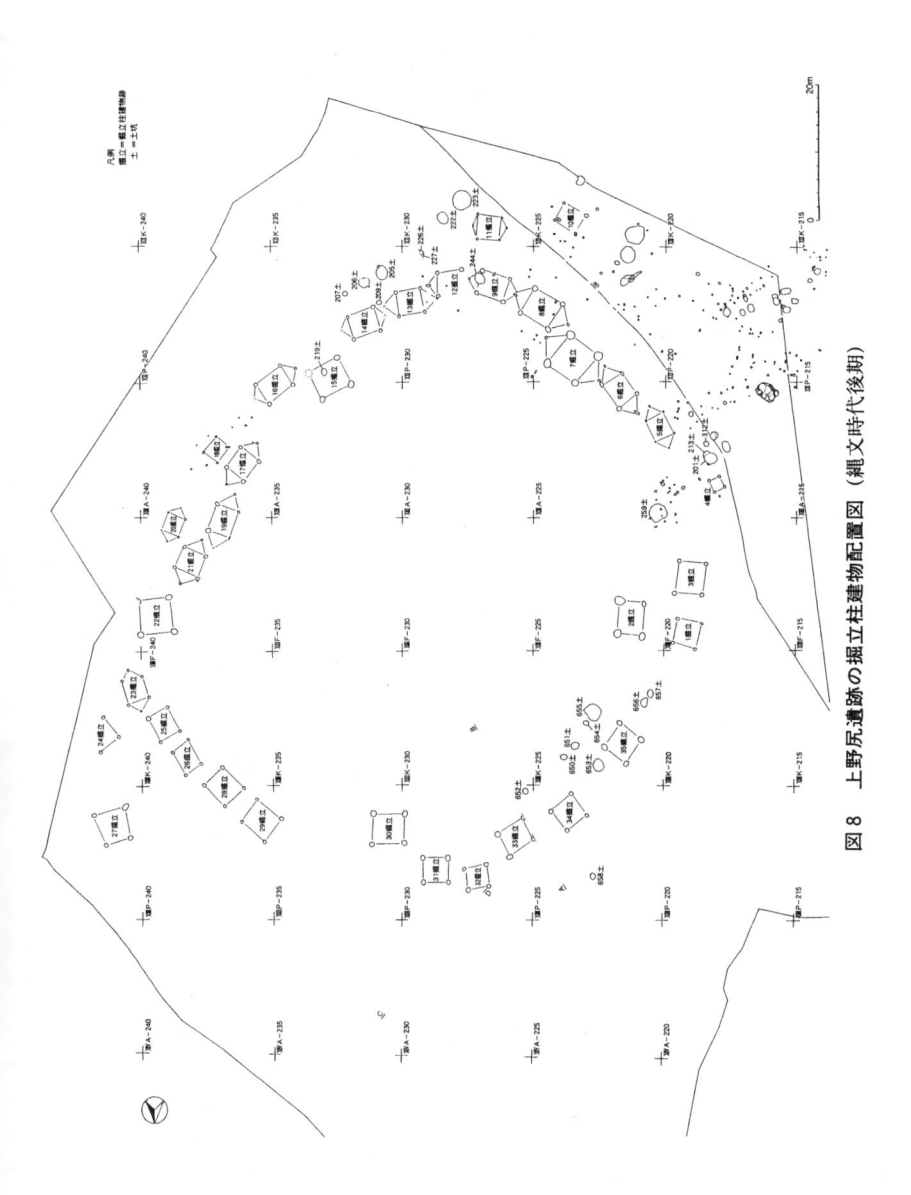

図 8 上野尻遺跡の掘立柱建物配置図（縄文時代後期）

34　第1節　北海道・東北地方における集落変遷

図9　宮畑遺跡にみる中央に空閑地のある集落（縄文時代晩期）

同じ土器文化圏でも集落の構成が地域によってバラエティーが豊富になった時期といえよう。

　晩期の集落の全容が判明している類例は少ない。住居や墓地のみの検出例が多いことから、居住域と墓地との分離があったものと考えられ、秋田県秋田市地方遺跡（秋田市教育委員会1988）や青森県青森市朝日山（1）（青森県教育委員会1994）などのように多数の墓地が見つかっている遺跡がある。しかし、福島県福島市宮畑遺跡（福島市教育委員会2003）のように集落中央に広場と考えられる空閑地があり、そのまわりに住居、埋甕、土坑墓、掘立柱建物などを環状に配置する集落もまた見られる（図9）。

3. おわりに

　集落に居住する人びとは当然のことながら、血縁関係以外にもたがいになんらかの有機的な関係を有し、時には精神世界にかかわる宗教観、世界観も共有することがあった。したがって集落は、生活の拠点であるとともに精神的なよりどころでもあったことは想像に難くない。その意味で集落は彼らの世界観の具現化したものであり、そこには社会的規制の顕在化が見られ、縄文社会の実態が看取できるものと思われる。

　最近における集落遺跡の調査例の増加は、縄文集落の時代差、地域差が大きく、内容も多様で複雑であったことを示している。縄文文化が長期間継続したことを差し引いたとしても、縄文社会そのものが複雑で、単純な狩猟採集社会ではなかったことを明確に示しているように考えられる。

引用・参考文献
青森県教育委員会『長七谷地遺跡発掘調査報告書』1980
青森県教育委員会『大面遺跡発掘調査報告書』1980
青森県教育委員会『表館(1)遺跡』1989

青森県教育委員会『中野平遺跡』1991
青森県教育委員会『朝日山遺跡III』1994
青森県教育委員会『三内丸山遺跡IV』1996
青森県教育委員会『櫛引遺跡』2000
青森県教育委員会『上野尻III遺跡』2003
青森市教育委員会『小牧野遺跡』1998
秋田県教育委員会『池内遺跡』1988
飯野町教育委員会『和台遺跡』2003
岩手県教育委員会『東北新幹線関係埋蔵文化財調査報告書VI』1980
遠野市教育委員会『新田II遺跡』2002
笠懸町教育委員会『西鹿田中島遺跡』2003
鹿角市教育委員会『大湯環状列石V』1998
芝川町教育委員会『大鹿窪遺跡　窪B遺跡』2003
鷹巣町教育委員会『伊勢堂岱遺跡I』2000
西田正規『定住革命』1986
八戸市教育委員会『風張（2）遺跡』1996
福島市教育委員会『宮畑遺跡（岡島）』2004
北海道教育委員会『函館市中野A遺跡』1993

(岡田康博)

第2節　縄紋集落研究の新展開

1. 縄紋集落論の陥穽

　2000年に発覚した藤村新一捏造事件が日本考古学に大きな衝撃を与えたことは、記憶に新しい。幸いに縄紋時代研究においては、贋作が存在する遺物については別として、考古学関係者が関わった発掘調査において、虚偽が意識的に捏造され、報告されたことが、白日の下にさらされたことはない。しかしながら、必ずしも実体を正確に反映したとはいえない遺跡・遺構の報告、すなわち無意識のうちに捏造された可能性のある類が、まったくないとは断言できない。同時に、考古学的情報すべてを把握し、それを記録して、報告できた遺跡は、存在しない。破壊前提の行政調査にしても、学術調査にしても、限られた能力の許容範囲内で、運良く残存してた情報の、さらに何割かの情報を拾い上げることができた上に、取捨選択を経て報告されているに過ぎない。このような、大きな制限が課せられている「考古学的事実」をもとに、先史社会の復元を目指すことが、考古学の目標とされている。情報の欠落という弱点を補うために、民俗学・民族考古学による情報や、様々な自然科学的分析による情報をもって補う。また、広く情報公開することで、直截な意見交換を行い、単独の研究者による理解の偏りを、正すべく努力が重ねられなくてはならない。旧石器時代研究（より限定するなら前期旧石器研究）の轍を踏むおそれがない、と

はいえないことは、ことさら指摘するまでもないことであろう。これまで以上に、多角的な検討と、開かれた情報公開を目指していく必要がある。

　具体的な実例としては、たとえば、三内丸山遺跡における過熱報道を挙げることができるのではないだろうか。「縄文文明論」「縄文都市論」「1000年500人説」が一時期喧伝され、マスコミ報道や学会でも概略発表先導により、教科書とはいわないが、一部の思想的立場にとって都合良く受け取られるような「歴史的事実」を提供することにもなりかねず、危惧されることもあった。しかしながら、三内丸山遺跡の保存が図られ、さらに遺跡公園として整備されていく上で、青森県が積極的に特別研究などの公募を行っていることもあって、多くの研究者が自らの仮説を明らかにしていくとともに、意見交換と検証の場を重ねることができ、三内丸山集落の実態が、次第に明らかになっていくことが期待できる。少なくとも、藤村新一事件を生み出した閉鎖的構造とは、異なる学的ステージを目指していることを、縄紋集落研究にとって喜びたい。

　逆説的ながら、自由な研究土壌を共有することにより、縄紋集落の実態は、ますます不明確なものとなりつつある。もちろん、一つには、多くの研究者が、それぞれの自説を自由に標榜し、公表することによる、百花繚乱というべき背景もあるが、視点を変えると、問題意識に伴うだけの発掘調査技術・情報を取り出す整理方法を発展させる努力が不十分、という側面があることも見逃せない。高度成長期における広域調査、全面調査は、集落研究においても、画期的な研究シーンであり、重要な発見や膨大な資料の蓄積を招き、考古学的方法論についてもその精度を増すことにつながったが、その反面、多くの遺跡破壊を許容し、かつその十分な記録保存が果たせず、さらには埋蔵文化財行政のなかで、「何を明らかにすべきか」という調査研究デザインの喪失を招いて、発掘調査全体の平均値のレベルダウンを引き起こしている可能性は否めない。

　危機的状況にある考古学界全体の問題はひとまずおくとして、ここで筆者が論ずべき縄紋集落研究の現状についてみてみると、やはり混乱の観は拭えない。第一に集落研究者の問題設定と発掘調査の実態およびそれによって明らかにさ

れるべき考古学的事象との遊離が感じられる。縄紋集落論の現状における到達点と課題については、縄文時代文化研究会による研究集会「縄文時代集落研究の現段階」(縄文時代文化研究会 2001) と、それに対する筆者の評価 (小林 2002) を参照されたいが、簡単に言えば、いわゆる「定型的環状集落論 vs 見直し論」の「水掛け論」に終始していることにある。その大きな要因は、集落研究を行う上での時間軸の問題にある。すなわち、集落の実態を明らかにするには同時存在した遺構群の具体的な同定としての一時的景観復元が不可欠であると考える、見直し論または横切り派と呼ばれる立場と、総体としての集落景観を重視し、あえて細かな時間的区分に拘るべきではなく不可能な時間細別を追求することはかえって理解を損なうとする定型的環状集落論の立場である。断っておくが、この対立構造は図式的であって、研究者すべてが2元的に区分されるべきではなく、多くの立場を振り分けている悪しき理解に過ぎない。筆者は、大きく言えば前者の立場に立つ者であるが、集落移動論でもなければ一時期1・2軒の集落景観が一般的と捉える見解も持ち得ない。

　そもそも、モデルの提示という点からみれば、両方の立場またはその中間的な立場、様々な前提条件からのモデル提示と相互の検証を不要と考えることはなく、むしろ多様な意見の存在を評価する。あえて時間的細別に拘泥せずに、マクロな見方から時空間的変遷を捉えたり、集落設計を含む認知考古学的なモデル構築を行うことは有益なことと認める。筆者としても、縄紋時代のすべての遺跡・遺構を正確に把握できると前提しているのではなく、現在得ている情報をもとに、可能な限りの全体像復元を仮定する立場にあることは当然であり、筆者が大きなよりどころとしている遺構のライフサイクル論にしても、大枠としての先史社会像を探る上でのモデルに過ぎない。

　しかしながら、先に挙げた2元的区分における「定型的環状集落論」のうちでも、時間区分における大別派とでもいうべき集落研究者の一部において特徴的な言説である「同時存在住居は不可知である」「時間細分は集落実態の理解を損なう」という説は、明らかに間違いであり、さらに「細かい集落理解は不可

能であるが故に、ドット記録などの細かい調査記録は不要である」「小規模な遺跡は先史社会理解に必要ない」という理屈につながる言説は、許し難いものである。紙面の都合上、そのように考えるに至った直接的な言説についての批判は、本稿では断念し、間接的に反論となる、筆者らによる近年の集落復元の作業を紹介するに留めたい。我田引水の言辞となるが、筆者を含む先鋭的な関東地方の若手縄紋集落研究者グループによる、精緻な発掘調査データの分析に立脚した実践的作業こそが、「縄紋集落研究の新展開」の名に恥じないものであると信じるがゆえである。

2. 遺構のライフサイクル論と遺構間接合による一時的集落景観復元

集落の時間軸の細別化を進める筆者と黒尾和久・中山真治は、多摩・武蔵野地域の縄紋中期土器の13期31細別の土器細別時期設定――いわゆる「新地平編年」(縄文中期集落研究グループ1995)――を行い、それを基とした集落研究を志した。現時点における、一地域における統合的かつもっとも細かな土器編年研究の一つであり、これを用いた集落理解やセツルメントシステムの復元は有用であると自負する。しかしながら、土器型式の継続期間よりも住居の改築時間が短いことは、同一細別時期内での重複住居の存在から明らかであり、同一土器細別時期区分だけでは、厳密な同時存在住居群の把握はできない。よって、土器による相対的区分だけではなく、さらに細かな集落の時間軸を模索する必要があることもまた、明らかである。

住居として用いられた地点は、竪穴住居の計画・構築・使用・修復・廃絶・跡地利用・埋没など、様々な形で利用され、時に改修・改築や新築という形でフィードバックしながら、フローチャートをなす。それを、M. B. Schiffer による物質のライフサイクルのモデル (Schiffer 1975) を応用し、遺構または特定の場所・地点の使われ方の理解に利用する。特に、考古学的情報が豊富で、縄紋集落の最も重要な構成要素である竪穴住居に関して、ライフサイクルモデル

を構築した（図1、小林1999）。考古学的痕跡として認められる分節として、a構築・改築（床面の構築に伴う埋設土器など）→b生活（炉体土器の破損・床面残置など）→c廃絶（住居廃絶直後の儀礼的行為ほかの複合的廃棄行為など）→d埋没（窪地へのゴミ廃棄など）の流れを整理する。遺物出土状況や覆土堆積状況など、調査の結果である考古学的痕跡から、ライフサイクルの各分節を復元していくことは、相対的な時間の再構成につながる。

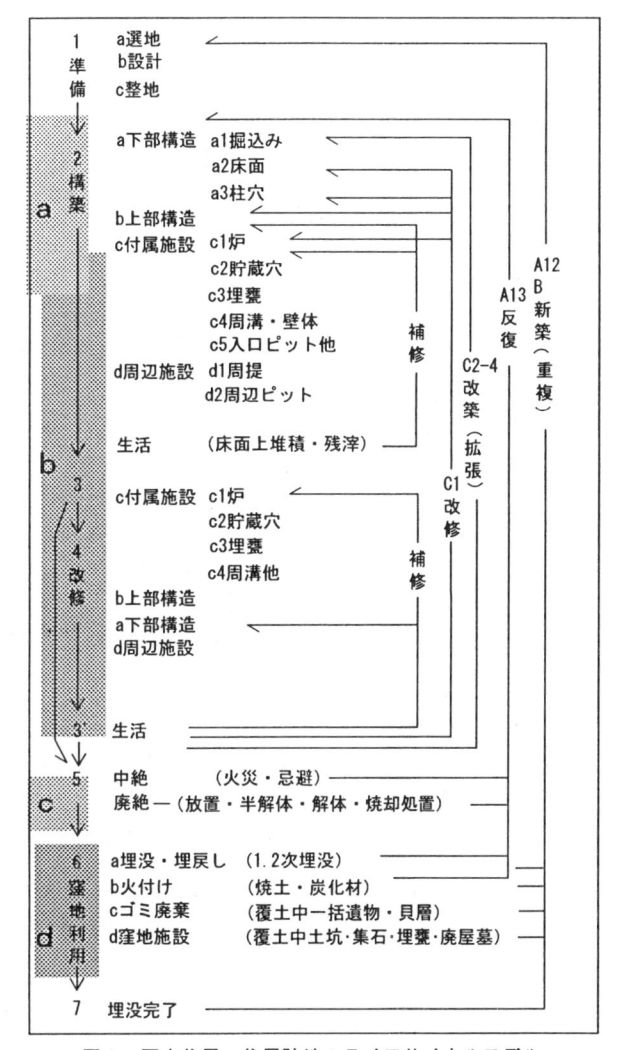

```
1 準備    a選地
          b設計
          c整地
   ↓
2 構築    a下部構造    a1掘込み
                      a2床面
                      a3柱穴
          b上部構造
          c付属施設    c1炉
                      c2貯蔵穴
                      c3埋甕
                      c4周溝・壁体          補修
                      c5入口ピット他
          d周辺施設    d1周堤
                      d2周辺ピット
          生活        （床面上堆積・残滓）
   ↓
3
   ↓
4 改修    c付属施設    c1炉
                      c2貯蔵穴
                      c3埋甕
                      c4周溝他              補修
          b上部構造
          a下部構造
          d周辺施設
          生活
   ↓
3
   ↓
5 中絶        （火災・忌避）
  廃絶 —    （放置・半解体・解体・焼却処置）
   ↓
6 廃地利用  a埋没・埋戻し  (1.2次埋没)
           b火付け        （焼土・炭化材）
           cゴミ廃棄      （覆土中一括遺物・貝層）
           d窪地施設      （覆土中土坑・集石・埋甕・廃屋墓）
7 埋没完了
```

A12 B 新築（重複）
A13 反復
C2-4 改築（拡張）
C1 改修

図1　竪穴住居・住居跡地のライフサイクルモデル

同一土器型式時期に属する遺構群を摘出した上で、ライフサイクルモデルを用い、住居Aの構築後廃絶前までの分節と住居Bの構築〜埋没完了までの分節の間に、遺構の切り合い等による新旧関係や遺物の接合による相互の関係が捉えられれば、ある時

点でともに機能していたかどうかを決めることができる。これを集落内の遺構相互に検討できれば、どの住居が同時に上屋構造が保持されていたかを把握することができ、一時的景観の積み重ねを得ることができるであろう。

具体的な例として、大橋遺跡SJ43号住居跡個体資料K202の接合関係を挙げる（図2）。SJ17号住居跡上層出土土器片No.5とSJ43号住居跡埋甕が接合している。この埋甕本体No.4は胴部下半を切り取って正位に埋設されており、破片No.1~3は埋甕掘方からの出土で、自然に割れて遺存したものか、人為的に埋設土器の固定材として使用されたものかは不明である。しかし、同様に埋甕下部に接合するSJ17号住居跡上層出土破片No.5は、埋甕設置時に廃棄された不要部分破片である可能性が強い。SJ43・97号住居跡は直接切り合っており、遺構の切り合いからはSJ97が古くSJ43が新しい。このSJ43号住居跡の約70cm南西にSJ17号住居跡が位置し、さらにSJ17号住居跡の約8m南にSJ23号住居跡が存在する位置関係にある。SJ17・43・97号各住居跡の覆土からは多量の土器が出土しており、

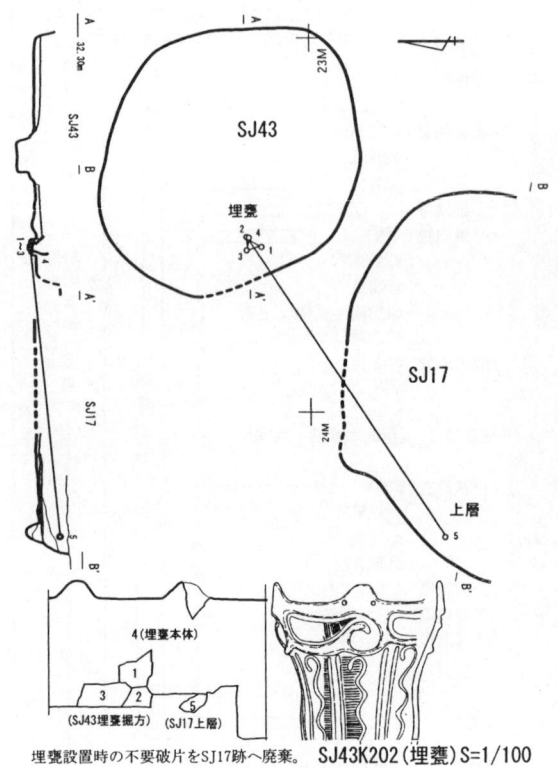

図2 大橋遺跡の遺構間接合

第1章 縄文時代の集落 43

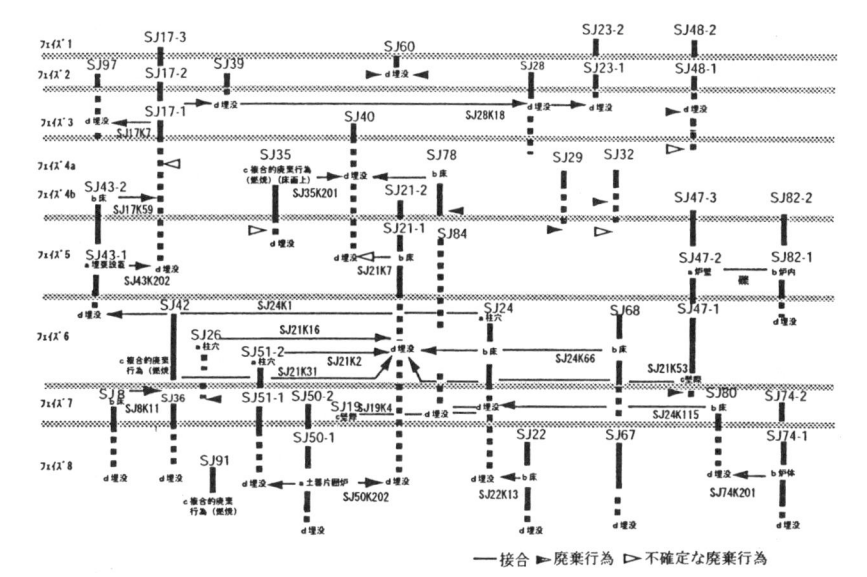

図3 大橋遺跡のフェイズ設定
住居のライフサイクルからみた時間的位置（分節）
a：構築または改修・改築→b：生活→c：住居廃絶または直後→d：埋没または窪地

遺構間接合も多くみられた。ただし切り合い関係のあるSJ43・SJ97号両住居跡からは、直接接合関係がある個体は認められず、同一個体の破片も両住居とも上層出土の小破片のものが多く、まとまった個体として復元できたものはない。これは明らかに廃棄時期が異なったため混ざり合うことも少なかった結果と考えられる。近隣のSJ17・23号住居跡との接合関係からみると、SJ43号住居跡は埋設土器・床直出土・下層出土に対しSJ17・23号住居跡は上層～最上層出土であり、埋没の古い順にSJ23・17→SJ43号住居跡であるといえ、SJ17・SJ97号住居跡については古い順にSJ97→SJ17号住居跡であるといえる。SJ23と17号住居跡も、SJ17号住居跡個体資料K13の接合関係等より、SJ23号住居跡の埋没が先と考えられるので、SJ23・97→SJ17→SJ43号住居跡の関係が導きだせる（小林・大野1999）。

このような関係を各住居において求めていけば、最終的に、どの住居とどの

住居は同時に存在し得ないか、または同時に存在したと捉えられるかが解明できる。同時存在住居群の組成が変化する（住居の組み合わせが変わる）間隔をフェイズとして整理すると、結果的に住居造り替えのサイクルに近い集落の時間軸が得られる（図3）。一時的集落景観復元の作業により、集落の細かい変遷が把握され、集落構成員数、個々の住居や集落全体の継続性、集落内の道やその他の構成要素との関係、廃棄活動の復元が可能となり、縄紋集落の実態が、初めて明らかにし得るのである。

3. AMS炭素14年代測定による暦年較正年代からの縄紋集落研究への見通し

近年、AMSを用いた炭素年代による高精度編年の手法が、ハード・ソフト両面から技術的に著しい進展を遂げている。精度の向上、微量での測定が可能になったことに加え、世界的な標準で年輪年代との対比により暦年較正曲線が整備され、暦年代が推定可能となったことが大きい。こうした方法によって、直ちに10年ピッチの実年代が縄紋集落に与えられるわけではないが、うまく利用することによって、従来の考古学的方法では不可能であった実年代での集落継続期間や継続性について、また重複する住居・住居群の各段階の年代をみることで住居造り替えの時間幅を検討することができる。

現在、筆者を含む今村峯雄・坂本稔・西本豊弘らのグループは、縄紋時代の高精度編年研究の一環として、縄紋集落の年代測定を目指している。住居の構築または廃絶の年代に近い値を得るため、火災住居の炭化材・炉内出土炭化材、炉体等の土器付着物を中心に、内容解明の進んでいる集落から集中的に測定を行っている（小林・今村他2002・2003）。

SFC遺跡は、Ⅰ区に勝坂3式古期（新地平編年9a期）小集落、谷を挟んでⅡ区に同新期（9b-c期）の小集落が存在する（図4）。Ⅰ区の炭素年代は4490±40〜4430±40BPに、Ⅱ区は4370±40〜4280±40BP（BPは炭素年代で1950年

第1章 縄文時代の集落 45

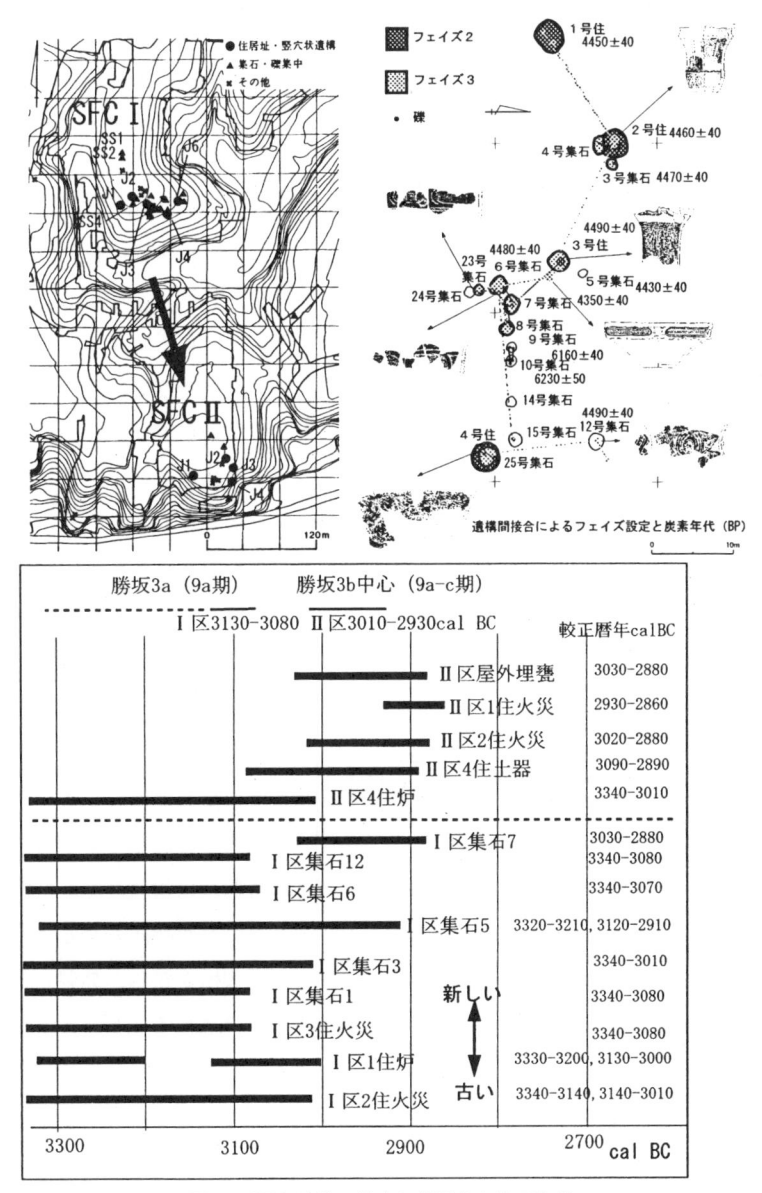

図4 SFC遺跡の炭素年代測定と較正年代

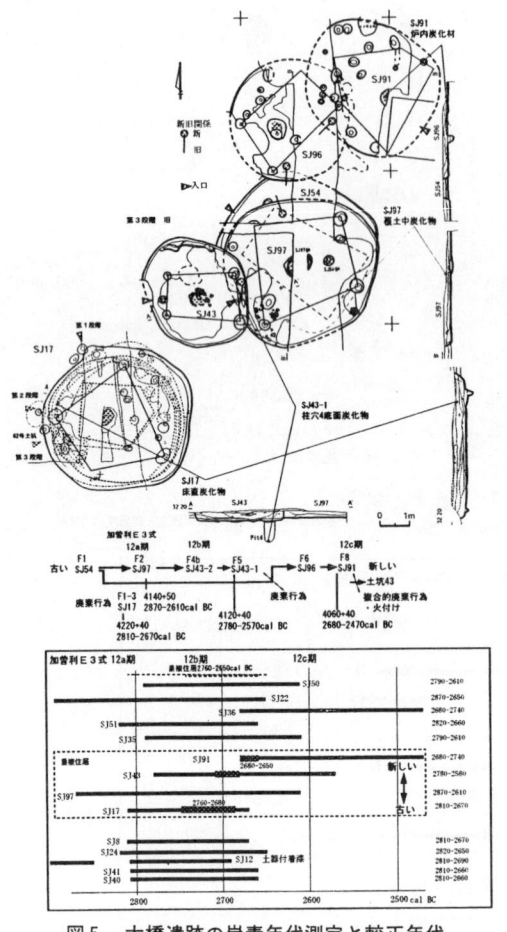

46　第2節　縄紋集落研究の新展開

よりの年数で表記)に集中する。遺物の接合状況から同時に存在した遺構について重なる時間幅をみると、Ⅰ区は 3130-3080 cal BC (cal BC は暦年較正年代で紀元前での表記)、Ⅱ区は 3020-2890 cal BC に含まれる時間幅で居住され、住居は時期的に重ならない。Ⅰ区の集石7はⅡ区集落に重なる時期で、Ⅰ区集落廃絶後の構築である可能性がある。すなわち、短期的な居住の後、Ⅰ区からⅡ区へ移住した可能性が高い。なお、勝坂小片が出土し中期と考えていたⅠ区集石9・10が、早期末の同地区の集石と同じ年代を示し、炭素年代測定結果が遺構帰属時期の再検討を促した例があることが特記される。

図5　大橋遺跡の炭素年代測定と較正年代

大橋遺跡は、加曽利E3・4式(新地平12a-13期)の大集落で、12a-c期までは継続的に8フェイズにわたって継続的に定住されている集落である。代表的な例として、5軒の住居が切り合い、かつ近接して1軒が存在する住居群の例を示す(図5)。出土土器・重複関係から最も古い(12a期)SJ17号住居から新しいSJ91号住居まで、矛盾のない測定値が得られた。それぞれ同時存在と考えられる遺構グループの測定

値をあわせみることで、年代を絞れると思われ、150年程度（土器型式の継続期間を加味すると100年程度に絞り込める）の時間経過の中で、9回以上の住居造り替えが捉え得る。よって、1軒の住居の改築期間は、平均して十数年程度と想定することができる。さらに今後の検討によって、相対的な時間軸だけではなく、タイムスパンという点で物理的に均質な、実年代という時間軸を得ることができるであろう。

4. 新たな縄紋セツルメント論への展望

最後に、集落内の検討（in-site）から離れて、集落間の関係（inter-sites）、すなわち、先史社会の復元を展望しておきたい。

現在、筆者と津村宏臣、西本豊弘、建石徹、坂口隆の共同研究によって、縄紋時代の研究フィールドとしては、もっとも遺跡調査が密に行われていると捉えられる武蔵野台地東部を対象として、新地平編年を基軸とした、細かな時間軸でのセツルメントパターンの把握を試みている。この中で、遺跡間の関係を探る指数の一つに、相互の遺跡間の可視性、すなわち互いに見える地点に立地する遺跡間に、社会的関係を想定し、視認関係をつなぐことで、新たな社会的関係を測る試みを行った（津村他2002a）。これによって、従来の、河川に沿う遺跡立地や、南向き斜面など周辺の自然環境や湧水との位置関係で検討されることの多かった遺跡間関係に、相互の直接視認という社会的関係と、そこから想定される交通路としての遺跡配置、すなわち交易や婚姻などの交換関係を含むであろう社会組織にリンクするセツルメントシステムを把握することに成功した（津村他2002b）。さらに、分水嶺付近など河川に沿う遺跡群の中間に位置する中小集落が、視認関係で結ばれ、交通の経路として機能していた可能性が示唆され、さらに、遺跡間関係と土器型式や炉型式の分布がリンクしていることが示されつつあり（図6）、新たな縄紋集落の実相を示し得る可能性が高まっている。こうした検討は、いまだ途上であるが、識者によって、我々の視認関

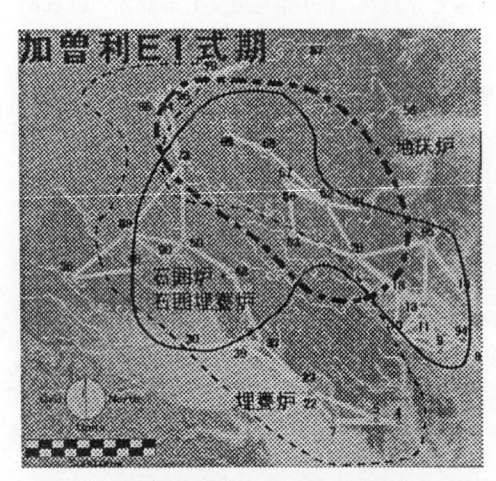

図6 武蔵野台地東部の遺跡間の視認関係と炉型式の傾向面分析によるまとまり

係の想定が、当時の植生を無視したもので非現実的であると批判されている。この点について反論しておくと、たとえ樹木等の存在があるとしても、互いに視認可能な地点に立地していること自体が当時の実相を反映していると考えるべきである。そうでなければ、近隣の遺跡同士が、ここまで視認関係を持つことは不自然であり、個別の遺跡立地における適地を選んでいくならば、多くの集落が南向き斜面を選ぶなど、互いの視認関係がばらばらになるはずである。こうした議論とは別に、プラントオパールなど自然科学的分析を洗練させていくことで、当時の微環境の復元を図っていくべきであるが、集落の周辺は充分に開かれていた可能性を指摘しておきたい。

以上、筆者の近年の拙論の内容を概略するに留まり、他研究者の注目すべき議論を取りあげる暇がなかった。またの機会を得たい。本稿を草するにあたり、執筆の機会を与えてくれた山岸良二氏、普段より様々な意見交換を重ねている縄文弥生時代の高精度編年の構築研究グループ、セツルメント研究会、縄文集落研究グループ、縄文集落の生態論研究グループ、国立歴史民俗博物館の諸氏に、深い感謝の意を表します。

参考文献

小林謙一・桜井準也・須田英一・大野尚子・岡本孝之ほか『慶応義塾湘南藤沢キャンパス内遺跡』3 縄文時代II部、慶応義塾藤沢校地埋蔵文化財調査室、1992

小林謙一「縄紋時代中期集落における一時的集落景観の復元」『国立歴史民俗博物館研

究報告』第82集、国立歴史民俗博物館、1999
小林謙一・大野尚子「目黒区大橋遺跡における一時的集落景観の復元」『セツルメント研究1号』1999
小林謙一「集落・領域論」『縄文時代13』縄文時代文化研究会、2002
小林謙一・今村峯雄・西本豊弘・坂本稔「AMS^{14}C年代による縄紋中期土器・集落研究」『日本考古学協会第68回総会研究発表要旨』日本考古学協会、2002
小林謙一・津村宏臣・坂口隆・建石徹・西本豊弘「武蔵野台地東部における縄文中期集落の分布—縄文集落の生態論のための基礎的検討—」『セツルメント研究3号』セツルメント研究会、2002
小林謙一・今村峯雄・坂本稔・大野尚子「関東地方縄紋集落の暦年較正年代—SFC・大橋・向郷遺跡出土試料の炭素年代測定—」『セツルメント研究4号』セツルメント研究会、2003
縄文中期集落研究グループ『シンポジウム縄文中期集落研究の新地平（発表要旨・資料目次）』1995
縄文集落研究グループ『シンポジウム縄文集落研究の新地平2（発表要旨）』1998
縄文時代文化研究会『第1回研究集会　発表要旨　縄文時代集落研究の現段階』2001
津村宏臣・小林謙一・坂口隆・建石徹・西本豊弘「縄文集落の生態論(2)—遺跡分布の評価とセツルメントシステムの予測—」『動物考古学18号』動物考古学会、2002a
津村宏臣・小林謙一・建石徹・坂口隆・西本豊弘「縄文集落の生態論(3-1)—考古学的分化要素の傾向面分析—」『動物考古学19』2002b
吉田格・小林謙一・両角まり・大野尚子ほか『大橋遺跡』目黒区大橋遺跡調査会、1998
Schiffer, B. M. Archaeology as Behavioral Science. *American Antholopologist* 77, 1975

（小林謙一）

第2章　弥生時代の集落

第1節　瀬戸内地方の弥生集落

　瀬戸内地方は内海に面したところであり、気候は温暖である。弥生時代には、大陸や朝鮮半島からもたらされる文物を近畿地方へ伝える安定したルートとして重要な役割を担っている。北九州を経て流入する新しい文化は、瀬戸内地方の各地にもいち早く定着し、その後拡大発展を遂げている。ただ、岡山県南部や香川県北部、松山市のような沖積平野の発達した地域と広島県や山口県の南部のように丘陵が多く沖積地の少ない地域では、生業の違いもあり、集落の様相が異なっている。

1.　弥生前期の集落

　これまで縄文晩期後半とされてきた突帯文期には、すでに水稲耕作が導入されていることが明確になり、弥生早期とも呼ばれている。この時期に北九州では環濠を巡らす集落も確認されているが、瀬戸内地方では、集落の様相まで明らかになっているものはない。

　松山市大渕遺跡では、土坑や柱穴を検出し、朝鮮半島系の肩部に八つ手状に黒く炭素を吸着させた壺、両端抉入石包丁、打製石鎌、有柄式磨製石剣未製品などを出土した。岡山市百間川沢田遺跡では、沖積微高地の斜面に焼土、石器、土器がまとまって出土した。土器は沢田式とされているが、夜臼式土器に類似するものである。この時期には水稲耕作を行っていると考えられている。高松

市林・坊城遺跡では木製農具の狭鍬、広鍬未製品も出土している。

　この時期の遺跡としては、ほかに岡山市江道遺跡、岡大構内遺跡、広島市比治山貝塚、愛媛県伯方町叶浦、同上浦町萩の岡貝塚など多数存在するが、いずれも小規模な遺跡である。

　岡山県南部に位置する総社市南溝手遺跡は、標高8m余の沖積平野に位置する。下層には縄文後期の土器片で籾痕やイネプラント・オパールを確認し、石包丁状石器、石鎌状石器などを出土して縄文後期のイネ栽培問題を提起している。

　上層には弥生前期前葉～中葉の円形竪穴住居4軒が40～50mほど離れて検出された。同時に存在した軒数はわからないが、少数であることは間違いない。そのうちの1軒には、床面に多量のサヌカイトの剝片と石器があり、石器を製作していることがわかる。ほかの1軒では、管玉の未製品と玉砥石、メノウ片、緑色凝灰岩片、サヌカイト剝片などを多く出土し、玉造りと石器製作を行っている。玉造りの住居では、中央穴の両脇に2本の柱穴があり、いわゆる松菊里型住居と言われているものである。掘立柱建物は、5間×2間の長方形のもの1棟が確認されている。多数の土坑も確認されていて、その中には土坑墓と推定されているものもある。

　岡山市津島遺跡は旭川右岸の沖積微高地に所在する。幅40mくらいの狭い微高地が南北に延びていて、弥生前期前半の遺構が検出された。南寄りに径約9mの円形竪穴住居1軒、北側に4本の柱が3.7m×2.1mの方形に並び1間×1間の倉庫と判断された。この北側には2.8m×1.4mの小さな長方形の掘り込みがあり、付属する小屋と推定された。周辺には舟形土坑と呼ばれる細長い土坑や円形土坑があり、土器片や石器・焼土が入っている。北西側で検出された3間×2間（4m×2.8m）の掘立柱建物2棟も同時期とされている。

　この微高地の南東200mにも同時期の遺物を多量に出土するところがあり、住居も存在したものと推定される。これらの住居群のまとまりが、一つの集落を形成していたものと考えられるが、全体の住居の数は少なく小規模な集落で

図1　主要遺跡位置図

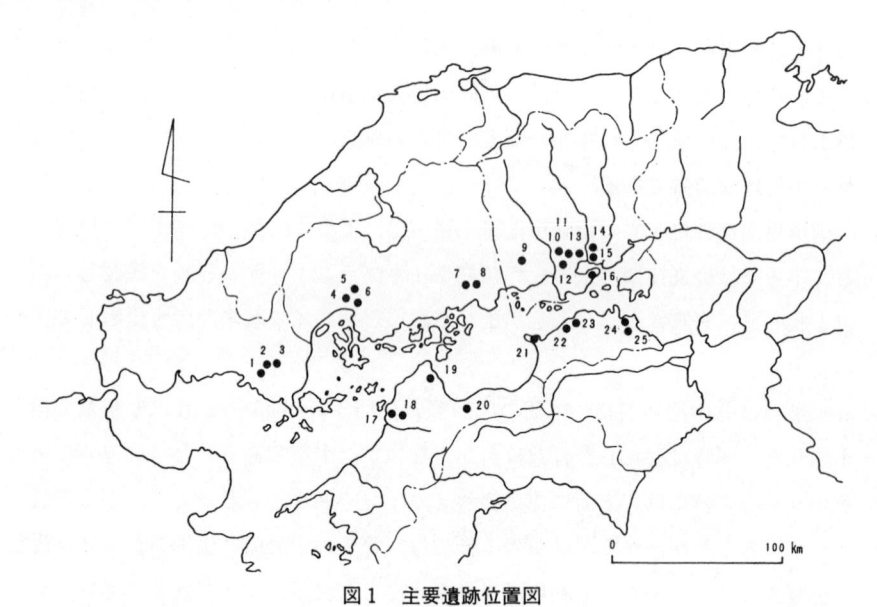

1岡原遺跡　2岡山遺跡　3天王遺跡　4毘沙門台遺跡　5大明地遺跡　6中山貝塚　7亀山遺跡　8大宮遺跡　9清水谷遺跡　10南溝手遺跡　11津寺遺跡　12上東遺跡　13津島遺跡　14百間川原尾島遺跡　15百間川沢田遺跡　16貝殻山遺跡　17大渕遺跡　18文京遺跡　19阿方遺跡　20八堂山遺跡　21紫雲出山遺跡　22旧練兵場遺跡　23中ノ池遺跡　24鴨部・川田遺跡　25森広遺跡

ある。なお、住居区域に近接して少し低くなった微高地の低位部には畦畔を伴う弥生前期の小区画水田が所在する。旧河道や低湿地を除いて東へ800mくらいの広がりを確認している。北方1kmの岡山大学構内遺跡でも広い範囲で検出された。

　弥生前期前半の小規模な遺跡は、島嶼部や海岸部にも分布している。観音寺市室本遺跡では砂丘上から木葉文・重孤文などを施した前期前葉の壺を出土し、墓域の一部にあたっているらしい。坂出市櫃石島の大浦浜遺跡、同沙弥島のナカンダ浜遺跡、小豆郡土庄町伊喜末遺跡などは島に形成された遺跡である。坂出市下川津遺跡、綾歌郡行末遺跡も前期の遺跡である。広島市中山貝塚も標高10mにある貝塚で、縄文晩期から弥生前期の海岸線に近接している。5層の貝層を確認し、縄文晩期から弥生中期後半の変遷が明らかにされた。

今治市阿方貝塚は、西から延びる低平な丘陵先端部と低地に広がる弥生前期中葉から中期前葉の遺跡である。丘陵北端部付近の斜面には前期後半の貝塚が形成されている。丘陵上部の調査が行われていないので住居は未確認であるが、南側の斜面にも包含層が存在することから、丘陵上部が居住域と判断される。

　近年発掘調査が行われた東側低位部は低湿地であり、護岸施設、導水施設、どんぐりなどの水さらし場が検出された。出土遺物には多量の土器のほかに、土製品、骨角器、木製品、鳥獣魚骨、貝殻などがある。木製品は、短甲、鍬、泥除け、石斧柄、篭などである。石器には、磨製石剣、伐採石斧、扁平片刃石斧、環状石斧、石包丁、石鎌、石鏃、石錘、砥石がある。土製品には、分銅形土製品の粗形と考えられる施文のある土板状のものも出土していて注目される。同形のものは松山市宮前川遺跡や善通寺市滝川五条遺跡でも出土している。

　弥生前期の遺跡には貝塚を伴っている場合が多い。阿方貝塚の南東800mの低丘陵先端部に位置する片山貝塚、北条市宮ノ戸貝塚、広島市中山貝塚、岡山県の高尾貝塚、関戸貝塚、門田貝塚、島地貝塚などがある。

2. 環濠集落

　弥生前期には、中国・朝鮮半島に系譜をもつ環濠集落が出現する。分布域としては、海岸部からあまり深く入り込まないところに多く、瀬戸内地方の各地に所在する。北九州では一重の環濠となっているが、この地域では一重のもののほか、二重ないし三重の環濠もある。時期的には、ほとんどが弥生前期中葉から中期前葉に属する。近畿地方以東のように多数の環濠を巡らすものや中期中葉以降に築かれるものはない。環濠を伴わない集落の方が多い。

　最近調査された岡山県矢掛町清水谷遺跡は、高梁川の支流である小田川をさかのぼったところにあり、自然堤防上に所在する。環濠は一重で、内側の広さは50m×60mの楕円形を呈する。溝の幅は4〜5mを測り、深さ1〜1.2mである。時期は弥生前期後半で、他の遺跡に比べて少し小さい。環濠の内部におい

て、竪穴住居6、掘立柱建物30、土坑、柵などを検出している。竪穴住居はすべて円形を呈し、中央部に掘られた穴の両側に柱穴があり、いわゆる松菊里型住居とされるものである。建物は1間×1間と2間×1間のものがあるが、前者が大半を占めていて重複も多い。溝とその付近から多量の土器と石器・土製品を出土した。サヌカイトの剥片が多く、石器製作を行っていることがわかる。また、玉造り関係の遺物も出土している。

以前から調査が進められている百間川沢田遺跡では、長径約90m、短径約80mの卵形をした前期中葉の一重環濠が巡っている。付近には、竪穴住居5、土坑、土坑墓、円形周溝などが検出されている。

環濠集落として著名な丸亀市中ノ池遺跡は、沖積地に所在する前期後半のものである。数回の調査が実施されていて、3条の大溝で囲まれた径70m余の広さがある。外側の溝は、幅約5m、深さ約1m、断面U字形を呈している。内側に掘られた約50m×約30mの環濠の内側には柵を伴っている。出土遺物には多量の土器のほかに、打製・磨製石包丁、石鏃、石錘、木器などがある。

ほぼ全容が明らかになったさぬき市鴨部・川田遺跡（図2）は、東西53〜60m、南北48m以上の一重環濠で、溝は幅2〜6m、深さ約1mである。時期は前

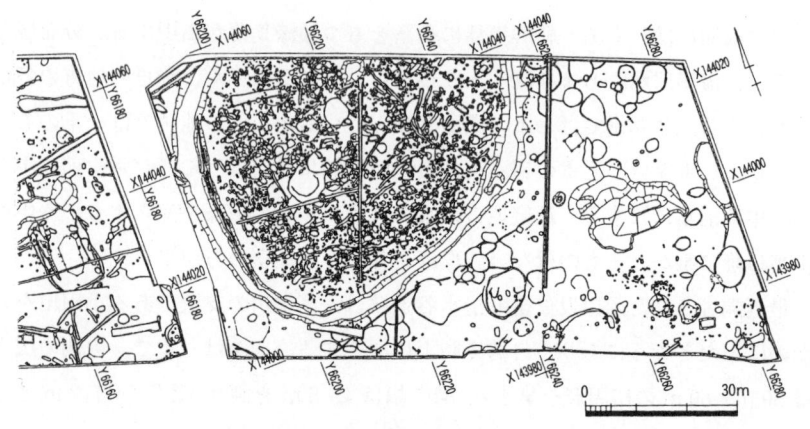

図2　鴨部・川田遺跡（大久保ほか 2000）

期後半に属する。検出された遺構は、竪穴住居、土坑、柱穴などがあり、松菊里型住居も確認されている。環濠内からは多量の土器のほかに、木製農具を出土し、中には製作途中のものもある。石器の製作も行っていて、打製・磨製石包丁、太型蛤刃石斧、扁平片刃石斧、小型柱状石斧、石鏃、スクレイパー、石匙、石錐、砥石、凹石などもある。

広島県神辺町大宮遺跡は、自然堤防上に作られた環濠集落である。溝は二重に巡り、長径80m、短径約70mの広さがあり、溝は、幅3～4m、深さ1m余を測る。一部はさらに外側に溝が巡る。時期は前期中葉から中期前葉に属する。瀬戸内地方では少ない独立低丘陵上に築かれた神辺町亀山遺跡がある。前期前半で長径73mのものが、前期中葉には拡大されて長径95m、さらに160mの範囲に広がっている。

愛媛県では、全容が明らかになった環濠集落はないが、松山市祝谷畑中遺跡の溝は、幅10～11m、深さ約3.5mのV字状を呈するもので、前期後半から中期初頭の大きな環濠集落と考えられている。松山市岩崎遺跡では、幅約5m、深さ1.3m前後の並行した3条の溝を検出し、前期後半から中期初頭の環濠集落と推定されている。松山市来住V遺跡でも前期後半の溝2条が湾曲しながら並行して走ることから二重環濠と推測されている。

ほかに、松山市斎院烏山遺跡や今治市姫坂遺跡では、低い独立丘陵の肩部で、幅2～3m、深さ1～2mの溝を検出していることから、前期後半の環濠集落と判断される。阿方遺跡と片山貝塚の中間に位置する平山遺跡では、稜線に直交する溝で丘陵先端部を区切っている。

香川県では、高松市天満・宮西遺跡、同鬼無藤井遺跡、同汲仏遺跡、善通寺市滝川五条遺跡などでも、環濠集落が確認された。

3. 中核的集落の形成

弥生中期中葉には、北九州や近畿地方で多機能を備えた大型集落が出現して

いる。瀬戸内地方では、十分わかっていないが、松山市文京遺跡や善通寺市旧練兵場遺跡などが注目されている。

文京遺跡（図3）は、松山城の北側に位置する弥生中期後半から後期初頭を中心とする遺跡で、東西約2km、南北約1kmに広がる道後城北遺跡群内に所在する。旧河道などの低位部で囲まれた細長い微高地上の東西約300m、南北約200mに多数の遺構が集中し、渡来系遺物をはじめ貴重な遺物を多く出土している。この区域には、愛媛大学、松山北高等学校などが含まれていて、たびたび発掘調査が行われている。

現在までの調査で発見された弥生中期後葉から後期前葉の遺構は、竪穴住居、掘立柱建物、周溝遺構、土坑、溝などである。竪穴住居は170以上にのぼり、

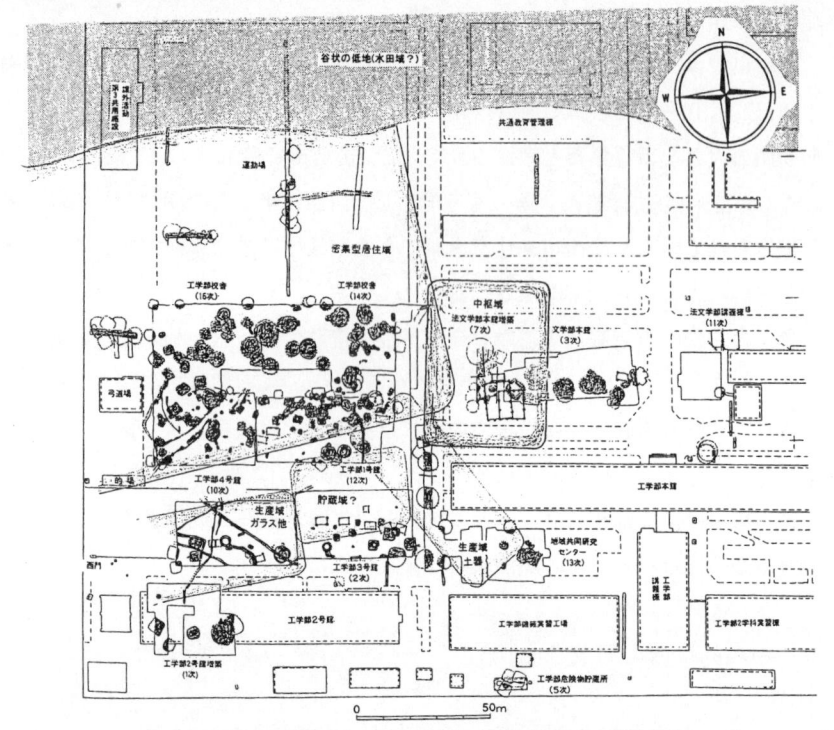

図3　文京遺跡弥生中期後葉から後期初頭の集落内機能（愛媛大学　1998）

円形と方形のものが多い。円形のものは、径5m前後が多く、径8mのものもある。方形のものは4m×3mくらいのものが多い。1軒だけであるが、南九州に多い花弁形のものも検出された。

掘立柱建物には、大型のものと小型のものがある。小型のものは、22棟確認されていて、1間×1間と2間×1間のもので、竪穴住居の集中するところの周縁部に多く、10m²前後の高床式倉庫と考えられている。とくに注目されるのが、大型掘立柱建物である。4棟確認されていて、1号建物は、桁行4間以上（7.18m以上）、梁間4間（9m）、面積推定118m²、2号建物は、桁行2間以上（4.7m以上）、梁間5間（推定9m）、面積推定90m²、3号建物は一部を検出したのみ、4号建物は、桁行3間以上（9.6m以上）、梁間2間以上（2.7m以上）、面積不明である。

2号建物と4号建物は南北方向に並び、同時に建てられていた可能性が指摘されている。これらは住居や倉庫の集中するところより0.5～1m高い場所である。また、この大型建物の周辺からは、小型土器や赤彩の高坏が多く出土し、祭儀の行われた所とされている。周溝遺構は3基あり、2基は円形、1基は方形を呈する。方形のものは、幅1mの溝で囲まれた4.5m×3.5mの大きさで、完形の土器を多数出土することなどから祭壇とする考えも提示されている。

土坑は少し大きなものだけで約100基あり、円形、楕円形、小判形、方形などの形状を呈する。そのうちの3基から炭化米を多量に出土し、粘土を貯蔵したものも2基ある。

出土遺物は多く、種類も多い。中国鏡片2のほか、鋳造鉄斧など渡来遺物もある。装身具には、管玉、ガラス小玉、滑石製指輪、呪具としては分銅形土製品、土偶、舟形土製品、動物形土製品などがある。工具として、袋状鉄斧、板状鉄斧、ヤリガンナなどの鉄製品、蛤刃石斧、扁平片刃石斧、柱状石斧、石鑿、石錐、石匙、砥石、叩石などの石製品がある。ほかに、打製・磨製石鏃、石槍、石包丁、紡錘車、石錘などもあり、生業関係も多岐にわたっている。

以上のような遺構と遺物のあり方から、中枢域としての大型建物群、西方に

密集した居住域、南に掘立柱建物群の貯蔵域、ガラス製品や土器の生産域と集落内の機能分化が行われていると指摘されている。文京遺跡の西方には、重圏日光鏡1面を出土した若草町遺跡、東方には、道後今市遺跡、道後樋又遺跡などで22本の平形銅剣を出土していて、道後城北遺跡群が松山市付近の主要な地域を形成している。

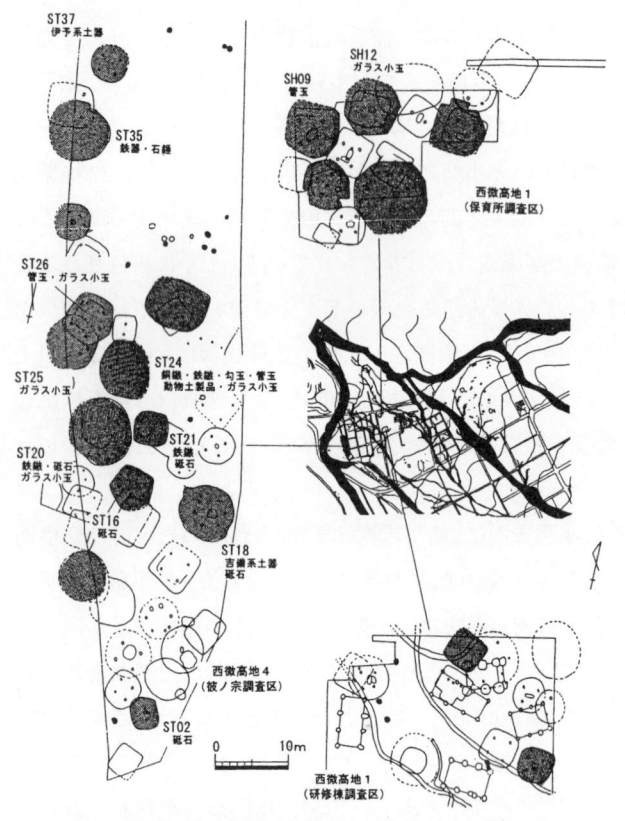

図4 旧練兵場遺跡弥生後期後半の遺構（アミ目）
（笹川ほか 2001）

　善通寺市旧練兵場遺跡（図4）は、弘田川と中谷川の合流点にあり、河道で区切られているが、遺跡の広がりは約50万m²で、生活域となる微高地は約25万m²と推定されている。現在までに調査されたのは2万m²余であることから、その一部が明らかになったところである。弥生前期から古墳時代まで継続する中核的な集落であるが、とくに弥生中期後半から遺構が多くなり、後期にはさらに発展している。

　弥生中期後半から後期初頭では、竪穴住居34、掘立柱建物15、土坑13などが検出されている。掘立柱建物は梁がすべて1間である。大きなものは、7間×

1間で48m²の細長い建物である。柱の掘方を方形とするのが多いのもこの地域の特色である。

　岡山南部の平野部でも、弥生中期中頃から集落数の増加と後期へ継続する集落が形成されるようになる。丘陵上に立地する小規模な集落もあるが、多くは竪穴住居のほかに掘立柱建物、土坑を伴っている。

　岡山市百間川今谷遺跡の掘立柱建物は、ほかの集落のものと様相を異にしている。28棟が検出され、そのうち1間×1間のものを除くと26棟になる。最近の調査でも北側で数棟確認されたことから30棟を超える建物群である。2間×1間のもの15棟、3間×1間のもの10棟、4間×1間のもの1棟で、大きなものは、桁行7.6m、梁間2.1mもあり、柱穴の掘方は円形で直径1mのものもある。井戸14、土坑57もあり、埋土中に焼土、炭、炉壁、土器、ガラス滓を出土している。製品が確認されていないので明確でないが、高温を用いた工房跡と考えられている。ガラス滓は、百間川原尾島遺跡では弥生前期後葉のものがあり、後期のものは周辺の遺跡でも確認されている。

4. 高地性集落

　瀬戸内地方の海岸や島嶼部の丘陵上にも集落が発見されている。標高300～400mもある山頂部に所在する場合もあり、低位部の集落との関係から特異なものとして注目される。

　高地性集落として著名な紫雲出山遺跡は香川県北西部に位置し、瀬戸内海に突出した三崎半島先端近くの標高350m余の山頂部に所在する。東西200m、南北数十mの範囲に広がっている弥生中期の遺跡である。住居は未検出であるが、小規模な貝塚（3.3m×3m、厚さ10～30cm）、焼土が確認されている。

　出土遺物には、鉄片40、太型蛤刃石斧、柱状片刃石斧、小型柱状片刃石斧、石匙、打製石包丁、石錘、石鏃、打製短剣、環状石斧、凹石、砥石、鹿角製結合式釣針、アカガイ製貝輪、分銅形土製品、紡錘車などがあり、平地の一般集

落と共通するものがある。丘陵上での畑作と漁労を生業としていたものと考えられている。

　紫雲出山遺跡の南方に位置する烏帽子山遺跡も標高260mくらいの所にあり、弥生中期後半から後期初頭の遺物が発見されている。遺物には、磨製石斧、打製石包丁、石鏃、石小刀、叩石、凹石、石錘、石皿などがあって同様の傾向を示している。

　備讃瀬戸の北側に所在する岡山市貝殻山遺跡は、当時島である児島の標高288mの山頂に位置する。弥生中期後半の竪穴住居6、貝塚1が検出された。遺物には、土器のほか、分銅形土製品、石鏃、石槍状石器、石包丁、砥石、叩石、紡錘車などがあり、ここでも平地部の集落と共通したものである。同島の北西部に所在する種松山遺跡も標高160mの山頂に位置し、貝塚も伴っている。遺物には、土器のほか、石鏃、削器、石包丁、磨製石斧、石錘、鹿角製釣針などがある。

　備讃瀬戸では、ほかに、香川県広島の標高300mの心経山遺跡、同豊島の標高340mの壇山遺跡などがある。いずれも、内海航路を見下ろす位置にあることから、見張りを兼ねた集落と理解されている。

　愛媛県西条市八堂山遺跡も標高169mの山頂を中心に弥生中期後半から後期の集落がある。遺構としては、竪穴住居3、高床式倉庫1、集石遺構2などがある。出土遺物には、土器のほか、石鏃、石槍、石鍬、石包丁、ヤリガンナ、刀子などがある。高縄半島から芸予諸島の山頂にも、大島八幡山遺跡（標高214m）、生名島立石山遺跡（標高138m）などが分布している。

　山口県の島田川流域の集落は、丘陵上に分布していて、高地性集落研究の端緒となった所である。麓の平地部でも弥生中期の遺跡が発見されているが、主要な集落の立地は低丘陵上にある。主な遺跡としては、天王遺跡、岡山遺跡などがあり、弥生前期から終末まで間欠的に利用されている。天王遺跡は、三方が急傾斜になっていて、一方を幅6m、深さ3mの溝で区切っている。光市岡原遺跡では、土塁状の土手と空濠状の溝を巡らして区画しているものがある。天

王遺跡や岡山遺跡では、ムギや豆類の炭化物も発見されていて、畑作を行っていることがわかる。それほど高い丘陵でないことから防御機能を備えた農業集落として位置づけられよう。

5. 弥生後期の集落

　弥生後期になると分村していた小集落は、中核的な集落に吸収される場合も多いようで、河川流域で補完しながら規模の大きな集団を形成するところも出現する。岡山県南部や香川県北部の平野部で顕著に認められ、集団墓と一部区画墓の発展がうかがえる。先に取り上げた松山市文京遺跡も後期へ継続している。善通寺市旧練兵場遺跡では、さらに拡大している。東のさぬき市森広遺跡では、後期になって有力な集落が形成される。

　旧練兵場遺跡は、河道などによって自然に区画された6カ所の微高地からなり、それぞれ弥生中期後半から継続して集落を形成している。既調査の13,540 m^2 において、後期後半から終末にかけての竪穴住居は58軒確認されている。竪穴住居の平面形は、それまで円形を主体としてきたが、後期後半以降は方形、6角形のものが加わり、一部を突出させたものもある。規模的には40 m^2 以下のものがほとんどであるが、終末期には67 m^2 を測るものが確認されている。

　後期後半まで確認された掘立柱建物は、それ以降わかっていない。集落内の墓域は確認されていないが、後期後半には仙遊調査区で人面を線刻した箱式石棺が発見される。終末には小児用の土器棺以外は丘陵上に築かれるようになる。

　遺物には、大量の土器、青銅器、装身具、祭祀具、農工具、紡績具、漁労具などがある。土器では、後期中葉から終末になると吉備や西部瀬戸内地方のものが増加している。時期の確定できないものもあるが、青銅器には、小銅鐸1、仿製鏡1、銅鏃5、装身具としては、勾玉3、管玉7、ガラス小玉46、祭祀具では、動物形土製品4、土玉4、ほかに、鉄鏃、袋状鉄斧、石錘、砥石、叩石などがある。祭祀具は集中していないことから、特定の祭祀空間はなく、小単

位で祭祀が行われていたと考えられている。

　さぬき市森広遺跡は、明治時代に7脚の巴形銅器8個を出土した遺跡として知られている。近年、7,800 m²ほどの発掘調査が実施され、弥生後期から終末の竪穴住居47を検出している。集落のはずれで銅鐸片も出土した。森広遺跡群の東端にあたる双ノ池遺跡では、後期中頃の径10m前後の大型竪穴住居8と一辺5m前後の小型竪穴住居6、掘立柱建物1が検出されている。これらのことから規模の大きな集落の可能性が考えられる。

　岡山南部は、吉井川、旭川、高梁川の主要三河川による沖積地が広がっていて、弥生前期以後の遺跡が多く分布している。百間川遺跡群は、放水路改修に伴って25年余にわたって発掘調査が継続されている。旭川の分流によっていくつかに区切られているが、上流域の原尾島遺跡では、竪穴住居119、掘立柱建物56、井戸59、土坑440、土器棺16が検出している。これらは微高地上に作られていて、少し低くなったところはすべて小区画水田で占められている。後期末にはすべて洪水砂で埋もれている。出土遺物には、多量の土器のほか、仿製鏡、銅鏃、鉄鏃、鉄製鋤先、銅鐸形土製品、勾玉、管玉、ガラス小玉、ガラス滓がある。

　岡山平野西部では、高梁川の分流によって形成された微高地が総社市から現在の足守川流域に広がっていて、弥生中期後半以後の集落が多数分布している。前期の遺跡として著名な窪木遺跡にも後期の集落があり、近接した窪木宮後遺跡では青銅製三角鏃も出土した。この遺跡の南東には袈裟襷文銅鐸を埋納した遺跡として知られる高塚遺跡があり、貨泉25枚も出土した。伴出する土器は後期初めのものである。同時期の竪穴住居や土坑は多数存在し、後期後半の大型土坑からは銅器の原料とされる棒状銅製品も出土した。

　下流の津寺遺跡は6万m²の広さがあり、調査では、弥生時代の竪穴住居87、掘立柱建物7、袋状土坑283、土坑306などが検出されている。東側の低位部には水田が広がる。水田域の東側には、津寺一軒屋遺跡があり、金床石や鉄片、鍛造剥片などとともに炉跡が検出され、弥生後期後葉の鍛冶工房と確認された。

この東側の政所遺跡でも弥生中期からの集落が継続していて、竪穴住居から円環型銅釧、土坑から有鉤銅釧を出土した。
　足守川加茂B遺跡は弥生後期から古墳時代初頭の遺構がとくに集中していて、多量の土器のほかに銅鏡2や卜骨を出土した。南側に近接した矢部南向遺跡も同様で、竪穴住居から小銅鐸を出土する。また、近接したところで龍形土製品が発見されていて注目される。さらに下流には、上東遺跡、川入遺跡があり、平野全体を網の目のように巡る河道、低位部に囲まれた微高地のほとんどに弥生後期の集落が所在している。
　これらの集落群は河道によって結ばれていて、足守川集団と呼べる大きなまとまりをもっている。その象徴的存在が双方に突出部をもつ全長80mの楯築墳墓であろう。
　広島県と山口県の南部は、沖積平野が少なく、丘陵上に集落を形成しているところが多い。広島県の太田川流域では、河川周辺の比高30～100mの丘陵上に弥生後期の集落が分布している。右岸側では、中畦遺跡、鯛之迫遺跡、毘沙門台遺跡、毘沙門台東遺跡などがあり、弥生後期後葉から古墳時代初頭にかけて集落の規模が拡大する。毘沙門台遺跡では、竪穴住居70、土坑180などが検出された。左岸側には、大井遺跡、山手遺跡、恵下山遺跡、高陽台A地点遺跡、末光A～E地点遺跡、大明地遺跡などが調査されているが、多くは小規模な遺跡である。大明地遺跡は、段状遺構36、竪穴住居16、掘立柱建物26、貯蔵穴18、炉跡6などがあり、この地域の中心的な集落である。
　弥生後期で海岸に面した集落には特徴的なものがある。足守川下流の上東遺跡は海に近接している。近年、南端部で発見された微高地には突堤状の構造物があり、船だまり状に囲まれたところは、弥生後期前葉から後期後葉にかけての遺物を多量に出土した。多くの土器は完形で、絵画土器、漆入り土器、卜骨、土製勾玉などもあり、航海安全の祭祀を行ったものと考えられている。突堤状の構造物は多数の丸太杭と横木を用いながら敷葉工法で盛り土を行っている。この盛り土中から貨泉1枚も発見された。遠くは大陸まで続く海の道がうかが

える。

　東方の川入遺跡も海に面している。後期後葉には、瀬戸内・山陰・畿内・東海・北陸・南九州に系譜をもつ土器が多く、他の地域との交流が活発に行われていることがわかる。これらの遺物は旧足守川を通って上流の集落跡でも多数出土している。このような遺跡は瀬戸内海の各地に分布していて、古墳時代へつながる準備が整っている。

　また、上東遺跡の東鬼ヶ市地区では、弥生後期の製塩炉が発見された。弥生中期後葉に児島半島で出現した製塩用とされる外面ヘラケズリの台付き鉢形土器が中部瀬戸内に広がり、古墳時代には西部瀬戸内にも拡大している。弥生後期の製塩炉は、百間川原尾島遺跡、岡山市鹿田遺跡でも確認されていて、海岸に近い遺跡では製塩も行っていることがわかる。塩は魚介類の加工品とともに他の集落・内陸部の集団との交易品となったであろう。

参考文献
愛媛大学埋蔵文化財調査室『文京遺跡シンポジウム―弥生大集落の解明―』1998
大久保徹也ほか『鴨部・川田遺跡』香川県教育委員会、2000
小林行雄・佐原　眞『紫雲出―香川県三豊郡詫間町紫雲出山弥生遺跡の研究―』詫間町文化財保護委員会、1864
近藤義郎・小野　昭「岡山県貝殻山遺跡」『高地性集落の研究・資料編』学生社、1979
笹川龍一ほか『旧練兵場遺跡』善通寺市、2001
下澤公明ほか『下庄遺跡・上東遺跡』岡山県教育委員会、2001
長井数秋ほか『八堂山遺跡発掘調査報告書』西条市教育委員会、1972
平井　勝ほか『津島遺跡2』岡山県教育委員会、2000
平井泰男ほか『南溝手遺跡1』岡山県教育委員会、1995
藤江　望ほか『清水谷遺跡』矢掛町教育委員会、2001
真鍋昭文ほか『阿方遺跡・矢田八反地遺跡』愛媛県埋蔵文化財調査センター、2000
山本一信ほか『森広遺跡』寒川町教育委員会、1997

（正岡睦夫）

第2節　深い竪穴、浅い竪穴
——旧地表面の考古学のために——

1. はじめに

1　旧地表面

　建物跡の掘削当時の地表面を考古学的に推定し、当時の「ムラ」の生活を復元することは、列島の考古学者の夢であった。ところが旧地表面を残す「ムラ」は群馬県黒井峰遺跡（石井1990）をはじめ次々と出てきた。しかし、時代も地域も限られ、その他の地域の研究者は歯がゆい思いをした。そして、従前とかわらない、旧地表面が削平されている遺跡の検討を行い、残された集落跡構成遺構群と遺物群から集落跡の復元を試みてきた。[1]

2　集落跡の認定

　遺跡（埋蔵文化財包蔵地）を調査する場合、東日本、とくに関東地方は竪穴建物跡の有無を集落跡の認定に通常用いる。当地方では、縄文～古墳時代まで竪穴建物跡が一般的で、掘立柱建物跡（以下建物跡は略し、竪穴、掘立と略す）が普及するとされている奈良・平安時代も、官衙関連の遺跡や居館等と関連する遺跡を除いて、竪穴は一部の掘立とともに集落跡を構成する重要な遺構（集落構成遺構群）である。

3　建物跡の深さと遺存度

　一般的に関東地方の考古学者のイメージでは竪穴は本来深いもので、発掘調

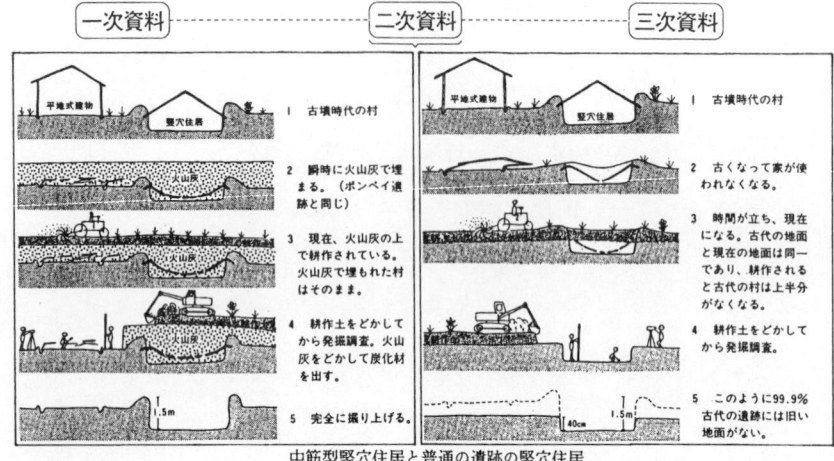

第2節 深い竪穴、浅い竪穴

図中ラベル：一次資料／二次資料／三次資料

中筋型竪穴住居と普通の遺跡の竪穴住居

●中筋遺跡の場合
　中筋遺跡で発見された竪穴住居と普通の遺跡で発見される竪穴住居とは、残り具合が違うだけで同じものである。
　中筋遺跡は古墳時代のムラに火山灰が厚く堆積しており、古墳時代の地面を嵩上げしたことになる。古墳時代の地面が残っていること、家が火山灰の熱で焼け炭化している、などの特徴がある。

●普通の遺跡の場合
　普通の遺跡では古代の地面と現在の地面が同じであるため、耕耘機（こううんき）で地面を耕すことで現在（古代）の地面から40cmは歴史がなくなってしまう。
　古代の復原住居はこういった地面がない状況での発掘資料から作られている。

図1　一次資料・二次資料・三次資料（大塚1998より転載一部改変）

査現場の浅い竪穴は当時の地表面がその後の削平により大きく失われたと考えている。しかし、遺跡内の遺物等の構成や量・分布・接合関係・復元率などを検討すると、集落跡を構成する深い竪穴はおろか削平された浅い竪穴すらも検出されていないにもかかわらず、集落の存在を推定させる例が指摘されている。一方、同じ時代の竪穴でも、竪穴の深さが異なるという事実報告も多くの研究者により指摘される（松村1977、清水1987、大上1996など）。しかし、竪穴の本来の深さを中心とした考察はほとんどない。
(2)

　それでは、我々が実際に発掘する遺跡は当時の地表面がどれだけ削平され、どのような遺構がなくなり、残されるのか。平面的・立面的に遺構のどの部分が残り、削平されているのか（図1）。
(3)

2. 集落跡構成遺構群分析の視点

1 平面規模と深さ

　従来の考古学的な集落分析手法は、集落跡を構成する様々な遺構の中から建物跡を抽出し、竪穴と掘立の見かけの規模の差を面積比較で行ってきた。[4] 面積でもわかる差はあるが、これは机上の差である。現地で遺構を見た場合の規模差は、当然平面的な大きさに加え深さ（高さ）が問題となる。この視点はすでに関東地方の方形周溝墓研究でも示された（坂口 1993、立花 1993 など）。方形周溝墓の大きさの差は面積だけでなくその高さにもある。これと同様に竪穴の大きさはその面積と深さにある。これを一つ仮説として設定しよう。

2 建物跡の複雑さ

　集落跡構成遺構群のうち、様々な形の建物跡を比較する場合は大きさや深さの他、内容（建物跡を構成する要素）が複雑か否かも問題になろう。建物跡（とくに竪穴）が複雑とは、平面や立面規模だけでなく、手の込んだ構造の建物か否かである。構造が単純な程重要度は低く、複雑で手の込む竪穴程重要度が増すという考えである。炉・主柱穴・貯蔵穴・出入り口施設・貼り床・周溝を建物跡構成施設の代表とする。類例の少ないベッド状遺構、間仕切り施設、横穴式ピット（貯蔵穴？　飯塚 1985、有馬 1995）、砂や砂礫施設も補助項目とする。面積、深さに加え構成施設の要素が多い程複雑な建物跡、さらに、個々の構成施設が複数あればより複雑な構造とする。たとえば炉2基もつのは1基より複雑、3基はさらに複雑、貯蔵穴、間仕切り施設も複数あればより複雑な構造と考える。これを二つ目の仮説としよう。

3. 東京都多摩ニュータウン遺跡群「小山ムラ群」の検討の前に

　表1は多摩ニュータウン遺跡群（以下 T.N.T. 遺跡群と略す）「小山ムラ群」の「山

第2節 深い竪穴、浅い竪穴

表1　T.N.T. No.200 遺跡建物跡

遺構	時期	長軸	短軸	深さ	面積	体積	平面	炉	貯穴	突提	出入	主柱	周溝	備考
21住新	古墳前	4.76	4.24	0.87	18.48	16.08	隅円長方形	1	1	0	1	5	4	主軸を変え建替え
22住	古墳前	4.20	2.96	0.30	10.28		不明	1	1	0	1	0	3	土坑1
23住	古墳前	4.52	3.05	0.53	•11.35		隅円長方形?	不明	不明	0	不明	0	0.5	鉄滓ともなうか?
24住新	古墳前	3.84	3.75	0.96	12.80	12.29	隅円正方形	1	1	1	1	0	4	テラス状遺構
25住新	古墳前	6.59	5.21	0.70	32.99	23.09	隅円長方形	1	1	0	1	4	4	テラス状遺構
26住	古墳前	8.75	6.84	0.85	58.36	49.61	隅円長方形	2	1	0	1	4	4	炉Aは土器片炉
27住	古墳前	4.06		0.39	•3.87		不明	1	不明	不明	不明	0	3?	
28住	古墳前	4.22	3.53	0.68	•14.15		隅円長方形	1	1	0	1	0	3?	
29住	古墳前	7.92	6.98	0.66	53.57	35.36	隅円長方形?	1	1	0	1	4	4	
30住	古墳前	5.12	4.90	0.96	23.81	22.86	隅円方形	1	1	0	1	4	4	炉は枕石
32住	古墳前	6.40		0.48			隅円長方形	1	1	不明	1	4	3?	
33住	古墳前	6.30	•4.7	0.72	•27.67		隅円長方形	不明	1	0	1	0	4	
34住	古墳前	5.39	4.58	0.80	23.02	18.42	隅円長方形	2	1	1	1	4	4	
35住	古墳前	•6.30	•5.67	0.67	•33.70		隅円長方形?	1	不明	不明	不明	4	2?	
36住	古墳前	5.18		0.36			隅円長方形	1	1	0	0	0	0	
37住	古墳前	5.52	4.72	0.94	24.75	23.27	隅円長方形?	2	1	0	1	4	4	炉は粘土枕
38住	古墳前	5.00	4.00	0.38	•18.70		隅円長方形	1	1	0	不明	0	0	
39住	古墳前	4.42	4.14	0.91	17.11	15.57	隅円長方形	1	1	1	1	4	4	
40住	古墳前	5.30	4.70	1.00	23.10	23.10	隅円長方形	1	1	1	1	4	4	
41住	古墳前	4.81	4.33	0.81	18.94	15.34	隅円長方形	1	1	0	1	4	4	炉は土器片炉、他にピットあり
42住	古墳前	3.84	3.80	0.43	13.03	5.60	隅円長方形	1	1	0	0	0	0	
43住	古墳前	6.30	5.66	0.97	34.40	33.37	隅円長方形	1	1	0	1	4	4	炉は枕石と粘土壁際にピット列
44住	古墳前	6.04	5.22	1.07	28.63	30.63	隅円長方形	1	2	1	1	4	4	コーナーピット
45住	古墳前	4.50		0.13	不明			1	1	0	0	0	0	
46住	古墳前	4.13		•0.15			隅円長方形?	1	1	不明	不明	1	2?	
47住	古墳前	3.42	3.19	0.77	9.74	7.50	隅円長方形	2	1	1	1	3	0	横穴ピット
48住	古墳前	5.34	4.61	0.82	22.96	18.83	隅円長方形	1	1	0	0	0	1	横穴ピット
49住新	古墳前	5.45	4.83	0.63	24.16	15.22	隅円長方形	1	1	0	1	4	4	建替
50住	古墳前			•0.12			不明	1	不明	不明	不明	0?	2?	
51住	古墳前	4.33	3.46	0.68	13.51	9.19	隅円長方形	1	1		1?	0	0	
52住	古墳前	3.56	3.43	0.22	11.80	2.60	隅円方形	不明	不明	不明	不明	0	0	
53住	古墳前	3.93	3.32	0.58	12.16	7.05	隅円長方形	1	1	0	1	0	0	
54住	古墳前	4.17	3.20	0.20	12.56	2.51	隅円長方形	1	1?	不明	不明	0	0	炉は作り替え
55住	古墳前	?	?	0.11	?		不明	不明	不明	不明	不明	0	0	
73住	古墳前	5.23	4.73	0.84	23.67	19.88	隅円長方形	1	1	1	1	4	0	土壁、横穴ピット
74住	古墳前	4.29	3.70	0.75	14.40	10.80	隅円長方形	1	2	1	1	4	4	炉は枕石、土坑1
75住	古墳前	•3.07	2.66	0.45	•7.45		隅円長方形	1	不明	不明	不明	0	0	
76住	古墳前	7.35	5.92	0.93	40.14	37.13	隅円長方形	2	1	1	1	4	3.5	炉Aは枕石、ベッド状遺構、間仕切溝、横穴ピット、コーナー砂質粘土
77住	古墳前	7.02	5.95	1.06	41.17	43.64	隅円長方形	2	1	0	1	4	2?	
78住	古墳前	4.90	4.90	0.81	21.76	17.63	隅円方形	1	1	1	1	0	4	炉は土器片炉、コーナー砂質粘土
79住	古墳前	4.17	3.83	0.67	14.37	9.56	隅円長方形	1	1	1	1	0	1.5	
80住新	古墳前	4.20	3.61	0.62	14.43	8.95	隅円長方形	1	1	0	1	0	3.5	
81住新	古墳前	6.31	5.40	0.92	31.89	29.34	隅円長方形	3	1	1	1	4	2.5	
82住	古墳前	4.16	3.71	0.95	13.98	13.24	隅円長方形	1	1	1	1	0	2?	横型住居
83住	古墳前	4.88	4.63	0.85	21.31	18.09	隅円方形	1	1	1	1	4	4	補助柱穴2
84住	古墳前	7.50	7.10	0.70	52.74	36.92	方形	1	1	0	1	4	4	ベッド状遺構
85住	古墳前	4.40	4.07	0.74	16.54	12.24	隅円長方形	1	1	1	1	0	3.5	横型住居
86住	古墳前	4.29	4.09	0.85	17.10	14.54	隅円長方形	1	1	1	1	0	3	コーナー砂質粘土
87住	古墳前	4.05	4.05	0.94	15.09	14.12	隅円方形	1	1	0	1	4	4	コーナー砂質粘土
88住	古墳前	4.13	4.02	0.40	16.18	6.50	隅円長方形	1	1	不明	0	0	0.5	
89住	古墳前	2.53	2.22	0.43	4.85	2.06	隅円長方形	1	0	0	0	0	0	
90住	古墳前	4.35	3.40	0.05	•14.63		隅円長方形	1	不明	不明	0	0	0	
1掘	古墳前	3.80	2.50	0.65	11.90							6		
2掘	古墳前	3.15	2.70	0.91	8.56							6		
3掘	古墳前	3.70	2.75	0.74	11.86							6		
4掘	古墳前	4.05	3.50	0.78	13.90							6		
5掘	古墳前	4.15	3.45	0.69	14.20							6		
6掘	古墳前	3.80	2.60	0.55	11.60							6		
7掘	古墳前	2.90	2.55	0.12	7.60							6		
8掘	古墳前	5.70	2.10	0.40	11.27							7		
9掘	古墳前	6.60	2.85	0.50	17.24							5		

表凡例（表1〜表8まで共通）
　時　期　各報告書による。
　計測値　長軸・短軸　深さはm、面積はm²、体積はm³である。
　　　　　計測値は報告書によるものと再計測したものである。
　体　積　面積に深さを単純にかけた数値。
　　炉　　数字は報告書に記載された炉の数を示し、0はないもの、不明はわからないもの。
　貯　穴　貯蔵穴の略　報告書記載なしは位置や規模から推定　数字は炉に同じ。
　突　堤　貯蔵穴の周囲にある硬化した突部　数字は炉に同じ。
　出　入　出入り口施設の略　報告書記載なしは位置や規模から推定　数字は炉に同じ。
　主　柱　主柱穴の略　報告書記載なしは位置や規模から推定　数字は炉に同じ。
　周　溝　壁際の溝、数字は辺の数を示し、途切れるものは0.5として計算した値。

の上のムラ」集落跡のうち No.200 遺跡の建物跡データである（及川ほか 2002）。竪穴平面規模の最大は 26 号住の長軸 8.75×短軸 6.84m、面積 58.36m²（以下長軸、短軸、面積は省略）、最小は 89 号住の 2.53×2.22m、4.85m² である。面積の平均は 22.96m² である。竪穴壁の深さは、最深は 44 号住の 1.07m、最浅は 90 号住の 0.05m、平均は 0.67m である。最深の 1.07m を始め 1m を越える掘り込みは 3 例、0.9m 台 9 例、0.8m 台 8 例、0.7m 台 5 例、0.6m 台 7 例、0.5m 台 2 例、0.4m 台 5 例、0.3m 台 4 例、0.2m 台 2 例、0.1m 台はなし、0〜0.09m 台 1 例である。

　調査区内に明らかに人為的な削平が及ぶ範囲があり、実際はより深い平均値が予想され 0.7m 台を越えるであろうか。しかし、これら数値と比較する資料がなければ意味はない。発掘調査された建物跡のデータは無数にあるが、当時の地表面からの掘り込みと比較をしなければあまり意味はない。それには当時の地表面を復元する作業が必要となる。[5]

　とはいえ、当時の地表面を復元するにはいくつもの手続きが必要となる。そこで、今回は「小山ムラ群」の検討の前に、主に建物跡の当時の掘り込み面を推定する作業の一部として、以下の検討を行う。

4. 建物跡の深さが推定できる一次資料と二次資料

1 一次資料

　建物跡の深さを推定する事例は、一次資料として洪水・火山灰や土砂崩れ等により厚く覆われた例がある。しかしいまだ少なく、時期と地域も限られる。もう一つは、竪穴壁に用いた木材等を検出することである。壁材は、西日本例であるが、大阪府芝谷遺跡12号住居跡の火災建物跡の炭化材の推定から、床面から1.2mの高さに板壁があるという（都出1987）。しかし、壁高が推定できる壁材検出も類例が少ない。そこで二次資料だが、以下の3つの条件の一つを満たせば竪穴壁の深さの近似値がわかるという仮説をもとに、検討したい。[6]

2 二次資料

　1は竪穴外周に周堤帯の一部が確認される例[7]（第2図1～3）
　2は建物跡外周にテラス状の遺構の一部が検出される例[8]（第2図4～7）
　3は盛土下に旧表土が残されそこから建物跡が掘り込まれる例[9]（第2図4）

　1は周堤帯の下面が当時の地表面に近いと推定され、周堤の上端は削平されるが、下端もしくはその一部が遺存する例である。竪穴壁部の深さも当時の掘り込みに極めて近いと推定できる。

　2は丘陵斜面部の遺跡に多く認められ、とくに西日本で検出されている。関東地方の類例は少ないが検出例は増えている。テラス状遺構と竪穴がセット関係であれば、竪穴の壁はテラス部から掘り込まれるので、旧表土ではないが竪穴壁部の本来の深さが推定できる。[10]

　3は、貝塚や環状の盛土遺構、川や池の堤の下、大規模な段切り地業などに埋もれた例等があるが、最も多いのは墳丘下である。[11] 墳丘の残る周溝墓や古墳下に当時の旧表土が残り、この面から掘り込まれた建物跡が多数報告されている。建物跡と墓間に時期差がある例が多いが、竪穴を焼き払い埋め戻して古墳を作る土層例や後述する竪穴内部に墳丘盛土の一部が流れ込む例などは、当時[12]

第2章　弥生時代の集落　73

1 保渡田・荒神前 1号住

2 見立溜井 H7号住

3 見立溜井 H8号住

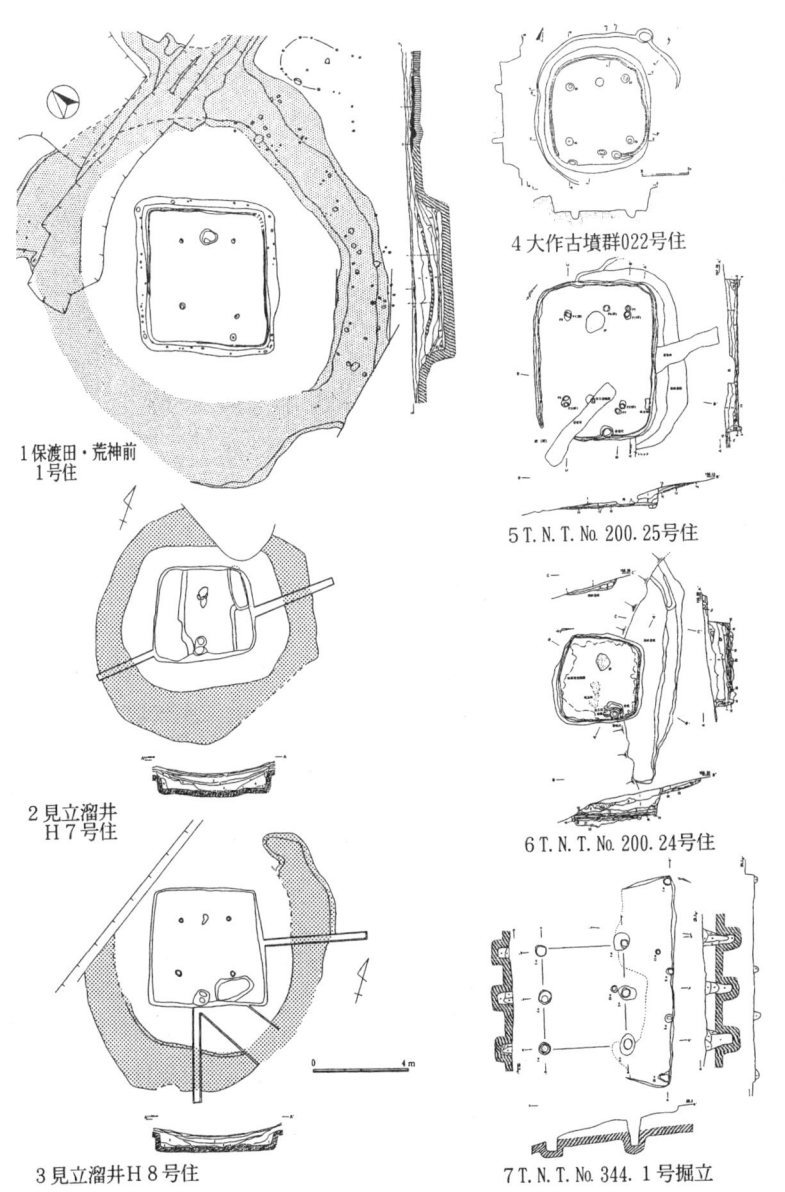

4 大作古墳群022号住

5 T.N.T. No. 200. 25号住

6 T.N.T. No. 200. 24号住

7 T.N.T. No. 344. 1号掘立

図2　周堤帯を巡らす建物跡・テラス状遺構をもつ建物跡

第2節　深い竪穴、浅い竪穴

の建物の深さがかなり維持されたと判断できる。

これら1～3の事例は列島の各地で報告されているが、今回関東地方の弥生後期から古墳前期を中心とした事例の一部を検討する。

5. 周堤帯の一部が残る事例

1　群馬県見立溜井遺跡（台地上斜面）

勢多郡赤城村大字見立字溜井の標高305～311mの台地上斜面に位置する。

発掘調査は関越自動車道（新潟線）建設工事に先立ち、赤城村教育委員会が1982～1983年に16,000m²を発掘調査した（都丸・茂木1985）。弥生終末から古墳初頭の遺構は竪穴10棟、堀状遺構1条、遺物集中地点1箇所がある（図3、表2）。

＜竪穴を巡る「黄色ローム帯」の検出＞

10棟の竪穴のうち、3棟（H3・H7・H8号住居跡、以下住居跡を住と略しH3号住と記す）に「黄色ローム帯」が検出された。報告者は「黄色ローム帯」を建物跡の周堤帯と捉えている[13]。後述する保渡田・荒神

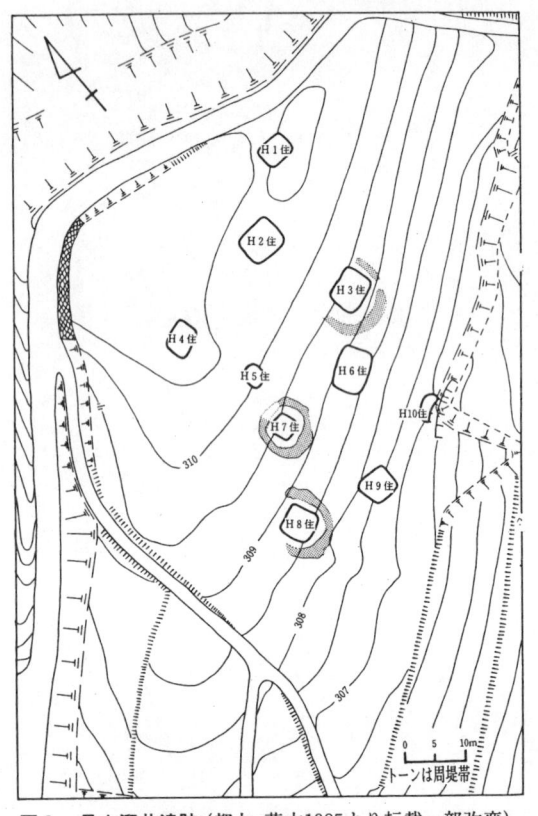

図3　見立溜井遺跡（都丸・茂木1985より転載一部改変）

第2章　弥生時代の集落　75

表2　見立溜井遺跡建物跡

遺構	時期	長軸	短軸	深さ	面積	体積	平面	炉	貯穴	突堤	出入	主柱	周溝	備　考
1号住	弥生末	4.80	4.10	0.35	18.75	6.56	隅円長方形	2	1	0	1?	0	0	横型住居　壁際ピット1
2号住	弥生末	6.40	5.10	0.45	32.45	14.60	隅円長方形	1	不明	不明	不明	0	4	横型住居
3号住	弥生末	6.30	5.80	0.95	35.28	33.52	隅円長方形	2	2?	0	1	4	0	南東隅横穴式ピット　周堤帯
4号住	弥生末	5.40	4.10	0.35	20.24	7.09	隅円長方形	1	1	0	1?	1?	3.5	横型住居
5号住	弥生末	3.70	3.00	0.30	10.57	3.17	隅円長方形	1	1?	0	0	0	0	横型住居　南壁はテラス？　H7号住居跡と高坏の接合
6号住	弥生末	6.50	5.10	0.60	33.53	20.12	長方形	6?	1	0	1	0	4	横型住居？　壁面に不整な張出、壁面柱穴か
7号住	弥生末	4.60	4.00	1.15	16.20	18.63	隅円台形	2	1	0	1	0	0.5	周堤帯　ベッド状遺構、土坑　床面と礫土の2群の土器　H5号住高坏と接合関係　炉は枕石
8号住	弥生末	5.10	5.00	0.90	24.93	22.44	隅円方形	1	0	0	1	4	0	周堤帯あり
9号住	弥生末	5.00	5.00	0.90	23.68	21.31	隅円方形	3	1	0	不明	6	2	偏平礫が据えられたピットあり、炉か
10号住	弥生末	4.30	不明	0.20			不明	不明	不明	不明	不明	0		南端削平
遺物集中地点	弥生末	4.00	3.50											鉄片2、ミニチュア土器、H3号住と接合

前遺跡例でも類似の遺構が検出され、この認定は妥当と考えられ、この3棟は、竪穴の掘り込みが推定できる。周堤帯（「黄色ローム帯」）の一部が遺存した理由は、遺跡内の火山噴出物堆積による。建物跡の廃棄から約200年経た後の火山噴出物降下のため、竪穴壁面の削平が極めて少ない良好な資料として抽出できる。3棟の竪穴の周堤帯の下面は当時の旧地表面に近く、竪穴壁高も当時の数値に近いと認定できる。そこで、周堤帯をもつ建物跡の周囲に広がる建物跡群も、当時の地表面に近いと大略考えてよいという仮説を前提に、竪穴を検討する。

＜竪穴の分布と立地＞

台地の比較的平坦面はH1・2・4・5号住の4棟、南向き斜面はH3・6～10号住の6棟が位置する。周堤帯をもつ建物はこの斜面に立地する。竪穴の重複はない。H1～9号住は床面に焼土もしくは炭化物・炭化材が検出される。建物配置は横型住居が多いことが特徴である。H3号住周堤帯の南から、鉄片やミニチュア土器が4×3.5mの範囲に集中し、H3号住浅鉢と接合関係がある。いわゆる祭祀跡もしくは平地式建物跡の可能性も残る。

＜竪穴の構造＞

規模は6.30×5.8m、35.28m²のH3号住を最大とし、最小は3.70×3.00m、10.57m²のH5号住である。面積順は、最大はH3号住、次いでH6号住、H

2号住が30m²台で続き、以下H8号、9号、4号、1号住、最小は計測値不明のH10号住を除くとH5号住となる。最大のH3号住は最小のH5号住の約3倍である。母数は少ないが深さを極深、深、中、浅、極浅、の5段階に分ける。最深はH7号住1.15m(極深)、以下0.9m台3例(深)、0.6m台1例(中)、0.4m台1例、0.3m台3例(浅)、0.2m台1例(極浅)である。周堤帯が残る3例はいずれも0.9m以上であった。

次に面積に深さを加えた体積で比べよう(斜面のため、実際の体積とは異なるが比較単純化のため面積に深さをかけた値)。体積はH3号住の33.52m³が最大、以下はH8号、9号、7号、6号、2号、4号、1号住と続き、最小はH5号住の3.17m³となる。面積順と一部変動がある。筆者は面積より体積の順が建物跡の差異をより表すと考える。具体的には、広く深い竪穴が狭く浅い竪穴より複雑な構造と考える。

体積と建物跡構成施設をみてみよう。炉はH10号住を除く竪穴から検出される。複数炉をもつのはH1、3、6、7、9号住の5棟あり、H3・7号住に枕石が伴う。枕石の炉はより複雑な炉と考える。貯蔵穴はH3号住が2基、他は1基もしくは不明で、H6号住は判断に苦しむが報告書ではないとする。突堤はいずれも不明。出入り口施設はH3号住が明確なほか、H4、7号住はその可能性の考えられるピットがある。4本主柱穴はH3号、8号、9号住(4本+2本の屋内棟持柱?)があり、他は無柱か1本もしくは2本柱である。周溝が全周するのはH2・6号住、H4号住は4壁下にあるが一部途切れる。H9号住も2壁下で部分的、H7号住も部分的である。この他H7号住にベッド状遺構が、H3号住は横穴式ピットがある。体積の大きい竪穴ほど付属施設が多い複雑な構造を示すことがわかる。3号住を例にとると、体積が最大であるばかりでなく、炉を複数・貯蔵穴2基・出入り口施設・4本主柱・壁面に横穴式ピットをもつ。面積は7位の7号住は体積で4位、炉は複数、貯蔵穴・出入り口施設さらにベッド状遺構や土坑をもつなど、平面規模のみの比較は小形の部類だが、複雑さは上位にランクされる。

次に主柱穴を見よう。4本以上は3、8、9号住である。体積順は上位1〜3位までを占め、本遺跡は4本主柱穴は体積の大きい竪穴に限られる。

以上から、建物跡の構造差は面積差ではなく、体積と建物跡構成施設の組み合わせによることがわかる。従来の面積比較では見えない点が、深さを加味しより鮮明になる。大きく深い竪穴程建物跡構成施設の組合せが複雑なものが多く、小さく浅い竪穴ほど建物跡構成施設の組合せが単純となる。

2 群馬県保渡田・荒神前遺跡（台地上 平坦面）

群馬町大字保渡田字荒神前に所在し、相馬ヶ原扇状地末端前橋台地との移行地帯、標高153m付近に位置する。1987年群馬町教育委員会が発掘調査を行った（若狭1988a）。弥生終末から古墳初頭の検出遺構はB区で竪穴1棟、H区で竪穴4棟、平地式建物跡2棟とピット群が検出された（図4、表3）。本例も複数の火山噴出物堆積により、ロームを盛り上げた「周堤状遺構」が遺存した。当時の地表面の一部が残る例として貴重な資料である。本遺跡は竪穴覆土中に浅間C軽石層が介在し、竪穴部外の周堤帯と平地式建物跡はC軽石層に覆われることから、いずれもC軽石堆積以前の遺構と考えられる。

<「周堤状遺構」の検出>

H区の4棟の竪穴は、周囲を取り囲む「周堤状遺構」が検出された。「周堤状遺構」はローム土を主体に用い、構築方法に関する具体的な所見が若狭徹氏により示された[14]（若狭1988b）。周堤帯は見立溜池遺跡同様竪穴部壁より離れて外周を廻り、竪

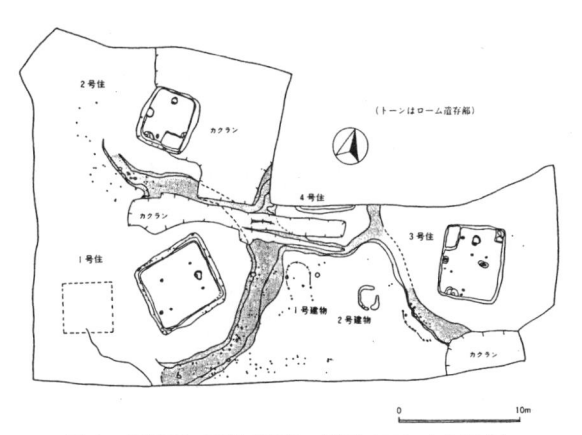

図4 保渡田・荒神前遺跡（若狭1988aより転載）

78 第2節 深い竪穴、浅い竪穴

表3 保渡田・荒神前遺跡建物跡

遺構	時期	長軸	短軸	深さ	面積	体積	平 面	炉	貯穴	突堤	出入	主柱	周溝	備 考
E区5号住	弥生末	4.90	4.30	0.75	19.60	14.70	隅円長方形	1	1	1	1	3?	0.5	火災住居 ベッド状遺構 炉は枕石
H区1号住	弥生末	6.40	6.10	1.10	37.08	40.78	隅円長方形	1	1	0	0	4	3.5	周堤帯あり 火災住居 炉は枕石 二壁面垂木受け横穴46穴
H区2号住	弥生末	4.80	4.50	1.05	20.45	21.47	隅円長方形	1	1	1	1	2?	0	周堤帯あり 火災住居 ベッド状遺構 炉は枕石 四壁面垂木受け横穴8穴
H区3号住新	弥生末	6.00	5.10	0.70	29.42	20.59	隅円長方形	3	1	1		0	1	周堤帯あり 火災住居 ベッド状遺構 炉1・2は枕石、炉3は地床で 四壁面垂木受け横穴9穴
H区3号住古	弥生末											4		貼床下から4本主柱 建替え
H区4号跡	弥生末	5.10		0.70			不明							周堤帯あり
H区1号建	弥生末	3.20	2.10	0.05										馬蹄形のピット11あり内部に2個の石が配される ピットの深さは5cm
H区2号建	弥生末	1.90	1.70	0.10								4		幅20cm深さ10cmの溝が方形に巡る 溝中にはロームブロックが帯状に残され壁材を固定

穴の深さは当時の地表面からの掘削深度にきわめて近い。

＜建物跡の配置と規模と構造＞

　配置と構造は部分的な調査のため明確でないが、周堤帯を共有する4棟の竪穴と、異なる構造の平地式建物跡2棟からなる。

　規模はH区1号住の6.4×6.1m、37.08m²が最大、最小はH区2号住の4.8×4.5m、20.45m²である。深さは1.1mが2例、0.7mが2例で、極深と深との2つに分かれる。体積は1号住が最も大きく、次いで2号住、3号住の順である。面積の順と体積の順は2号住と3号住が逆転する。建物跡構成施設は、1号住が出入り口施設を欠くが、炉・貯蔵穴・突堤・4本主柱穴・周溝も4辺に及び、最も複雑。2号住と3号住は4本主柱穴でなく、炉の数が異なるが貯蔵穴・突堤・ベッド状遺構をもち、1号住より劣るが複雑な構造を示す。

　本遺跡では見立溜井遺跡で認められた浅く単純構造の竪穴は現状ではない。一方、ピット列からなる平地式建物跡と溝状に巡る平地式建物跡が伴う。

6. テラス状遺構を伴う事例

1　千葉県大作古墳群墳丘下建物跡群（丘陵　平坦面から斜面）

　袖ヶ浦市滝ノ口に位置する大作古墳群は、道路改良事業に伴い1988～1990年

に千葉県文化財センターが発掘調査を行った（小高ほか1993）。遺跡は小櫃川西岸の標高40m程のやせ尾根に6基の5世紀後半以降の古墳が築かれた。墳丘下に弥生後期から古墳前期の竪穴17棟と土壙墓8基がある（図5、表4）。

　022号住（図2－4）と037号住でテラス状遺構が検出された。いずれも尾根上平坦面に位置する。022号住は001号墳下に納まり、3方向に幅0.3～1.4m、高さ0.1～0.2m程のテラス状遺構をもつ。竪穴壁の深さは1m、テラスの深さを加えると1.1m以上になる。037号住は003号墳下に位置し、2方向に幅1.4～2m、高さ0.1m程のテラス状遺構をもつ。竪穴壁の深さは0.7m、テラスの深さを加えると0.8m以上となる。037号住は022号住より小型の竪穴だが、大型の022号住のテラス状遺構より一回り大きい。

　本例からテラス状遺構をもつ竪穴は、平面規模は中規模で深さ1mと中規模で深さ0.7mのタイプ（体積約1/2）があり、内部構造は炉・貯蔵穴・出入り口施設・4本主柱穴・周溝のいくつかを組合せる複雑な構造である。

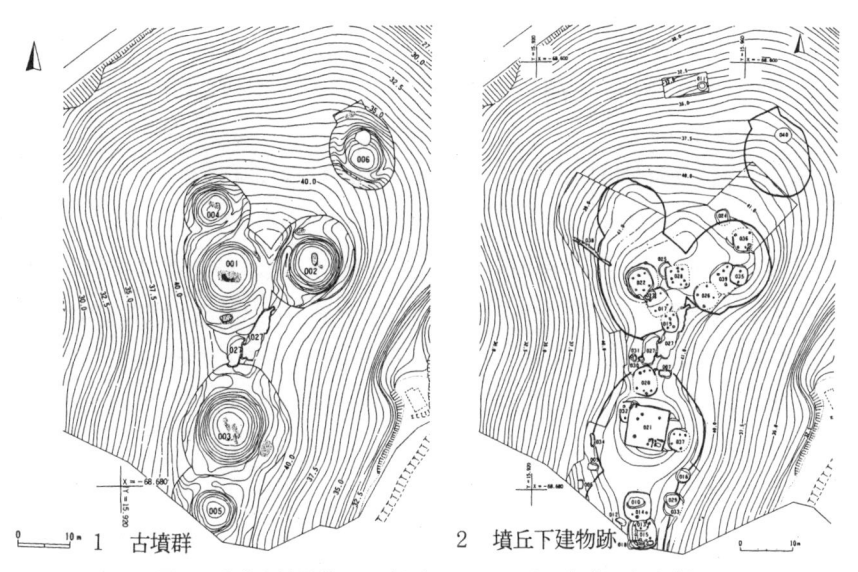

図5　大作古墳群墳丘下（小高ほか1993より転載一部改変）

第2節 深い竪穴、浅い竪穴

表4 大作古墳群墳丘下建物跡

遺構	時期	長軸	短軸	深さ	面積	体積	平面	炉	貯穴	突堤	出入	主柱	周溝	備考
013号	弥生後	3.80	2.90	0.20	9.05	1.81	楕円形	1	0	0	0	0	0	5号墳墳丘下
014号	弥生後	5.40	5.25	0.45	25.40	11.43	胴張隅円方形	1	不明	0	1	1	4	床下の4本の柱穴は古い住居跡か 5号墳墳丘下
015号I	弥生後	(4.40)	(3.20)		12.49		胴張隅円長方形	1	0	0	1?	4?	1	5号墳墳丘下
015号II	弥生後	5.00	4.10		19.23		胴張隅円長方形	1	1	0	1	4	2?	
015号III	弥生後	6.00	5.50	0.60	29.17	17.50	胴張隅円長方形	1	0	1	1	4	1	床面に焼土層
016号	弥生後	2.80	2.60	0.35	6.06	2.12	不整円形?	1	0	0	0	0	0	床面凹凸で軟弱
017号	弥生後	5.20	4.50	0.70	21.71	15.20	胴張隅円方形	1	不明	不明	不明	4	2?	
020号	弥生後	5.90	4.60	0.55	22.99	12.65	楕円形	1	1	0	1	4	2	床面軟弱
022号	弥生後	5.20	4.50	1.00	20.43	20.43	胴張隅円長方形	1	1	0	1?	4	4	テラス状遺構伴う 覆土から床に焼土層 1号墳墳丘下
026号	弥生後	(5.00)	(5.00)	0.35			不明	不明	不明	不明	不明	4	1?	ピット内に灰白色粘土充填
032号	弥生後	3.90	3.80	0.50	14.25	7.12	胴張隅円方形	1	不明	不明	不明	4	2	3号墳墳丘下
033号	弥生後	4.30	3.60	1.20	13.58	16.29	隅円方形	1	0	0	0	0	4	
035号	弥生後	3.80	3.50	0.70	11.80	8.26	隅円方形	1	0	0	1	0	3	2号墳墳丘下
036号	弥生後	(4.50)	4.00	0.40	16.59	6.63	不明	不明	1	0	1	4	3	
037号	弥生後	4.20	4.00	0.70	15.09	10.56	楕円形	1	不明	不明	0	4	4?	テラス状遺構 火災住居 3号墳墳丘下
039号	弥生後	不明	不明	0.35	28.75	10.06	不明	1	不明	不明	4?	2		2号墳墳丘下
023号	弥生後	2.20	1.80	0.30	2.20	0.66	楕円形	0	0	0	0	0	0	報告では土壙
024号	弥生後	(3.00)	2.70	0.30	6.15	1.85	隅円方形?	0	0	0	0	0	0	
025号	弥生後	(1.80)	1.80	0.30			不明	0	0	0	0	0	0	1号墳墳丘下
019号	古墳前	(3.90)	3.30	0.15	12.47	1.87	胴張隅円長方形	1	0	0	0	4	0	
021号	古墳前	8.00	7.80	0.70	58.98	41.29	方形	0	1?	0	1?	4?	1	間仕切溝2条あり。床に灰白色粘土塊2個 3号墳墳丘下
028号	古墳前	4.70	4.50	0.35	19.27	6.75	隅円方形	不明	1	0	4	0		ピット内に灰白色粘土充填
029号	古墳前	2.70	2.40	0.40	5.47	2.19	楕円形	0	0	0	0	0	0	

2 東京都 T.N.T. 遺跡群 No.200・914遺跡、No.344遺跡（丘陵斜面）、No.918遺跡（丘陵平坦面）

No.200・914遺跡は町田市小山に所在し、1992年と1994～1996年に東京都埋蔵文化財センターが調査を行った（五十嵐・及川1997、及川ほか2002）。多摩丘陵西端に位置し、境川上流域左岸の標高140～180mの丘陵斜面上に位置する。No.201遺跡を合わせ「山の上のムラ」と仮称した（及川2003）。検出遺構は方形周溝墓7基、竪穴60棟、掘立10棟、土坑13基などがある。

テラス状遺構をもつ竪穴は4棟あり、No.200遺跡24・25号住、914遺跡2・3号住である。4棟はともに同一丘陵尾根の先端に位置する。

No.200遺跡24号住（図2-6）は、斜面上方にテラス状遺構をもつ。3.84×3.75m、12.8m²、深さは0.96m、テラスを加えると1.1m程になる。炉・出入り口施設・突堤・貯蔵穴・無柱・全周する周溝をもつ小型で壁の深い竪穴で

ある。テラス状遺構は幅 1.5～3.8m、高さ 0.2m である。明確な段差を有せず竪穴に向かい緩やかに傾斜する。同 25 号住（図 2－5）は 24 号住の北西 8m の同一斜面に位置する。竪穴の斜面上方 3 方にテラス状遺構をもつ。炉・出入り口施設・貯蔵穴・4 本主柱・全周する周溝をもつ中型で深い竪穴である。テラスは幅 0.5～1.3m、高さ 0.2m 程、段差は明確でなく竪穴内に向かい傾斜する。6.59×5.21m、32.99 ㎡、深さ 0.7m、テラスを加えると 0.8m 程になる。

No.914 遺跡 2 号住は斜面上方に浅い落込みがあり、幅は 1m 以上となる。7.25×6.2m、45.00 ㎡、深さ 1.2m の大きく深い竪穴で、4 本主柱・炉・貯蔵穴・出入り口施設・周溝・ベッド状遺構をもつ。3 号住は 5.2×4.5m、22.5 ㎡、深さ 0.56m の中規模・中程度の深さの竪穴で、炉・貯蔵穴・出入り口施設をもつが、主柱穴と周溝はない。

No.918 遺跡は No.916・917 遺跡と一つのムラ「山の下の木器ムラ」になる。標高 139～151m の丘陵平坦面から緩斜面に位置し、東京都埋蔵文化財センターが 1991～1992 年に発掘調査を行った（及川ほか 1999）。竪穴 45 棟、掘立 2 棟、土坑 14 基などがある。テラス状遺構は 27 号住で検出された。4.05×4.05m、15.56 ㎡、深さ 0.4m である。竪穴の周囲 2 方向にテラスをもつ。テラスは幅 0.5～1.8m、高さは 0.15m 程である。炉以外の施設はない。[16]

No.344 遺跡は No.200 遺跡の西約 500m、標高 130～150m の丘陵斜面に位置し、東京都埋蔵文化財センターが 1990～1991 年に発掘調査を行った（小坂井ほか 1998）。遺構は竪穴 13 棟、掘立 1 棟がある。このうち、1 号掘立にテラス状遺構が伴う。1 号掘立（図 2－7）は丘陵斜面地に位置し、斜面上方 3 方にテラス状遺構をもつ。掘立は 6 本主柱で構成される。テラス状遺構の規模は 8.7m×2.0m、深さ 0.4m 程である。段差部は浅いピットが並ぶ。柱穴の深さは斜面上側で 1.19、1.23、1.33m をそれぞれ測る。柱穴の本来の深さが 1m を大きく越え、1.3m 以上にも達する。

3　群馬県中高瀬観音山遺跡（丘陵斜面～平坦面）

富岡市中高瀬に位置し、1989～1990 年に (財) 群馬県埋蔵文化財調査事業団が

表5 中高瀬観音山遺跡建物跡

遺構	時期	長軸	短軸	深さ	面積	体積	平面	炉	貯穴	突堤	出入	主柱	周溝	備考
088号	弥生後	7.30	4.60	0.70	36.03	25.22	隅円長方形	不明	1	1	1	4	0	
158号	弥生後	4.40	3.70	0.90	15.95	14.35	隅円長方形	1	1	0	1?	0	0	
015号	弥生後	3.50	3.20	0.80	11.98	9.59	隅円方形	0	1?	0	1?	0	2	火災住居
031号	弥生後	3.60	3.50	0.60	12.94	7.76	隅円方形	0	1?	0	1?	0	0	火災住居
014号	弥生後	8.20	6.30	1.00	57.62	57.62	隅円長方形?	1	1?	0	1	4	0	
171号	弥生後	7.20	4.20	0.90	31.92	28.73	隅円長方形	2	1?	0	0	4	0	火災住居
147号	弥生後	5.90	4.30	0.80	24.30	19.44	隅円長方形	1	1	0	0	4	0	
006号	弥生後	4.90	3.20	1.10	19.75	21.73	隅円長方形?	1	不明	不明	不明	0	0	火災住居
005号	古墳前	—	—	—	—	—	不明	不明	不明	不明	不明	不明	不明	
004号		5.20	2.80	0.90	17.90	16.11	不明	1	1?	0	不明	4?	0.5	
075号	弥生後	10.00	7.20	1.20	70.60	84.72	隅円長方形	2	1?	0	1	4	0	火災住居 テラスは斜面下方
KJ14号	弥生末	5.20	2.70	0.60	16.51	9.90	隅円長方形	1	1?	0	不明	0	0	火災住居 床面に段差の掘りこみあり
KJ10号	弥生末	4.90	3.00	0.80	19.13	15.30	隅円長方形	1	1?	0	0	4	3	火災住居
KJ04号	弥生末	5.80	4.60	0.50	24.09	12.05	隅円長方形	1	0	0	0	0	0	火災住居 斜面上方の壁に階段状ステップ

18,400㎡を調査した(坂井1995)。鏑川の右岸の丘陵上に立地する。弥生後期〜古墳前期の丘陵性集落である。観音山地区は標高220〜235m、庚申山地区は標高200〜235mの丘陵斜面から尾根上にそれぞれ位置する。竪穴104棟以上、掘立10棟以上が検出された。

テラス状遺構をもつ竪穴は14棟を数える(表5)。報告書分類の極大型住居から小型住居に及ぶ。尾根上平坦面に位置する極大型の075号以外は斜面に位置し、報告者は斜面型とする。竪穴の深さ0.5〜1.2m、平均は0.83mとなる。建物跡の平面規模と深さの関係は、大きいものは深い傾向にあり、中・小型の竪穴は深浅の両者がある。尾根上平坦地に位置する075号住は大型の中心的な建物跡で、深さ1.2mを測る。

7. 墳丘下の建物跡群の事例

墳丘下の建物跡は、墳丘構築直前の時間差の短い例と、建物跡が廃棄された後墳丘の構築まで長い例とがある。前者は古墳築造に関連する遺構と考えられる(田中1977、浅利1989、上野1990など)。後者は一般的に検出され、あまり時期が隔たると二次資料としての価値がなくなる。しかし、旧表土下の建物跡と古墳の時期差が数百年に及ぶが、丘陵上のために著しい人為的な削平が及ば

ないと予想される例もある（後述の大作古墳群など）。今回は厳密な資料選択区分はないが、墳丘構築時期と大きく隔たらない、前期古墳ならば弥生後期の遺構程度、中期古墳ならば古墳前期の遺構という数百年隔たる例を中心に、一部後期古墳墳丘下の資料も含めた。

1　千葉県大作古墳群と墳丘下の建物跡群（丘陵平坦面から斜面）

　テラス状遺構で取り上げた大作古墳群は、6基の5世紀後半以降の古墳が築かれ、古墳の墳丘下に弥生後期から古墳前期の建物跡が検出された（図5）。竪穴のうち最も時期の新しい021号住は、その埋没から003号墳墳丘にパックされるまでが考察されている（小高1993b）。本例は古墳の墳丘下にきっちり収まる例は少なく、ある程度はみ出すものも含めた。

　001号墳墳丘下　5世紀末である。弥生後期の022号住は外周に段差0.1〜0.2mのテラス状遺構が巡る。025号は土坑と報告されている竪穴状遺構である。

　002号墳墳丘下　5世紀末である。035と039号住は墳丘下に位置する切り合う竪穴である。

　003号墳墳丘下　6世紀中頃から後半とされる。021、032、037号住がある。最も新しい021号竪穴に廃棄された土器は、小型器台の伴う古墳前期前半、覆土中出土土器は屈折脚高坏を含む前期後半〜中期前半であり、古墳と竪穴の間に約300年程度の隔たりがある。032住と037住は021号住に破壊される。037号は竪穴の外周にはテラス状遺構が巡る。段差は竪穴に向かい傾斜し、保渡田・荒神前遺跡例に類似する。報告者は022号住居跡同様、周堤帯に伴う遺構と推定した。

　005号墳墳丘下　6世紀後半以降と推定される。013・014・015号竪穴の3棟が該当する。015号住は3時期建替えの竪穴である。

　033号住は古墳下ではない斜面の竪穴で、古墳による削平も一部しか受けない。4.3m×推定3.6m、深さ1.2mである。炉と周溝のみが検出された。

　墳丘下竪穴規模は、最大は8.7×7.8m、面積58.98m²の021号住、最小は

013号住の9.05m²である。深さは、最深は1.0mの022号住、0.7m台は035・021・037号住の3例、0.6m台は015号住、0.4~0.5m台は025・032・014号住、0.3m台は039・013住である。極深は明確に分かれ、他は段階的であるが深・中・浅・極浅程度に分かれる。墳丘内の竪穴の深さの平均は0.55mである。ちなみに、竪穴全体の平均は0.55mであり、本遺跡は墳丘外の斜面地の竪穴も平坦面の古墳下の竪穴と差がない。体積は021号住が58.98m³と最大、最小は013号の1.81m³であり、面積順とは異なる結果が得られた。建物跡構成施設は、炉のみをもつ単純構造の013号住は体積が少なく、炉・貯蔵穴・出入り口施設・4本主柱穴・周溝・テラス状遺構・間仕切溝のいくつかを組合せにもつのは、体積が大きい傾向がうかがえるが、特定の施設では明確でない。しかし、全体として複雑な組み合わせの竪穴は単純な組み合わせより規模が大きいことが読み取れる。

＜重複する遺構同士の深さ＞

003号墳墳丘下の古墳前期の021号住は、深さ0.7mの大形竪穴で古墳構築時には壁際は埋まるが、床面中央が10数cm埋まった窪みの状態で墳丘下から検出された。同一場所に重複するこの竪穴より古い弥生後期の032・037住は、深さ0.5mと0.7mで、後者は前述したテラス状遺構を伴う。001号墳墳丘下から検出された022号住もテラス状の遺構を伴い深さ0.9mであった。これと重複する017号住は深さ0.7mである。002号墳丘下では035号住は0.7m、039号住が0.3m、005号墳丘下の013・014・015号住の3基は0.3、0.45、0.6mであった。また、墳丘下でない033号住は深さ1.2mであった。同一の地点で重複しながら浅い竪穴と深い竪穴があり注目される。

当時の深さは、現状以上であったことが予想される。深さは0.3mから1.0m(斜面を含めると1.2m)まで幅があるが、この深さの差が400年間の削平を考慮しても当時とさほど相対的な差がないと推定できよう。

2　千葉県大厩浅間様古墳墳丘下の建物跡群（台地上平坦面）

市原市大厩に位置し、1984・1990年に(財)市原市文化財センターが宅地造成

に伴い調査した（浅利・田所1999）。村田川下流域左岸の標高27～28mの台地上に位置する、直径50mを越える円墳で、時期は4世紀末から5世紀初頭である。墳丘下の直径約40mの範囲に旧地表が残り、竪穴11棟、方形周溝墓4基、溝2条が検出された（図6）。方形周溝墓と溝は弥生中期、竪穴は後期～古墳初頭である。

墳丘盛土を除去した直後の0.1mごとの等高線が図6－1である。旧表土面に凹凸が認められこの下から遺構が検出された。各竪穴の規模は表6の通りである。時期は久ヶ原式から古墳初頭とされ、複数の時期に分かれる。

平面規模は、7.2×6.2m、39.4m^2の9号住を最大とし、最小は3.0×

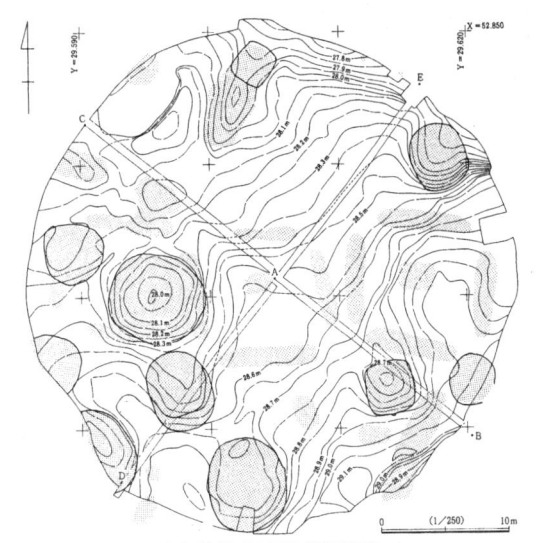

1　大厩浅間様古墳墳丘下地形測量図

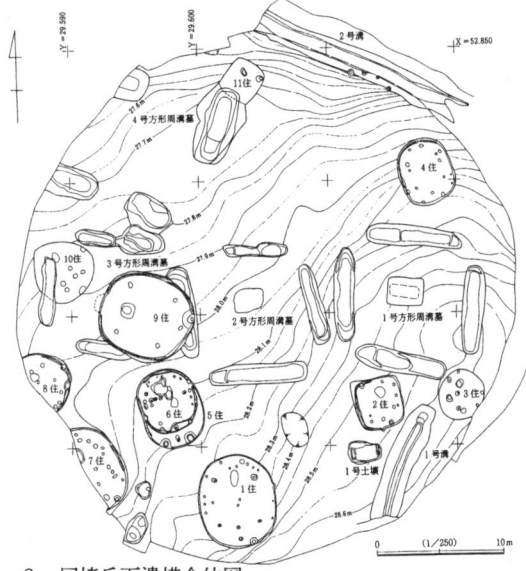

2　同墳丘下遺構全体図

図6　大厩浅間様古墳墳丘下（浅利・田所1999より転載一部改変）

表6 大厩浅間様古墳墳丘下建物跡

遺構	時期	長軸	短軸	深さ	面積	体積	平面	炉	貯穴	突堤	出入	主柱	周溝	備考
1号住	久ヶ原	6.96	5.98	0.69	34.33	23.69	楕円形	1	1	0	1	4	0	火災住居
2号住	後期末	3.90	3.75	0.72	13.30	9.58	胴張隅円方形	1	1?	0	1	1?	1.5	
3号住	後期後	3.80	3.42	0.45	10.44	4.70	円形	1	不明	0	1?	1?	0	
4号住	後期後	5.04	4.25	0.82	17.96	14.73	楕円形	1	1?	0	1	4	2	
5号住	後期末	5.50	4.75	0.72	24.30	17.50	楕円形	1以上	2	2	1?	4	0.5	火災住居 6号に切られる?
6号住	後期末	4.90	4.50	0.74	17.87	13.22	楕円形	1以上	不明	0	1	0	3.5	5号を切る?
7号住	後半以降	6.50	(5.20)	0.88	31.32	27.56	楕円形	1以上	1	0	1	4	0	火災住居
8号住	後期	4.40		0.57	17.33	9.88	不整形?	1	1	0	1	4?	1.5	
9号住	久ヶ原	7.20	6.50	0.85	39.40	33.49	楕円形	1	1	1	1	4	0	
10号住	後期末	5.00	4.65	0.56	17.80	9.97	不整形?	1	1	0	1	0	0	
11号住	古墳初	3.00	2.85	0.55	7.96	4.38	胴張隅円方形	1	1?	0	0	0	0	火災住居

2.85m、7.96m²の11号住である。深さは0.45～0.88mまで幅があり、0.4m台が1棟、0.5m台3棟、0.6m台1棟、0.7m台3棟、0.8m台が3棟となる。体積は1・7・9号住が20m³を越え、9号住は33.49m³と最も大きい。7・9号住は深さも0.8mを越える。次いで大きく差が開き10m³の前半台は4・5・6号があり、0.7～0.8m台と深い。10m³以下は8～9m³台の、2・8・10号住があり、前者は0.7mの深いタイプ、後者2者は0.5m台の浅いタイプ。4m³台は3・11号住があり、0.4～0.5m台の浅いタイプである。これらの体積と竪穴部の深さを建物跡構成施設との関連で見てみよう。

炉は規模や数その構造を問題にしなければ各竪穴にあり、深さや体積との関連は認められない。貯蔵穴は不明確であるが基本的には各竪穴に伴う。これも深さや体積と関連しないことが予想される。出入り口施設も貯蔵穴同様であるが、11号住のピットを貯蔵穴とすると出入り口施設のピットがなく、小型で浅いタイプはこのどちらかが欠けることがわかる。突堤は貯蔵穴の周囲に位置する例が多いが、本遺跡では深く面積も大きい（体積も大規模）9号住と深く面積は中程度（体積も中規模段階）の5号住に伴い、深さとの関連が予想される。主柱穴4本は6棟あり、1本以上は2棟、無柱は3棟である。4本主柱は深いタイプの住居に多いことは認められるが、深いことが4本主柱穴の条件ではなさそうである。面積は中規模程度以上である。小型の住居跡に4本主柱はない。4本主柱穴は体積の大きい竪穴との関連がある。周溝は体積の大きな竪穴には少なく、中～小規模に認められている。

以上から、面積が大きく深い（体積の大きい）竪穴は炉・貯蔵穴・出入り口施設・4本の主柱をもつなど内部構造が複雑となり、これは面積が中段階で深い（体積の中規模段階）例にも認められる。一方、面積が中段階で深さの中規模段階、もしくは面積が小さく深さも浅い（体積が小規模）竪穴程その構造が簡単となる。面積に深さを加えるとより住居の構造との関連が読み取れる。

3　千葉県草刈3号墳墳丘下の建物跡群（台地平坦面）

　市原市草刈の草刈六之台遺跡内に位置し、1980～1982、1987、1988年に(財)千葉県文化財センターが発掘調査を行った（白井ほか1994）。遺跡は村田川下流域右岸の標高35mの台地上に位置する。草刈3号墳は直径35mの古墳前期と中期の2時期に渡る古墳である。

　墳丘下から1棟の竪穴遺構780号が、北東へ10.5m離れ旧表土も削平された地点から784号竪穴遺構が検出された（図7、表7）。報告者は2例とも神門古墳群と同様墳丘構築に先立ち特別に設けられた竪穴と考えている。780号竪穴は5.1×4.57m、23.31m²、深さ0.33mと浅い。炉をもつが他の建物構成要素はない。784号竪穴は4.04×3.91m、15.80m²、深さ0.36mだが、上面の削平を780号竪穴の旧表土面で補うともう少し深くなる。住居跡構成要素は何も伴わない。両遺構とも火災を受けている。この他に両竪穴間の旧表土上より壺2、甕2、器台2が出土。両竪穴と旧表土出土土器の時期は、古墳周溝下層群の土器と同一とされる。

　2つの竪穴が一般的な集落の一部を構成するか、古墳の構築に伴う特別なものかは評価が分かれる。筆者は3号墳の周囲に建物跡が存在しない空白地帯があり、その外縁に展開する遺構分布を見ると、古墳周囲にその後の削平で消滅した建物跡が本来存在し、墳丘下の2棟の竪穴は集落と連続すると考える。おそらく報告者は神門古墳群の2つの竪穴と墳丘下整地面出土の多量土器をイメージしていると思うが、一部公開された神門4号墳の2つの竪穴と平面規模深さ、土器の出土状態や器種構成、遺存状態とも大きく異なる。草刈3号墳墳丘下の6個体の土器も当時の集落の地表面に残された土器片と考えられる。そし

88　第2節　深い竪穴、浅い竪穴

1　草刈3号墳と集落

2　3号墳と墳丘下の建物跡

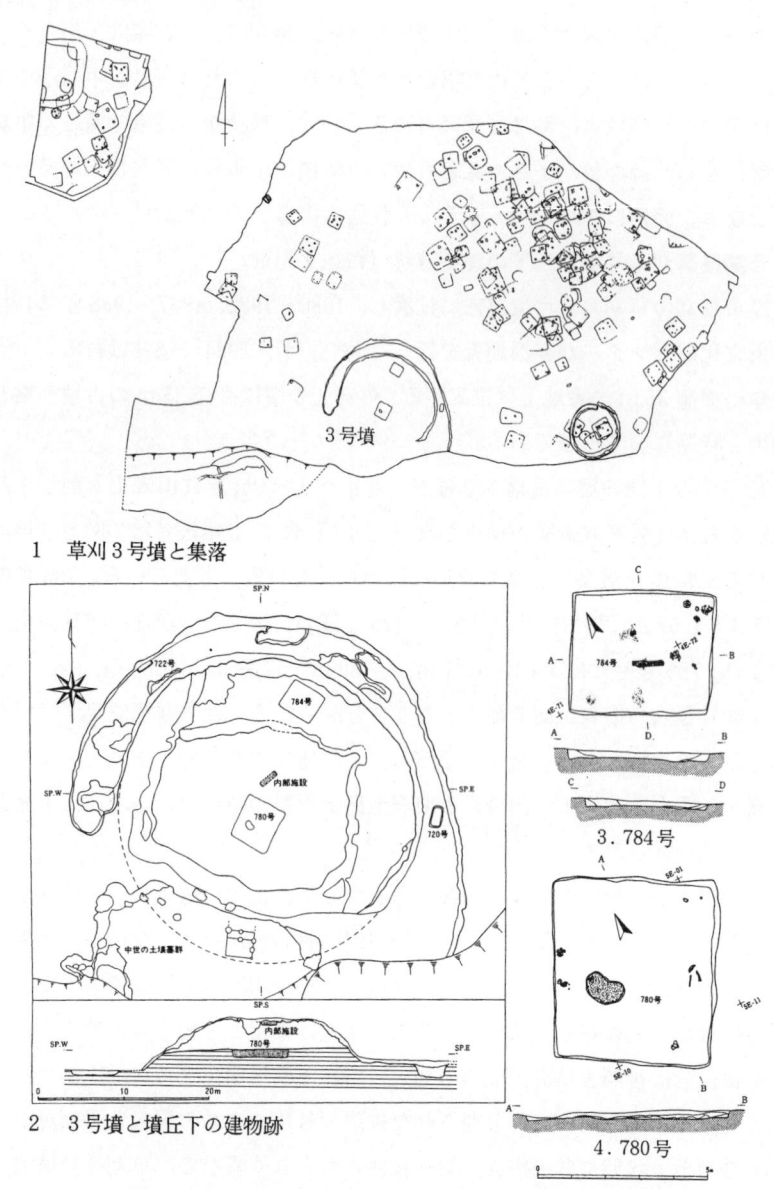

3．784号

4．780号

図7　草刈3号墳墳丘下（白井ほか1994より転載一部改変）

表7 草刈3号墳墳丘下建物跡

遺構	時期	長軸	短軸	深さ	面積	体積	平面	炉	貯穴	突提	出入	主柱	周溝	備考
780号住	古墳前	5.10	4.57	0.33	23.31	7.69	方形	1	0	0	0	0	0	人為的埋め戻し火災住居、南西隅の遺構外に焼土
784号住	古墳前	4.04	3.91	0.36	15.80	5.69	方形	0	0	0	0	0	0	人為的埋め戻し火災住居

て両竪穴は小型で浅い主柱穴のない竪穴のうち炉のあるタイプとないタイプに該当すると考えたい。

4 千葉県東寺山石神2号墳墳丘下の建物跡（台地上平坦面）

　千葉市東寺山町に所在し、1975年に(財)千葉県文化財センターが調査した（沼沢ほか1977）。下総台地を流れる都川支流葭川に面する標高30mの台地上に位置し、弥生後期から古墳中期の竪穴は57棟ある。古墳は6基調査され、墳丘が残るのは石神2号墳である。2号墳は直径30mの中期古墳である。墳丘下には13棟の竪穴がある（図8、表8）。時期は弥生後期2棟、古墳前期7棟、中期4棟である。この他に旧表土に密着し和泉式の土器が出土した。旧表土面全般に薄い炭化物が堆積し古墳築造前に下草を焼き払ったと考えられている。和泉式の7号住が埋没した窪みの状態で2号墳が作られ、他の建物はほぼ埋没している。

　深さを見ると、最深は和泉期の5号住と五領期の6号住の0.8m、最浅は和泉期の11号住で0.1mである。ここでも、平面規模に深さを加味すると体積の大きい竪穴ほど4本柱であり、4本柱はなくともベッド状遺構や炉を複数もつ竪穴は、より複雑な構造であることがわかる。4本柱でなく炉や貯蔵穴のみの建物跡は体積が小さく、より単純構造である。

表8 東寺山石神遺跡（石神2号墳墳丘下）建物跡

遺構	時期	長軸	短軸	深さ	面積	体積	平面	炉	貯穴	突提	出入	主柱	周溝	備考
1号住	I期	3.40	3.10	0.60	10.35	6.21	隅円方形	1	1	0	0	1	0	2号墳墳丘下
2号住	II期	5.05	5.00	0.70	25.03	17.52	隅円方形	1	1	0	1	4	0	火災住居 2号墳墳丘下
3号住	I期	3.70	3.60	0.40	12.94	5.18	隅円方形	1	0	0	0	0	0	2号墳墳丘下
4号住	I期		5.10	0.30			隅円方形？	1	1	0	不明	0	0	2号墳墳丘下
5号住	IV期	4.40	4.20	0.80	18.22	14.58	方形	1	1	0	0	0	0	2号墳墳丘下
6号住	II期	4.90	4.40	0.80	21.69	17.35	隅円方形	2	2	0	0	4	3.5	火災住居 2号墳墳丘下
7号住	IV期	5.30	4.45	0.60	24.04	14.42	長方形	1	1	0	0	2	3.5	2号墳墳丘下
8号住	IV期	3.70	3.70	0.40	13.55	5.42	隅円方形	1	0	0	0	0	2.5	2号墳墳丘下
9号住	I期	3.60	3.30	0.65	11.37	7.39	隅円方形	3	2	0	0	0	3	2号墳墳丘下
10号住	弥生後	5.70	4.70	0.65	23.65	15.37	楕円形	2	0	0	0	4	0	2号墳墳丘下
11号住	IV期	5.00		0.10										2号墳墳丘下
12号住	弥生後	10.00		0.60			楕円形	1	不明	不明	4？	0		2号墳墳丘下

90　第2節　深い竪穴、浅い竪穴

1　東寺山石神遺跡全体図

2　石神2号墳墳丘下建物跡

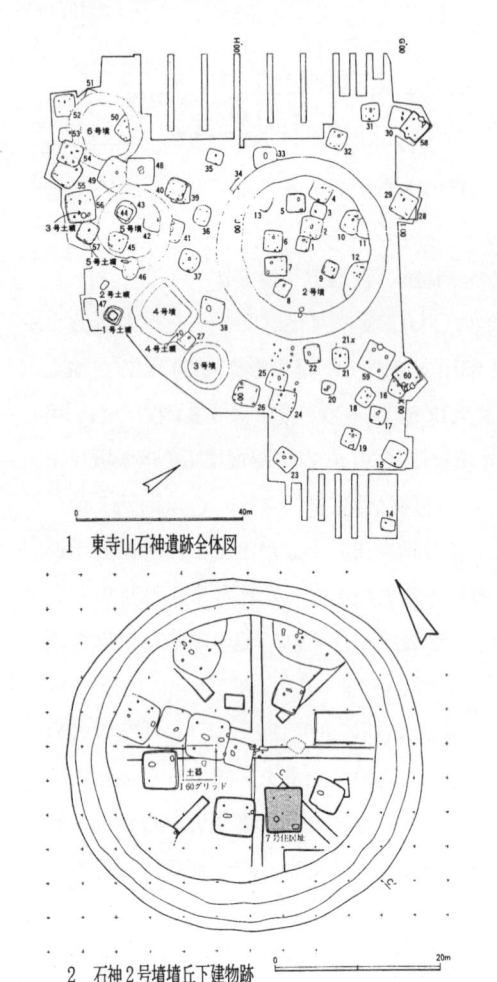

3　石神2号墳墳丘断面と7号住の埋没状態

図8　東寺山石神遺跡(石神2号墳墳丘下)(沼沢ほか1977より転載一部改変)

　墳丘下竪穴の深さの平均は、0.55mであり、一方2号墳の墳丘外に検出された竪穴の深さの平均は0.35mである。地点により削平の度合いは異なるが、平均で0.2mは古墳の外の方が削平されていると見てよい。竪穴の分布は、草刈3号墳と同様に、古墳周囲に住居の少ない範囲があり、墳丘下竪穴とは密度や切り合いの差が明瞭である。墳丘下の深さ0.1～0.3m程の浅い主柱穴のない竪穴のタイプの一部は削平され遺存しない可能性が高い。

5　このほかの墳丘下の建物跡

　掘立がパックされた可能性が高い例が1例ある。千葉県木更津市千束台遺跡群塚原22号墳墳丘下から掘立が検出された(小沢1998)。古墳は5世紀後半の築造とされる。古墳築造前の遺構は2間×3間の掘立を含むピット群と多量の古墳時代前期の土器群がある。掘立の確認面はこの旧表土の土器群より0.4mほど下の地山II層であるが、報告者はこの点について2案を示す。1案は本来上

第 2 章　弥生時代の集落　91

層の掘り込み面の可能性、2 案は確認面が現状である可能性である。前者であれば古墳の周囲に展開する古墳時代の建物跡がこの付近だけ空白地帯になり、その空間配置から祭儀用建物跡の可能性もあるとする。後者であれば弥生時代中期と考えられる。筆者は古墳時代前期であれば、柱穴の深さもあと 0.4 m ほど追加すべきで、現状の柱穴の深さは 0.34～0.67 m あり、本来は 0.74～1.07 m 程の深い柱穴が復元できる。T.N.T. No.344 遺跡 1 号掘立の深い柱穴も、本例を参考にすると極端に深い例とはならない。古墳周辺の濃密な弥生から古墳時代の集落が未報告のため不明な点も多い。報告書刊行後に再検討の必要がある。

8. 資料の検討

1　竪穴の深さ

　竪穴本来の深さを知ることの可能な二次資料として 3 つの項目で検討してきた。これらの例から、台地上と丘陵上の平坦面斜面という立地の違いはあるが、深い竪穴は 1 m を越える例があり、斜面に位置する見立溜井遺跡は最深で 1.2 m、中高瀬観音山遺跡は 1.2 m、大作古墳群は 1.0 m（斜面では 1.2 m）、T.N.T. No.200 遺跡は 0.96 m、0.7 m、No.914 遺跡は 1.2 m であった。平坦地に位置する保渡田・荒神前遺跡でも 1.1 m、大厩浅間様古墳下は 0.88 m、東寺山石神 2 号墳下は 0.8 m であった。

　一方浅い例は、台地斜面の見立溜井遺跡は、周堤検出例ではないが 0.3～0.4 m の竪穴があり、炉・貯蔵穴はもつが主柱穴のない規模の小さいものであった。中高瀬観音山遺跡はテラスをもつ建物跡は深さ 0.5 m で中規模の面積をもつ。No.914 遺跡は 0.56 m である。大作古墳群は 0.3 m であり、中規模の 039 号住と小規模の 013 号住がある。前者は 4 本主柱をもち、後者は炉のみをもつ。

　平坦地の保渡田・荒神前遺跡は平地式建物跡が 2 棟検出され、掘り込みの深さ 0.05 と 0.1 m であった。墳丘下例の大厩浅間様古墳は、小型で炉をもつ 3 号住は深さ 0.45 m である。草刈 3 号墳墳丘下の 2 棟の建物跡は深さ 0.33 m と

0.36mで、炉をもつものともたないもので面積中規模の竪穴である。石神2号墳墳丘下は内部構造の不明な11号住を除くと、4号住で0.3m、3・8号住で0.4mであった。T.N.T. No.918遺跡は平坦面に位置し、27号住は中規模で0.4mの深さである。

以上限られた、関東地方各地の丘陵の尾根上や斜面、台地上の平坦地の資料から、竪穴の深いものは0.8〜1.2m、浅いものは0.3〜0.5mほどであることがわかる。深さからは5段階程度に分かれそうである。また、平地式建物跡の深さは0.05〜0.1m、掘立は柱穴の深さが1m以上に達する。

2　様々な構造からなる建物群と深さ

今回得られた数値からどのようなことがわかるのだろうか。周堤帯が検出された見立溜井遺跡は平成15年度の見立溜井II遺跡の調査で、火山灰に埋もれた墳丘をもつ周溝墓（低墳丘の古墳？）が検出された。[17]赤城村の見立溜井遺跡一帯の弥生後期から古墳前期の集落が良好な状態で広範に残されていることを示す。見立溜井遺跡を関東地方北西部の台地斜面部の二次資料の集落モデルと考えてよいであろう。その特徴は掘立をもたず、竪穴のみで構成される。竪穴は規模、深さや内部の構成要素の異なる様々な構造の竪穴より集落跡を構成し、しかも当時の掘り込みにきわめて近い状態と推定される。

一方南関東の丘陵部のモデルは、古墳の墳丘下に位置しテラス状遺構が2例伴う大作古墳墳丘下の集落が該当しよう。本例も、見立溜井遺跡と同様に、様々な規模と深さ及び内部構造の竪穴から成り立ち、掘立は検出されていない。平地建物跡の未検出は当時の旧表土面が完全には遺存していないことと、見立溜井遺跡で推定した、平地建物にかわる浅い竪穴の存在によるかもしれない。

平坦地の保渡田・荒神前遺跡はすべて周堤帯をもつ0.7m以上の深い竪穴と、平地建物跡のみの構成であり、掘り込みの深い掘立や見立溜井遺跡のような竪穴の深さと内部構造に様々な変化はなかった。調査範囲外に浅い竪穴が遺存する可能性も残される。その一方で、見立溜井遺跡で検出されなかった2種類の平地式建物跡がある。保渡田・荒神前遺跡では深さ0.7m前後と1mを越

える2種類の竪穴と2種類の平地建物跡から成り立つ集落である。

　台地上の大厩浅間様古墳墳丘下集落は、1mを越す深さの竪穴は検出されないが、深さ0.45～0.88mまでの規模も内部構造の異なる建物跡で構成されていた。本来の集落の一部のみが遺存した例で、実際は様々な竪穴や掘立柱建物からなることが予想される。草刈3号墳墳丘下は、古墳築造に伴う特殊な建物跡ではなく、今回検討してきた諸遺跡で検出される浅い竪穴と同様であり、集落の一部を構成すると思われる。

　草刈3号墳や石神2号墳は墳丘下以外の周囲にも集落跡が検出された。当然ながら竪穴の遺存状態に差が認められる。通常発掘調査が行われている集落跡の資料は、この墳丘外の集落跡を調査していることになる。本例のように墳丘の下に旧表土が遺存し、しかも周囲の集落と同時期の建物跡が遺存する例は、集落の復元に貴重なデータを提供すると予想される。調査区内に複数の旧表土が遺存する例があればさらに貴重となる。具体的には集落の形成が終了し、集落跡に古墳群が形成されていくような遺跡の資料があればもっともよい。千葉県木更津市の千束台遺跡群や請西遺跡群などが類例としてあげられる。今後このような遺跡群を取り上げて検討していく必要がある。

3　斜面地のテラス状遺構からわかること

　斜面地で検出されたテラス状遺構を伴う建物跡を斜面型とした。斜面型には竪穴と掘立がある。しかし、両者は同一遺跡では発見されていない。テラス状遺構をもつ竪穴と周堤をもつ竪穴と墳丘下の竪穴の深さをくらべると大きな違いはない。極端に浅く深くなることはないことから、テラス状遺構をもつ竪穴の深さは、その立地に関係なく他の台地の集落にも目安として参考にできるのではと考えられる。[18]

9. 深い竪穴と浅い竪穴のまとめと展望

1 まとめ

　発掘された遺跡の集落跡を構成する遺構群を一次資料、二次資料、三次資料に分けた。このうちの二次資料について検討を行った。竪穴は深い竪穴から浅い竪穴まで様々な深さからなり、しかもその内部構造も様々であった。深い竪穴は約0.8〜1.2m程、浅い竪穴は0.3〜0.4m程であった。このことは、遺跡の削平が当時の地表面から0.6mまで及んでいたと仮定すると、柱穴や深い床下の掘り方等のない「本来浅い竪穴」はほとんどが削平され遺存しないことを示す。また、中程度の深さの竪穴は掘り方がわずかに遺存するか、4本柱の掘立となり、「本来深い竪穴」は「見かけ上浅い竪穴」となる。たとえば発掘調査を行った台地や丘陵の弥生時代後期から古墳時代前期の集落データで、もっとも深い竪穴の深さが0.4mで、以下より浅い竪穴の数値が並ぶ遺跡の場合は、「見かけ上浅い竪穴」で集落跡が構成されるのではなく、しかも「本来浅い竪穴」で深い主柱や貯蔵穴をもたない例は存在しないのではなく、削平されていると考えるべきである。「本来深い竪穴」が「見かけ上浅い竪穴」として残されている。当然このことを前提に集落跡の検討がなされなければならない。

　集落跡の分析を行う前に、対象とする遺跡の資料批判が必要なことは言うまでもないことであろう。しかし、筆者も含めて多くの研究者はこの資料批判を怠ってきた。十分な資料批判を行わなくても、偶然後世の人為的な削平や自然現象による流失が少なく、場合によっては人為的な土砂の移動や自然現象の土砂の堆積により遺跡の遺存状態がよく、集落構成遺構群の分析に適している例もある。それでも、どの程度削平を免れているかを考慮する必要はあろう。過去に蓄積された建物跡のデータや集落跡のデータが無意味とは言わない。こうしたデータをもとにした建物跡論や集落跡論が無意味と言うわけではない。基本的に考古学の扱う資料は残されたものが主体であることは間違いない。しか

し、残されたもののみで議論すると大きな勘違いや間違いをデータから読み取るのではないだろうか。集落跡を検討するためは、個別建物跡の遺存度を検討することからはじめても遅くないだろう。

今回は、目安となる建物跡の具体的な数値の一部を提示してみた。本来であればこの数値をまず一次資料と比較検討すべきであるが今回は行わなかった。

2 展望

今回検討した中でも、古墳墳丘下の建物跡をはじめとした、集落跡構成遺構群を旧表土面から検討し直すという試みは、列島各地で今後継続されていくべき集落跡研究の一方法と位置づけられるのではなかろうか。もちろん今回怠ったより細かな資料批判を行って。小さな旧地表面に残された建物跡のデータの連続は、数的には大きなデータとは成り得ないが、質的には削平の大きく及んだ大規模集落跡の建物跡のデータも上回ると考える。

今回分析に用いた周堤を残す建物跡、テラス状遺構をもつ建物跡、旧表土がパックされている古墳盛土下の建物跡の3つ以外にも、多数の可能性が残されているはずである。その可能性を地道に探し、一次資料にはならないとしても、二次資料になりえるデータを蓄積することが急務である。資料の少なく、地域も時代も限定される一次資料と、資料の膨大なしかも地域や時代の広がりの大きい三次資料を直接比較するのではなく、各地域や時代にわたる二次資料を抽出し両者の橋渡しすることで、三次資料をより二次資料へ近づけ、さらに一次資料と比較していく試みが必要となる。三次資料を無批判に操作するだけでは集落跡の復元作業は停滞するであろう。近年、一次資料を基にした建築学や民族学等を援用した研究や、学際的な研究が盛となり、とくに建物跡の上屋構造の研究が進められている（浅川1998、浅川2001など）。

一方で旧地表面は削平されていても、発掘調査の工夫と発掘調査者の意識改革から、新たな建物跡論や集落跡論に迫ろうという動きがある。[19]

筆者は一次資料の積極的な検討は重要であるが、一次資料は情報量が多すぎるため、いわゆる発掘調査報告書内にデータが盛り込めていないように思える。

発掘担当者以外はなかなかその情報を理解し解釈することは難しい。一次資料のさらなるデータの公表を願う一方、考古学者は三次資料からいきなり上屋復元に走るのではなく、まず旧地表の復元を目指すべきだろう。旧地表の復元作業の後に建物地上構造の復元に進んでも遅くないと考える。

註
（1） 集落跡構成遺構群とは様々な構造の建物跡をはじめ溝跡、土坑、柵列跡、路跡や硬化面など集落を構成する遺構群をさす。考古学的に検出される集落跡構成遺構は人為的なもの自然的なものを問わず多数存在する。
（2） 縄文時代の加曽利E3式期の集落跡（黒尾ほか1993、宇佐美1998）であり、縄文晩期末から弥生中期前半の集落跡（宇佐美1995、及川2002）などがある。
（3） 図1は後述する一次資料と三次資料の関係を示した。この左右の図の中間に本稿で用いる二次資料が位置する。
（4） 大型住居跡については、岡本孝之氏や小久保徹氏をはじめとして多くの研究がある（岡本1976、小久保1977）。一方小型住居については、合田幸美氏により九州から関東地方の弥生時代前期から古代にかけての「小形住居」の検討作業（合田幸1998）がある。多くの「小形住居」は住居の可能性が大きいと指摘している。
（5） 旧地表復元作業についての不十分な見通しは及川2003の註2（52頁）において一部触れている。
（6） 微細にみれば、これらの3つもいくつかのレベルに分解する必要があり、当然この条件の中での削平も検討する必要があるが、今回は仮説をもとに目安を示すことが目的なので、さらなる検討は行わなかった。
（7） 周堤帯の用語は厳密に定義すべきであるが、後述する保渡田・荒神前遺跡のように、竪穴部外周に都出比呂志氏が図示した周堤（都出1987）と異なる「周堤状遺構」と土屋根の一部が存在すると推定されており、ここでは両者を含め竪穴部の外周に遺存する竪穴に伴い巡るように遺存する人為的な盛土を周堤帯とする。
（8） 浅川滋男氏は火災住居の事例から「テラス状遺構に炭化部材はまったくみられないので、このスペースを家屋の内部とみなすことはできない。筆者は、このテラス状遺構を、竪穴住居を作るために山の傾斜地を整地したものととらえている。すなわち、高い山側では傾斜面を削りこんでテラスを作り、低い谷側では土を盛り上げて周堤を作って、全体の地形を均整のとれた姿にしてから、小屋を組んでいった

のではないだろうか」（浅川2001　122頁）とする。しかし後段で周堤の位置をテラスのさらに上段に復元すべきであったとも述べる。いずれにしろ竪穴外部の段差をテラスとみるか桐生氏が述べるように棚と見るか否かである（桐生1997）。

（9）　厳密には古墳築造時の旧表土であり、竪穴構築時や廃棄時の旧表土ではない。

（10）　関東地方のテラス状遺構について、弥生中期例ではあるが「平場遺構」と名づけて小高春雄氏により2タイプに分けられている（小高1993a）。今回は細分せず広く「テラス状遺構」としておきたい。

（11）　縄文時代の盛土遺構下の竪穴は、1m程の深さをもつらしい（吉野2003）。

（12）　墳丘下から検出された遺構を古墳築造に関連付ける例として、神門古墳群がある。神門古墳群については正式な報告はないが、上野純司氏は神門4号墳でのまつりを、1：墳丘築造予定地の広場のまつり、2：特殊な竪穴でのまつり、3：埋葬に関連したまつりの三段階にわける（上野1990）。本稿に関連するのは1と2である。1では墳丘予定地内の数棟の建物跡が焼き払われ、まつりの広場になった。この焼き払われた住居跡の一部は平面図が示されるのみで、どのような構造と深さの建物跡か不明である。2ではA・B遺構の2つの仮設の竪穴でまつりが行われたとする。A遺構は一辺約3.7m、B遺構は1辺約2.5m、深さはいずれも0.6m程とされる。2基とも柱穴がなく、床の状況から短期間に使用されたという。A遺構は遺物の出土がなく、使用後に清掃して一気に焼き払われた。さらにA遺構は1の直前まで使用されたと思われる竪穴をつき固めて埋め戻してから作られる。以上の所見から墳丘下から検出された竪穴は古墳築造に極めて近い時期に構築廃棄された建物跡と考えられる。「仮設の竪穴」のデータしか現状では示されないが、約0.6mという深さはひとつの目安になる。同様な竪穴は神門3号墳丘下からも発見（浅利1998）されているが、こちらの深さのデータも未公表である。なお、千束台遺跡群内の高部30・31・32号墳墳丘下から、9.30×3.48m、深さ0.3mの2号建物跡が検出された。柱穴1本のみで他の竪穴構成遺構はない。内部より炭化材が多量に出土。古墳に関連する遺構と考えられている（西原2002）。

（13）　H3号住は「住居跡周囲の黄色ロームは西から南にかけて、壁から1.8〜2m離れた位置にあり、もっとも顕著な南側で幅が1.5mある。南東隅から東にかけては壁より1〜1.2mの位置に幅50cmで黄色のロームが巡っていたが、北側半分には明瞭なロームは見られない。これは斜面の下に多く土を盛ったためと、北側の盛土は住居内に流れ込んだためと思われる。また、南東隅にも明瞭なローム帯が見られなかったが、これは出入り口との関係も考えられる。地層観察の結果では旧表土は

操作せずに、旧表土上に、掘った土を盛り上げたものと思われる。」（都丸・茂木 1985 283頁）、H7号住は「黄色ローム帯は、住居壁より1～1.5m離れてほぼ全周する。南側で約3.5m、東・西・北で約2.5mで南側がやや広く、厚くなっている。」（同 284頁）、H8号住は「規模はH7号住居跡とほぼ同様であるが、位置が調査区ぎりぎりのところにあったため、住居跡自体は調査できたが、西側の周堤ロームは若干調査区外に出てしまった。」（同　296頁）とある。

(14)　若狭氏はH区1号住居の周堤状遺構について「竪穴掘り方を中心にして、地山に径12m程度の不正円形に段を作出し、ローム主体土を先送りに被せてゆき、高さ10～20cmの周堤状遺構を形成する。失われた部分を復元的に見ると、外径およそ16m、内径およそ11mの不正なドーナツ形となる」（若狭1988　76頁）とし、さらに竪穴と周堤状遺構間の平坦面は「わずかに竪穴側にむかって内傾斜する」（同　76頁）とする。

(15)　No.914遺跡の2・3号住居跡のテラス状遺構は報告書に図示されていない（五十嵐・及川1997）。調査当初はテラス状遺構の認識がなかったことによる。

(16)　報告書に図示してないが、竪穴確認時のプランと掘り上げのプランが異なるものが他にも数棟あり、テラス状遺構が伴っていた可能性がある（及川ほか1999）。

(17)　調査担当の小林修、有山経世両氏のご好意により実見。

(18)　斜面地のテラス状遺構は、平坦地の保渡田・荒神前遺跡で検出されている、竪穴壁と「周堤帯状遺構」の間に位置する、わずかに竪穴側に向かい内傾斜する幅1～2m程の「竪穴、周堤状遺構間平坦面」に該当するかもしれない。

(19)　『土壁』の考古学を楽しむ会の諸氏やその執筆者など。

引用・参考文献

浅川滋男『先史日本の住居とその周辺』同成社、1998

浅川滋男「弥生高地性集落の焼失住居」『竪穴住居の空間分節に関する復原研究』117～131頁、2001

浅利幸一「神門3号墳」『市原市文化財センター年報　昭和62年度』（財）市原市文化財センター、23～29頁、1989

浅利幸一・田所　真『市原市大厩浅間様古墳発掘調査報告書』（財）市原市文化財センター、1999

有馬多恵子「竪穴住居址の構造について」『神奈川県大和市県営高座渋谷団地内遺跡』県営高座渋谷団地内遺跡発掘調査団、149～154頁、1995

飯塚武司「住居構造について」『赤台遺跡』鴻巣市遺跡調査会、144～149頁、1985
五十嵐　彰・及川良彦「多摩ニュータウンNo.913・914遺跡」『多摩ニュータウン遺跡』東京都埋蔵文化財センター、1997
石井克己『黒井峰遺跡発掘調査報告書』群馬県北群馬郡子持村教育委員会、1990
石野博信『日本原始・古代住居の研究』吉川弘文館、1990
石野博信『古代住居のはなし』吉川弘文館、1995
岩崎直也「弥生時代の建物」『弥生時代の掘立柱建物』第29回研究集会実行委員会、79～116頁、1991
上野純司「古墳でのまつり」『古墳時代（1）』房総考古学ライブラリー5、（財）千葉県文化財センター、197～204頁、1990
宇佐美哲也「縄文時代晩期終末の居住形態解明にむけて」『論集　宇津木台』第1集、宇津木台地区考古学研究会、77～113頁、1995
宇佐美哲也「加曽利E3（新）式期における居住痕跡の一様相」『シンポジウム　縄文集落研究の2新地平　発表要旨』縄文集落研究グループ、36～56頁、1998
大上周三「住まいの規模・構成・空間利用の推移」『青山考古』第13号、青山考古学会、31～48頁、1996
大塚昌彦『中筋遺跡発掘調査概要報告書』渋川市教育委員会、1987
大塚昌彦『中筋遺跡第2次発掘調査概要報告書』渋川市教育委員会、1988
大塚昌彦『市内遺跡　Ⅲ』渋川市教育委員会、1990
大塚昌彦「土屋根をもつ竪穴住居」『先史日本の住居とその周辺』同成社、23～40頁、1998
岡本孝之「宮ノ台期弥生文化の意義」『神奈川考古』第1号、神奈川考古同人会、65～79頁、1976
小沢　洋『千葉県木更津市　千束台遺跡群発掘調査報告書Ⅳ　塚原22号墳・62号墳　塚原遺跡（22号墳墳丘下区域）』木更津市教育委員会、1998
小高春雄「斜面の遺構群」『滝ノ口向台遺跡・大作古墳群』第1分冊、（財）千葉県文化財センター、307～310頁、1993a
小高春雄「021竪穴住居に於ける遺物の投棄」『滝ノ口向台遺跡・大作古墳群』第2分冊、（財）千葉県文化財センター、89～94頁、1993b
小高春雄ほか『滝ノ口向台遺跡・大作古墳群』第1・2分冊、（財）千葉県文化財センター、1993
及川良彦ほか『多摩ニュータウン遺跡—No.918遺跡—』東京都埋蔵文化財センター、

1999
及川良彦ほか『多摩ニュータウン遺跡―No.200遺跡―』東京都埋蔵文化財センター、2002
及川良彦「住居と掘立柱建物跡(関東)」『静岡県考古学会シンポジウム資料集 静岡県における弥生時代集落の変遷』静岡県考古学会、110～140頁、2002
及川良彦「多摩ニュータウン(T.N.T.)遺跡群の方形周溝墓」『青山考古』第20号、青山考古学会、3～56頁、2003
木更津市教育委員会『千葉県木更津市請西遺跡群発掘調査報告書』I～Ⅷ、木更津市教育委員会、1988～2002
木更津市教育委員会『千葉県木更津市千束台遺跡群発掘調査報告書』I～Ⅵ、木更津市教育委員会、1995～2002
桐生直彦「君は"棚"を見たか」『土壁』創刊号、考古学を楽しむ会、1997
黒尾和久ほか『はらやま』調布市原山遺跡調査会、1993
小久保 徹「弥生時代の大形住居について」『埼玉考古』埼玉考古学会、23～42頁、1977
小薬一夫・小島正裕・丹野雅人「住居跡から住居へ」『東国史論』第4号、群馬考古学研究会、1～30頁、1989
合田幸美「小形住居について」『網干善教先生古稀記念 考古学論集』下巻、網干善教先生古稀記念会、333～357頁、1998
小坂井孝修ほか『多摩ニュータウン遺跡―No.344遺跡―』東京都埋蔵文化財センター、1998
坂井 隆『中高瀬観音山遺跡』(財)群馬県埋蔵文化財調査事業団、1995
(財)君津郡市文化財センター『請西遺跡群』I～Ⅲ、(財)君津郡市文化財センター、1994～1991
坂口滋皓「弥生時代墓地の風景」『神奈川考古』第29号、神奈川考古同人会、69～82頁、1993
清水信行「相模川流域の奈良・平安時代の集落遺跡」『青山史学』第9号、青山史学会、1～19頁、1987
白井久美子ほか『千原台ニュータウン Ⅵ』(財)千葉県文化財センター、1994
椙山林継『請西』木更津市教育委員会、1977
立花 実「推論 方形周溝墓の立面形態」『西相模考古』第2号、西相模考古学研究会、40～59頁、1993
田中新史「市原市神門4号墳の出現とその系譜」『古代』63号、早稲田大学考古学会、

1977

都出比呂志「住居の構造と集落の形態」『世界考古学体系』日本編補遺、天山舎、89〜97頁、1987

都丸　肇・茂木充視『見立溜井遺跡　見立大久保遺跡』赤城村教育委員会、1985

西原崇浩『高部古墳群Ⅰ』木更津市教育委員会、2002

沼沢　豊ほか『千葉市東寺山石神遺跡』(財)千葉県文化財センター、1977

松村恵司「竪穴住居址の分析と集落の復元的考察」『山田水呑遺跡　考察篇』山田遺跡調査会、868〜892頁、1977

宮本長二郎『日本原始古代の住居建築』中央公論美術出版、1996

吉野健一「三直貝塚の遺構分布と盛土遺構の断面」『研究連絡誌』第65号、(財)千葉県文化財センター、23〜31頁、2003

米沢容一編『土壁』1〜6号、考古学を楽しむ会、1997〜2002

若狭　徹『保渡田・荒神前　皿掛遺跡』群馬町教育委員会、1988a

若狭　徹「荒神前遺跡H区遺構群における住居構造と集落景観」『保渡田・荒神前　皿掛遺跡』群馬町教育委員会、76〜83頁、1988b

渡辺　仁「竪穴住居の体系的分類　食物採集民の住居生態学的研究(1)」『北方文化研究』第14号、北海道大学文学部附属北方文化施設、1〜108頁、1981

渡辺　仁「竪穴住居の廃用と燃料消費」『北方文化研究』第16号、北海道大学文学部附属北方文化施設、1〜41頁、1984

（及川良彦）

第3節　南関東地方における
　　　　弥生時代集落遺跡研究の課題
　　　——いわゆる「低地」遺跡の評価をめぐって——

1.　南関東地方の弥生時代集落遺跡研究の現状

　弥生時代集落遺跡研究において、南関東地方を対象とした研究が重要な役割を果たしてきたことは間違いない。南関東地方は、大小の河川によって複雑に開析される台地（段丘面）に特徴づけられ、そうした台地に多数の弥生時代集落遺跡が形成されている。台地の遺跡は、湿潤な土地に比して発掘が容易で、居住の痕跡も捉えやすい。また、郊外の台地は、高度経済成長期まで宅地化が進んでいなかったため遺存状況が良好で、畑地として利用されてきたことから分布調査による遺跡の確認が容易という利点も兼ね備えていた。そこに高度経済成長にともなう大規模開発が開始されたことで、三殿台遺跡を嚆矢に集落のほぼ全体を対象とした発掘調査が相次ぐことになる。やがて大規模開発の波は南関東地方の台地地域の大半に及び、膨大な情報の集積がなされてきたのである。

　南関東地方の集落遺跡研究の多くは、こうした台地の遺跡の豊富な情報をもとに行われてきた。大塚遺跡などの集落全体の具体的な姿は、弥生時代集落の典型例として随所に引用され、集落の人口についても大塚遺跡の推定値がひとつの基準として長らく使用されてきた。また、南関東地方では、発掘密度の高さと合わせ、分布調査による遺跡の時期や規模の推定がしやすいこともあって、

早くから集落同士の関係についての研究が試みられてきたことも特筆されるべきである。拠点（型）集落を核として、周囲に周辺（型）集落が展開するという、今や全国に浸透した弥生時代集落群の基本モデルも、南関東地方の研究によって形成されたものであるし（田中1976ほか）、その後の研究も、その具体性・実証性では、他地域の研究の追随を許さないレベルに達しているものが少なくない。

とはいえ、南関東地方の集落遺跡研究が、現在も着実な進展を続けているかといえば、私にはそのようにはみえない。というより、むしろ現状はきわめて悲観すべき状況といった方がよさそうである。近年筆者は、弥生時代集落遺跡研究全体の問題として、理論的側面への関心の低さと全体論的視点の欠如が深い影を落としていることを指摘し続けているが（安藤2002・2003a）、近年の南関東地方の研究は、残念ながらその傾向が特に顕著なように見えてならない。また、ある程度研究の進んでいる中期後葉に対して、後期は、膨大な情報を持て余し気味の状態であり、反対に中期中葉以前は情報が不足しているために、ともに研究の基礎となる遺跡群の時空間的変遷の分析すら困難な状況が続いている。つまり、全体としてはむしろ取り組むべき課題が山積しているといわざるを得ないのである。

2. いわゆる「低地」遺跡をめぐる問題

こうした状況のなか、最近、従来の研究の主要な検討対象であった台地の遺跡のほかに、いわゆる「低地」の遺跡の存在を積極的に評価することで、台地に偏った集落遺跡の分布と、そこから抽象された集落群のあり方を見直そうという動きが目立つようになってきた。たしかにここ十数年のうちに、南関東地方でもいわゆる「低地」遺跡の発掘調査例が増加してきており、新たな知見をもたらす重要な発掘・研究成果も提示され始めている。

しかし、こうした「低地」遺跡に注目する動きの中に、未発見の「低地」集

落の存在を安易に想定したり、具体的な検討を経ずに、「低地」か台地かという単純な立地の分類だけで「低地」の集落と台地上の集落の機能分化にまで言及する論など、研究のプロセスに問題を抱えたものが目立ってきていることには注意をしておかなければならない。たとえば、近年「低地」遺跡を最も積極的に取り上げている及川良彦氏は、南関東地方の「低地」に未発見の長期継続型の集落が多数存在する可能性を強調しているが、その具体例とした千葉県常代遺跡の分析にしても、それを他地域に推し広げる際の論の展開にしても、希望的観測ばかりが目立つ、やや強引な内容と言わざるを得ない（及川2003）。また、岡本孝之氏や石川日出志氏らも「低地」に占地する集落の存在・役割を積極的に評価した論を展開しているが（岡本2003、石川2000・2001）、やはり集落遺跡の詳細な分析を経ることなく、「低地」対「台地」（あるいは「山地・丘陵」）という単純な二元論を発想の原点にしながら、集落群の時空間的展開のパターンや機能分化にまで言及している点で大きな問題を抱えている。いずれの論考も、「低地」遺跡の少ない情報で、いかに説得力ある論を組み立てるか、という方法論に対する配慮が足りず、特に地形に対する知識が不足していること、そして周囲を取り巻く諸環境・諸条件全体の中で集落を理解しようとする視点を欠いていることが、問題を拡大させているようである。

　遺跡の情報が少なければ、遺跡を取り巻くさまざまな情報を元に外堀を埋めていくほかない。一方で、そうした多様な情報は、調査の進んでいる集落遺跡の分析にも、きわめて重要な意味をもつことが明らかになっており、ゆえに断片的情報のみの遺跡の評価に当たっても有効性を持ち得ることが予想される。少なくとも、根拠のない推測をする前に、集落遺跡を取り巻く情報をもとに可能な限りの実証的検討を行っておくことが肝要であろう。

　なお、ここでは、低地という言葉に対し、考古学者が慣例的に用いてきたものを「低地」とし、地形学的なカテゴリーを示す場合には括弧をはずすことにした。そもそも低地という概念に含まれる地形は実に多様であり、また同じカテゴリーに含められる地形であっても、周囲の地形を含めたそのあり方は千差

万別である。集落の立地する微高地には、自然堤防や海岸砂丘、侵食段丘、埋没台地、台地・丘陵縁辺の崖錐等、生成要因の異なるさまざまな地形が含まれるし、それぞれ地下水位や地質、土壌等にも変化がある。また、沖積地を形成する河川の大きさや流域面積、沖積面の幅や傾斜率、さらに周囲を取り囲む地形が台地なのか丘陵なのかといった点も、遺跡の立地に深く関わる。つまり、遺跡の立地を理解するためには、「低地」のあり方についての総合的な検討が不可欠になるわけである。

　「低地」遺跡の発掘調査が少ないと言われてきた南関東地方でも、これまでの調査事例はもはや数千件のオーダーに達している。筆者の集計でも、弥生時代の集落が検出された遺跡はすでに100ヵ所を超えており、細かな地域レベルで、集落の時空間的展開の特徴を把握することも可能になってきているようである。そこで本稿では、南関東地方の弥生時代集落遺跡研究の課題のうち、特に大きな問題となりつつある「低地」遺跡の評価を取り上げ、「低地」遺跡研究の体系的分析の一端を示すことにしたいと思う。検討すべき点はきわめて多いが、本稿では、これまでの「低地」遺跡の研究の問題点を明らかにするために、とりあえず南関東各地の「低地」遺跡の立地の特徴をまとめ、台地の遺跡を含めた個々の集落の立地を理解するための基礎的な枠組みを提示する。なお、地域ごとの細かな分析を必要とする、集落群の全体論的検討までを本稿で行うことは不可能であるため、そうした課題は、対象地域を絞った上でいずれ詳細に及びたいと思う。

3．南関東地方における「低地」集落の調査事例

　ここで言うところの南関東地方は、便宜的に埼玉県南部以南を指すことにする。先述の広大な台地を河川が複雑に開析する地形に特徴づけられる地域である。埼玉県北部の加須低地・妻沼低地については、地形のみならず集落遺跡の時空間的展開にも大きな差異が認められるため、必要に応じて言及するに留め、

今回の具体的な検討範囲からは除外した。なお、この範囲は、主に中期後葉の宮ノ台式土器の分布域とほぼ重なり、後期には宮ノ台式に続く久ヶ原式土器を中心に展開した諸型式が広がる地域でもある。

表1は、南関東地方の「低地」集落遺跡の調査例の多い低地・平野をピックアップし、集落遺跡の時期ごとの変遷を示したものである。南関東地方では、中期前葉にさかのぼる集落遺跡の調査例がないため、ここでは中期中葉以降を対象とし、後続する古墳時代前期を加えておいた。時期区分は、中期中葉と古墳時代前期は細分せず、中期後葉と後期についてはそれぞれ5期に分け、初頭・前葉・中葉・後葉・末葉と表現した。以下、各低地・平野ごとの集落遺跡を概観し、集落の立地する地形の特徴をまとめてみたいと思う。

なお、本稿では、とりあえず現在の地形をもとに検討を進めるが、時間的変化の大きい沖積地の検討を現在の地形データから行うことに問題がないわけではない。ただし、これから検討する地域の地形の変遷については、一部を除いて充分な研究成果がないため、自然堤防や河道の位置、河口や海岸線等、変化の大きい地形への言及は極力避けることにし、現在の地形から論じることのできる範囲の検討に留めるよう注意したいと思う。

①足柄平野（図1）

神奈川県西部の大磯丘陵と箱根軽石流台地との間に酒匂川によって形成された、扇状地状の平野である。河口から10km近くまで4km程度の幅を保つ広い平野であるが、酒匂川下流の東岸には、御殿場泥流堆積物からなる鴨宮面と呼ばれる完新世の堆積段丘が広がる。現状で周囲の沖積低地との比高差が2～3mに達する部分もみられる。この鴨宮段丘の北東には、洪積世の堆積段丘である千代台地があり、鴨宮段丘・千代台地と大磯丘陵の間には森戸川の氾濫原状の低地が存在する。足柄平野の東限を画する大磯丘陵は起伏の大きな丘陵であり、平野との接線は断層崖の名残を残す急斜面になっている。扇状地である足柄平野は傾斜率が大きく、酒匂川の氾濫原でも平均が5/1000を超える。

第 2 章 弥生時代の集落　107

表 1　南関東地方の主要な「低地」集落

①足柄平野

No	遺跡名	所在地	立地	標高	中	中後初	中後前	中後中	中後後	中後末	後初	後前	後中	後後	後末	古前	備考	文献
1	中里	小田原市中里	ic	10~11													(中)大規模	小田原市教育委員会1997『中里遺跡第III地点』他
2	三ツ俣	小田原市国府津	ic	5~6													大規模	神奈川県立埋蔵文化財センター1986『三ツ俣遺跡』他

②湘南砂丘地・相模川低地

No	遺跡名	所在地	立地	標高	中	中後初	中後前	中後中	中後後	中後末	後初	後前	後中	後後	後末	古前	備考	文献
1	諏訪	平塚市大神	iiic	9~10														平塚市遺跡調査会1992『天神前・桜畑遺跡他』
2	田村梶遺	平塚市田村	iiic	8														田村前遺跡発掘調査団1995『田村前遺跡』
3	十ノ城	平塚市横内	ii/iiic	(8)														平塚市『平塚市史』
4	十二天	平塚市豊田	ii/iiic	(8)														平塚市『平塚市史』
5	豊田本郷	平塚市豊田本郷	ii/iic	7														豊田本郷遺跡調査団1985『豊田本郷』
6	呼ノ内	平塚市四ノ宮	iic	8														平塚市遺跡調査会1989『平塚市埋蔵文化財緊急調査報告』2
7	中坂上宿	平塚市中坂上宿	ii/iiic	10													小規模2ヶ所	中坂上宿遺跡調査団1981『中坂上宿』
8	南原B・C	平塚市南原	iic	9														平塚市遺跡調査会1996『南原B遺跡他』
9	大原	平塚市大原	iic	9														平塚市遺跡調査会1989『大原遺跡III』他
10	倉見子戸	寒川町倉見	iva	12														寒川町1997『寒川町史』他
11	上ノ町	茅ヶ崎市西久保	iiic	6														茅ヶ崎市文化振興財団1997『上ノ町・広町遺跡』他
12	大蟻駅B	茅ヶ崎市西久保	iiic	5														茅ヶ崎市教育委員会1996『平成7年度茅ヶ崎の社会教育』他
13	どんどん塚	茅ヶ崎市円蔵	iic	(9)														茅ヶ崎市教育委員会1995『平成6年度茅ヶ崎の社会教育』
14	二蔵B	茅ヶ崎市西浜根	iic	10													(後)住居1	新湘南国道埋蔵文化財調査会1985『新湘南国道埋蔵文化財調査報告』
15	岡岡A	茅ヶ崎市赤羽根	iic	13														新湘南国道埋蔵文化財調査会1985『新湘南国道埋蔵文化財調査報告』
16	尻村A	茅ヶ崎市下町屋	iic	—													(中後)集落	茅ヶ崎市教育委員会1995『平成6年度茅ヶ崎の社会教育』
17	宿	茅ヶ崎市小和田	iic	—													(中後)住居4	茅ヶ崎市教育委員会1995『平成6年度茅ヶ崎の社会教育』
18	若尾山	藤沢市朝日町	iib/c	7														東国歴史考古学研究所・他1998『若尾山（藤沢市No.36）遺跡』
19	藤沢No.265	藤沢市川名	iib	7														藤沢市教育委員会2001『藤沢市文化財調査報告第36集』
20	大運田	藤沢市片瀬	ii/iiib	9														大運田遺跡発掘調査団1984『大運田遺跡の発掘調査』

③滑川低地・田越川低地

No	遺跡名	所在地	立地	標高	中	中後初	中後前	中後中	中後後	中後末	後初	後前	後中	後後	後末	古前	備考	文献
1	大倉幕府	鎌倉市雪ノ下	ib	11														大倉幕府周辺遺跡発掘調査団1999『大倉幕府周辺遺跡群』
2	池子No.1	逗子市池子	ib	4~6														かながわ考古学財団1997・1999『池子遺跡群II・III・IX・X』
3	池子No.4	逗子市池子	ib	9~11														かながわ考古学財団1999『池子遺跡群』
4	池子No.6-8-9	逗子市池子	ib	9~10														かながわ考古学財団1997『池子遺跡群V・V』

108　第3節　南関東地方における弥生時代集落遺跡研究の課題

④東京低地・荒川低地

No.	遺跡名	所在地	立地	標高	中中	中後初	中後前	中後中	中後末	後初	後前	後中	後後	後末	古前	備考	文献
1	上小岩	江戸川区北小岩	iiic	1.5													東京都教育委員会1987『上小岩遺跡』
2	御殿山	葛飾区青戸	iiic	0													葛西城地調査会1983『葛西城』
3	伊興	足立区伊興・他	iiic	2〜3													足立区伊興遺跡調査会1997『伊興遺跡』
4	舎人	足立区舎人	iiic	2													足立区伊興遺跡調査会1996『舎人遺跡』
5	豊島馬場	北区豊島・王子	iiic	1												大規模	東京都北区教育委員会1995『豊島馬場遺跡』他
6	志茂	北区志茂	iiic	3													東京都北区教育委員会1995『志茂遺跡・神谷遺跡』
7	弁後第2	板橋区舟渡	iiic	1〜2													板橋区遺跡調査会1998『舟渡遺跡第2地点』
8	弁後第3	板橋区舟渡	iiic	1〜2												大規模?	弁後二丁目遺跡調査会2000『弁後遺跡第3地点』
9	徳丸原大橋	板橋区高島平	iiic	3													板橋市埋蔵文化財調査会1993『徳丸原大保遺跡』
10	東地総田	草加市谷塚町	iiic	(2.5)													草加市教育委員会1984『草加市の文化財9』他
11	西地総田	草加市谷塚町	iiic	(2.5)													草加市教育委員会1986『草加市の文化財12』
12	蜻蛉	草加市谷塚仲町	iiic	(3)													埼玉県埋文事業団1985『蜻蛉遺跡』
13	三ッ和	鳩ヶ谷市八幡木	iiic	4			?									大規模?	鳩ヶ谷市教育委員会1995『三ッ和遺跡』他
14	六反畑第1	鳩ヶ谷市前田	iiic	3													鳩ヶ谷市教育委員会2000『前田字六反畑第1遺跡』
15	前田第1	鳩ヶ谷市南	iiic	3													鳩ヶ谷市教育委員会2001『前田字前田第1遺跡』
16	中谷子畑田第1	鳩ヶ谷市南	iiic	3													鳩ヶ谷市教育委員会1993『中谷字宮地第1遺跡』
17	宮地第2	鳩ヶ谷市社	iiic	4													鳩ヶ谷市教育委員会2001『辻子宮地第2遺跡』
18	辻子畑田第1	鳩ヶ谷市南	iiic	3													鳩ヶ谷市教育委員会2000『辻子畑田第1遺跡』
19	辻子畑田第3	鳩ヶ谷市南	iiic	3.5													鳩ヶ谷市教育委員会2002『辻子畑田第3遺跡』
20	前谷	戸田市前谷	iiic	4												大規模	戸田市教育委員会1978『前谷遺跡発掘調査概要』
21	鍛冶谷・新田	戸田市上戸田	iiic	2〜3													戸田市教育委員会1968『鍛冶谷・新田口遺跡』他
22	上戸田本村	戸田市上戸田	iiic	3													戸田市遺跡調査会1996『上戸田本村遺跡』他
23	南町	戸田市南町	iiic	2													戸田市遺跡調査会1987『南町遺跡』
24	南原	戸田市南町	iiic	2												大規模	戸田市遺跡調査会1991『南原遺跡』他
25	樹木橋	戸田市笹目南町	iiic	2													戸田市教育委員会1974『樹木橋遺跡第1次発掘調査概要』
26	獏堂	和光市下新倉	iiic	4													戸田市史編纂第1983『獏堂遺跡発掘調査報告書』
27	木村	さいたま市下大保	iiic	7	?												浦和市遺跡調査会1984『木村遺跡II』他
28	下大久保新田	さいたま市下大保	iiic	6													浦和市遺跡調査会1998『下大久保新田遺跡』
29	神田天神後	さいたま市神田	iiic	6													埼玉県埋文事業団1999『外環・神田天神後・大久保本里』
30	大久保家片町	さいたま市大久保家	iiic	8													浦和市遺跡調査会1988『大久保家家片町遺跡第2次』
31	大久保家片町	さいたま市大久保家	iiic	8												大規模	浦和市遺跡調査会1993『大久保家家片町遺跡』他
32	五関中島	さいたま市五関	iiic	7													浦和市遺跡調査会1990『五関中島遺跡』
33	外東	さいたま市大水本	iiic	7													埼玉県埋文事業団1999『外東・神田天神後・大久保本里』
34	上円寺	富士見市東大久保	iiic	7													埼玉県埋文事業団1995『上円寺遺跡』
35	伊佐島	上福岡市駒林	iiic	7													埼玉県埋文事業団1992『伊佐島遺跡』他

第 2 章 弥生時代の集落　109

⑤小櫃川低地・小糸川低地

No.	遺跡名	所在地	立地	標高	中中	中後初	中後前	中後中	中後後	後初	後末	後前	後中	後後	古前	備考	文献
1	水泥	木更津市祇園	ii/iiic	3													千葉県文化財センター1998［木更津市水泥遺跡］
2	高砂	木更津市高砂	ii/iiic	4												大規模？	君津郡市文化財センター1999［高砂遺跡II］他
3	本郷3丁目	木更津市本郷	ii/iiic	(5)													君津郡市文化財センター1999［年報No.16］
4	比丘尼塚	木更津市本郷	ii/iiic	(10)												(後)住居4	君津郡市文化財センター2002［年報No.20］
5	松山	木更津市高谷	ii/iiic	(4)													木更津市教育委員会1999［木更津市内遺跡発掘調査報告書］
6	四宝塚	木更津市長須賀	ii/iiic	4												(後)住居2	木更津市教育委員会2001［四宝塚］
7	金鈴塚	木更津市長須賀	iic	3												大規模？	木更津市教育委員会1999［木更津市内遺跡発掘調査報告書］
8	四房	木更津市文京	iic	5													千葉県文化財センター2001［四房遺跡］
9	菅生	木更津市菅生	iiib	9													大場磐雄編他1978［上総菅生遺跡］
10	志野	木更津市望陀	iiic	11												大規模？	千葉県文化財センター1992［研究連絡誌］34
11	西阪	木更津市末地	iva	18													袖ヶ浦市教育委員会1997［古代探蓁発掘調査報告書］他
12	三箇	袖ヶ浦市三箇	iva	(23)													君津郡市文化財センター1989［三箇遺跡V］
13	丹過	木更津市矢那	ia	(25)												大規模	君津郡市文化財センター1988［丹過遺跡確認調査報告書］
14	大塊上野	富津市大塊	ia	(6)													富津市教育委員会2003［富津市内遺跡発掘調査報告書］
15	下谷	富津市上飯野	ii/iiic	7													君津郡市文化財センター1990［下谷台遺・下谷遺跡］
16	打越	富津市下飯野	iib	14〜19												大規模	君津郡市文化財センター1992［打越遺跡］
17	楢ノ台	富津市西和田	iib	11												大規模？	君津郡市文化財センター1991［楢ノ台遺跡］
18	川島	富津市大和田	iib/c	8〜10													君津郡市文化財センター1991［川島遺跡］他
19	大明神原	富津市西和田	iib	10													富津市教育委員会1975［大明神原遺跡］
20	南子安金井崎	富津市南子安	iva	26												(中期)方形周	君津郡市文化財センター1996［南子安金井崎遺跡］
21	常代	君津市常代	ib	15〜17												大規模	君津郡市教育委員会1996［常代遺跡］

注1）立地の"/"は"or"の意味。

注2）標高は遺構面の大まかな高さを示した。括弧は現地表面高。

注3）中期後葉の時期区分は、安藤広道1990［神奈川県下末吉台地における後期弥生土器の編年と地域性］『古代文化』42-6・7の5期区分を基準にした。

注4）後期の時期区分は、松本完1993［南関東地方における後期弥生土器の編年と地域性］『古代文化』の宮ノ台式土器の細分］『古代文化』42-6・7の5期区分を基準にした。

注5）■は住居址、周溝を有する建物址、方形周溝墓等、居住に関わる遺構の検出された時期を示す。
　　　は居住に関わらない遺構、あるいは土器のみが検出された時期を示す。
　　□は環濠集落の形成された時期を示す。

注6）文献は祗数の関係で代表的なものに限った。

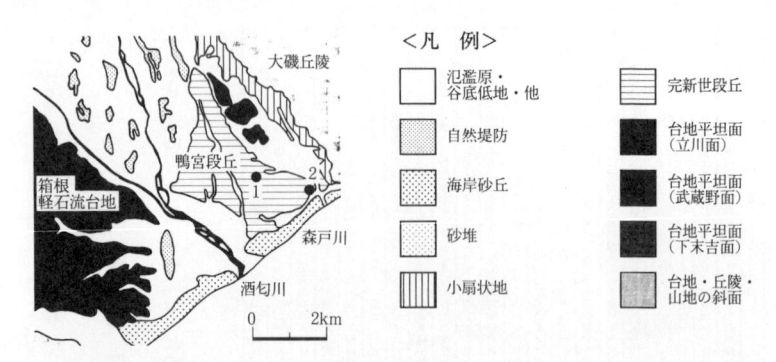

図1 足柄平野の「低地」集落（図中の数字は表1のNo.に該当する。以下図5まで同様）

　足柄平野の集落遺跡では、中里遺跡と三ツ俣遺跡が著名である。中里遺跡は、標高12m前後の鴨宮段丘に位置し、東側の森戸川の低地とは現状で2mほどの比高差がある。調査範囲からは、中期中葉と後期の集落が検出され、前者は居住範囲が4万m²に及ぶ大規模な集落、後者は周溝を有する建物からなる、後期前葉〜中葉の環濠集落と小規模集落である。一方、三ツ俣遺跡は、森戸川河口に近い標高6m程度の鴨宮段丘に立地する。こちらは中期中葉の土器がわずかに発見されており、その後、中期後葉の前葉〜末葉に比較的長く集落が営まれ、長い断絶期の後、後期後葉〜古墳時代前期の大規模な集落が形成される。
　これら平野の集落遺跡に対し、台地の集落遺跡は、主に酒匂川西側の箱根軽石流台地、東側の千代台地上に分布する。中でも広い平坦面をもつ千代台地の千代遺跡群は、後期に大規模な集落が形成されていたようである。箱根軽石流台地は起伏が大きく平坦面も少ないため、それほど大規模な集落はないようだが、中期中葉には集落が進出し、小田原（谷津）遺跡では、中期後葉に環濠集落が形成されていた可能性がある。また、大磯丘陵は、平坦面が存在しないこともあり、明確な集落遺跡は存在しないようである。

②湘南砂丘地・相模川低地（図2）
　湘南砂丘地は、相模川河口を挟み、高麗山山地東端から境川下流にまで広が

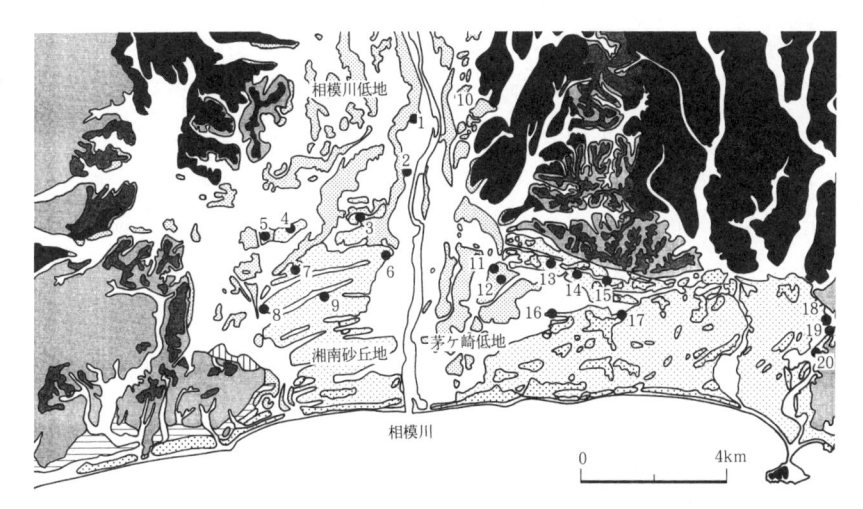

図2　湘南砂丘地・相模川低地の「低地」集落

る大砂丘帯で、相模川右岸で10数列、相模川と境川の間で5～6列の砂丘列が発達する。砂丘間には砂質低地が帯状に分布するが、相模川右岸の砂丘地北部や、左岸の小出川・千ノ川沿い（茅ヶ崎低地）では、自然堤防や後背湿地が複雑に入り混じった湿地が広くみられる。

　相模川低地は、湘南砂丘地の北側に広がる低地である。北側に扇状地状を呈する部分がみられるものの、その南側は東西5km前後、南北10km程度の広大な氾濫原を形成する。東の相模原台地、西の愛甲・伊勢原・北金目の諸台地から複数の小河川が流下し、谷底低地や小扇状地の発達がみられる。なお、氾濫原の傾斜率は1/1000以下の部分が多い。

　相模川右岸の砂丘地および相模川低地南部は、古代の遺跡が集中し、古くから多くの発掘が行われてきた地域である。弥生時代集落は、砂丘地北部から相模川低地南部の砂丘や自然堤防上にまとまる傾向があり、中期後葉初頭～後葉と後期後葉～古墳時代前期の集落が確認されている。これらの集落は、砂丘間低地や砂丘と自然堤防に挟まれた狭い後背湿地に面しており、小規模で継続期間の短いものが多いようである。

湘南砂丘地・相模川低地には、ほかに相模川低地東縁の倉見才戸遺跡、砂丘地東端の若尾山遺跡、茅ヶ崎低地を臨む砂丘・自然堤防上の遺跡群などがある。倉見才戸遺跡は武蔵野面相当の台地に立地するため低地の遺跡ではないが、沖積面との比高差は2mほどで、景観的にはこれまでの集落遺跡と大差ない。若尾山遺跡は、境川・柏尾川の低地に臨む砂丘裾部の砂堆に立地し、低地との比高差は2m前後である。若尾山遺跡の北東には、多摩丘陵の南端が迫るが、集落を形成し得る平坦面は存在しない。倉見才戸遺跡と若尾山遺跡は、ともに中期後葉に継続的な集落が営まれ、後期初頭の遺構が不明確になるものの、後期にも集落が形成される点で共通する。若尾山遺跡の規模は不明だが、倉見才戸遺跡では、中期後葉、後期前葉にそれぞれの時期に通有規模の環濠集落が形成されている。これらは、規模・継続期間ともに相模川右岸の集落遺跡群とは様相が異なり、むしろ台地上で検出される集落に近い。なお、茅ヶ崎低地一帯には、砂丘上に中期後半以降の集落が点在し、後期末葉以後、自然堤防上に小規模な集落が形成されたようである。

　さて、湘南砂丘地・相模川低地を取り巻く台地には、数多くの集落遺跡が存在する。その時空間的展開の概略は以下のとおりである。まず、中期中葉から中期後葉前葉には、愛甲〜北金目台地に小規模な集落が点在する傾向を示し、中期後葉前葉〜末葉になると、相模川低地東縁の相模原台地、相模川低地西側の上粕屋・北金目台地に環濠集落群が形成される。倉見才戸遺跡の環濠集落は、これら環濠集落群の一角を担うものである。

　その後、後期初頭には集落数が激減するが、最近、北金目台地や稲荷台地に比較的まとまった集落があることがわかってきた。次の後期前葉になると、西遠江・東三河の移住集団が、相模原台地から愛甲・伊勢原台地に環濠集落群を形成する。倉見才戸遺跡の後期の環濠集落もその一つである。一方、北金目台地一帯には、後期前葉から駿河〜東遠江の影響を受けた土器が展開し始める。そして後期中葉以降、いずれも急速に在地化が進み、同時に集落遺跡が増加して、小河川の中・上流まで集落の分布範囲が拡大する。後期後葉から再び湘南

砂丘地に集落が形成されるのは、こうした集落の増加に対応する可能性がある。

③滑川低地・田越川低地（図3）

滑川と田越川は、三浦半島基部を相模湾側に流下する小河川である。両河川の存在する三浦丘陵は高低差が大きく、低地を取り囲む丘陵上に平坦面はほとんど存在しない。ともに現在は河口付近に広い砂堆が発達し、その上流側に幅500m前後の狭い沖積低地が形成される。その傾斜率はやや大きく、中〜下流でも平均で2/1000を超える数値を示す。

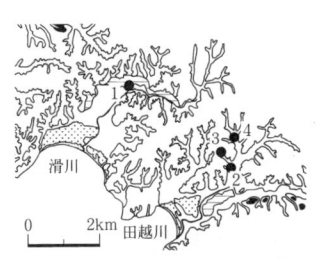

図3 滑川・田越川低地の「低地」集落

滑川の大倉幕府周辺遺跡は、北側のやや広い完新世段丘に立地する。調査面積が狭いものの、中期後葉の住居址が集中する地点と後期の住居が集中する地点があるらしい。また、中期中葉以降の土器が継続的に認められることから、地点をずらしながら、一帯に集落が継続的に展開していた可能性が考えられる。

一方、田越川流域の池子遺跡群では、支流の池子川の低地がほぼ全面的に調査され、丘陵裾部の微高地を中心に、中期後葉および後期後葉〜古墳時代前期の集落が検出されている。池子川下流の1−A地点で中期後葉の住居址が複数検出されたほかは、いずれも1〜数軒程度のごく小規模な集落である。なお、1−A地点では、弥生時代前期末〜中期中葉の土器や後期前葉の土器も散見され、近隣に小規模な集落が存在していた可能性も考えられる。

滑川の沖積地を取り囲む丘陵は急峻で、丘陵上に集落遺跡は確認されていない。一方、田越川流域には、南側の丘陵の中腹に、武蔵野面を中心とするわずかな平坦面があり、そうした場所に中期後半〜古墳時代前期の集落遺跡群が存在する。いずれも竪穴住居の密度が高く、わずかな平坦面を集中的に利用していたことがうかがわれる。

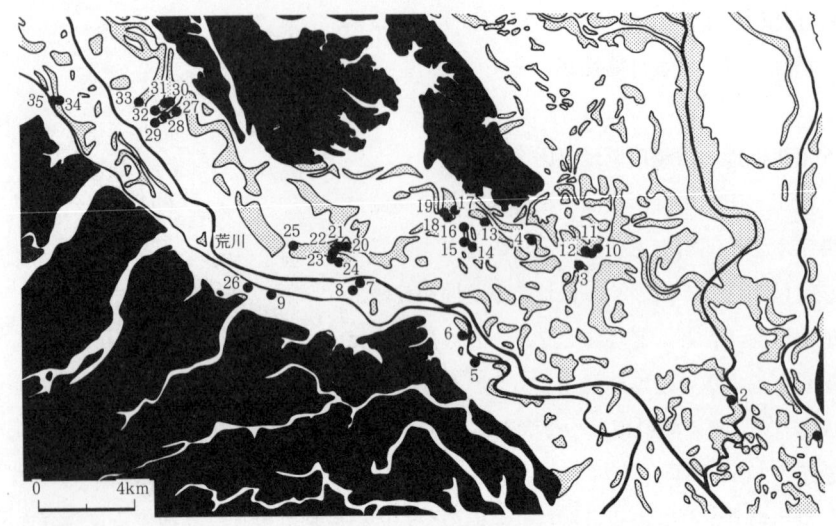

114 第3節 南関東地方における弥生時代集落遺跡研究の課題

図4 東京低地・荒川低地の「低地」集落

④東京低地・荒川低地（図4）

　東京低地は、利根川・荒川水系によって形成された三角州性の低地で、不規則な形状の低湿地と、自然堤防を含む不明瞭な微高地がモザイク状に展開する。一方、荒川低地は、武蔵野台地と大宮台地の間に形成された幅6～7km、長さ40kmに達する広大な低地である。全体に旧河道、後背湿地、自然堤防が発達しており、荒川低地が河川の乱流によって形成された氾濫原であることを物語っている。傾斜率は全体的に小さく、低地の遺跡がまとまる南東部では、平均傾斜率が0.4/1000以下となる。また、南北の台地から、複数の小河川が流入し、細長い谷底低地が形成されている点も特徴である。

　東京低地・荒川低地では、古くから弥生時代後期～古墳時代前期の遺跡が知られていたが、近年では、いわゆる周溝を有する建物址を中心とする集落遺跡が数多く発掘され、注目を集めている。今のところ、最も古くさかのぼる可能性があるのは本村遺跡で、中期中葉以前の土器底部を出土した竪穴住居が1軒検出されている。ただし、この土器が住居の時期を示すものかどうかは検討の

余地がある。この本村遺跡を除くと、他はすべて後期後葉〜古墳時代前期のもので、荒川低地の南東部から東京低地に分布し、台地から離れた自然堤防上に立地する。比高の高い部分では竪穴住居が、低い部分では周溝を有する建物が構築される傾向があり、立地条件に応じて居住施設の形態を変えていたことがうかがわれる。今のところ、弥生時代後期後葉の遺跡数は少なく、古墳時代前期に増加する傾向が顕著である。

　一方、東京低地・荒川低地を取り囲む台地には平坦面がよく残っており、武蔵野台地、大宮台地ともに、小河川の形成する谷底低地の出口付近や荒川低地を臨む場所に、中期後葉以降の集落が地点を変えながら継続的に営まれている。特に武蔵野台地北縁部の集落遺跡の密度はきわめて高く、中期後葉では環濠集落群が1〜数kmごとに、後期中葉以降には規模の大きな集落が軒を連ねるように形成されていたようである。

⑤小櫃川低地・小糸川低地（図5）

　ともに房総半島南東部の丘陵から北西方向に東京湾に流下する河川である。上中流では河成段丘が顕著にみられ、下流域には幅2〜4km程度の沖積低地が展開する。河口付近の三角州性低地には、蛇行する自然堤防と数列の海岸砂丘列が複雑な微高地を形成し、その上流側には氾濫原が形成される。さらに上流側では沖積面が下刻されて段丘化した部分がみられるようになる。特に小糸川では、こうした侵食段丘が台地・丘陵に沿って広く分布する。なお、沖積面の傾斜率は、両低地ともに河口から10km付近までが平均1.5/1000前後、低位の侵食段丘がみられる上流側ではより大きな数値を示す。

　小櫃川低地の北側と、小櫃川と小糸川の間には、主に武蔵野面相当の姉崎面・市原面からなる台地が広がっており、それぞれ袖ヶ浦台地、木更津台地と呼ばれている。ただし、両台地の様相は大きく異なり、袖ヶ浦台地の南縁には市原面が広く残るのに対し、木更津台地は開析が進行し、低地に面したあたりでは平坦面の少ない馬の背状の台地が卓越する。一方、小糸川低地の南側は起伏の

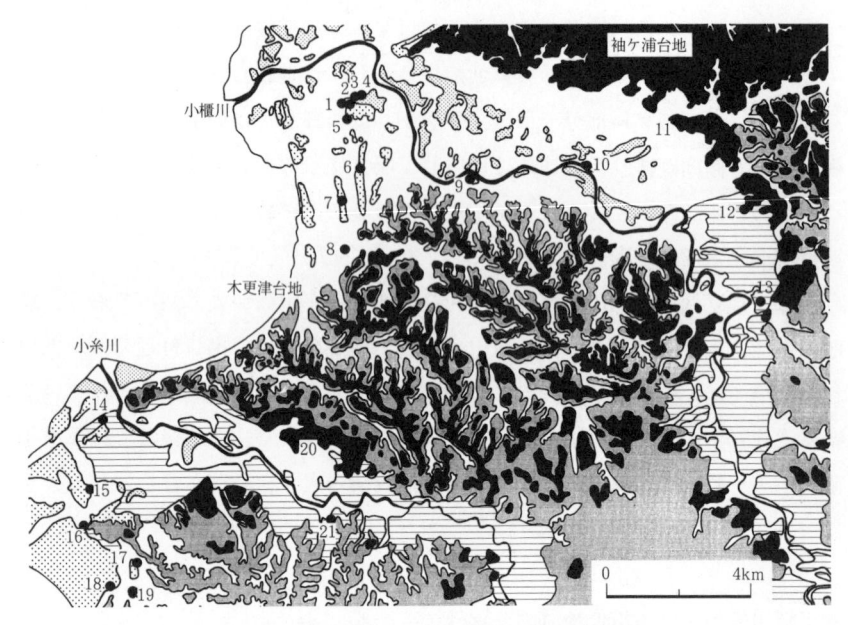

第3節　南関東地方における弥生時代集落遺跡研究の課題

図5　小櫃川低地・小糸川低地の「低地」集落

大きな丘陵で、平坦面はほとんど存在しない。

　この両河川の低地では、古くから弥生時代の遺跡が知られており、海岸砂丘に多くの古墳が存在することでも注目されてきた。近年の調査によっても、弥生時代集落遺跡の検出が続いており、両低地にはかなりの数の集落遺跡が存在しているものと考えられる。

　両低地の一帯には、中期中葉の段階ですでに規模の大きな集落（群）が形成されていたようである。常代遺跡は、背後に丘陵裾部が迫る小糸川左岸の侵食段丘に立地する。今のところ集落の実態が判然としないものの、後期初頭まで継続する方形周溝墓群の形成が中期中葉に始まり、かつその時点で後の造墓活動の展開を予測するかのように墓域の確保を行っていることから、居住域と墓域が計画的に配されたある程度の規模の集落が存在していたと考えられる。ただし、後期初頭で造墓活動は停止され、その後は、長い空白期を挟んで後期後

葉以降にわずかな遺構が形成されるのみとなる。

　中期後葉になると、常代遺跡のほかに、有名な菅生遺跡をはじめ、西原遺跡など、いくつかの集落遺跡が形成される。菅生遺跡は、南側から細い舌状台地が迫る自然堤防に立地し、中期後葉前葉～後期中葉の長期にわたり集落が継続していた可能性がある。また、西原遺跡は、立川面相当の南総Ⅰ面に立地し、中期後葉に環濠集落が形成され、その後、後期前葉までの土器が散見されるほか、古墳時代前期に再び大規模な集落が展開していたようである。なお、中期後葉には、ほかにも海岸砂丘を中心に集落遺跡の存在が確認されているが、今のところ大規模な集落とみられるものはなく、継続期間も短い。

　ところが後期になると、海岸砂丘を中心に、規模が大きくかつ時期的にも継続性の強い集落が形成されはじめる。小糸川南側の丘陵裾部の砂堆に立地する打越遺跡や、小櫃川の海岸砂丘／自然堤防に立地する高砂遺跡などがその代表的な例で、ともに遺構の密度が非常に高い。高砂遺跡では、高い場所に竪穴住居が、低い場所に周溝を有する建物が建てられており、同時に形態の異なる建物が存在していたことが明らかになった。このほか、中流域の河成段丘上にも、丹過遺跡などの大規模な集落遺跡が形成されていたようである。

　また、両低地には、こうした規模の大きな集落のほかに、遺構密度が低く継続期間の短い集落も散見される。後期初頭から古墳時代前期まで、各時期の集落遺跡が発見されており、ある時期に偏るような傾向は見られない。なお小櫃川流域の芝野遺跡からは、後期前葉の周溝を有する建物も検出されている。

　さて、台地に目を向けると、平坦面のよく残る袖ヶ浦台地南縁には、中期後葉以降の大規模な集落が密に分布し、集落の範囲を特定できないほど遺構密度が高くなっている。西原遺跡の中期後葉の環濠集落は、この袖ヶ浦台地に展開していた環濠集落群の一端を担うものである。一方、小櫃川南側の木更津台地には、広い平坦面が少ないため、大規模集落の形成は散発的となる。ただし、小櫃川の下流域から中流域に移行する左岸側には、市原面が広く残っており、一帯に中期中葉以降の集落が継続的に営まれる。特に向神納里遺跡では、常代

遺跡に匹敵する規模の中期中葉〜後葉の方形周溝墓群が確認され、やはり中期中葉から計画的に墓域の形成が行われていたようである。今のところ集落の様相は不明であるが、東に張り出す台地上の内出原遺跡と尾畑台遺跡に存在していたと推測される。

小糸川北側の木更津台地と南側の丘陵では、さらに平坦面が少なくなるため、規模の大きな集落の形成はいっそう限られる。ただし、南側の下流側に残る洪積世段丘上には、中期後葉〜古墳時代前期の大規模集落と推定される前三船台遺跡が存在し、上流側の市原面相当の平坦面をもつ舌状台地に位置する鹿島台遺跡でも、中期後葉〜古墳時代前期の竪穴住居が高密度で検出されている。鹿島台遺跡では、中期後葉と後期に環濠集落が形成されており、わずかな平坦面を集中的に利用していたことがうかがわれる。

4. 南関東地方における「低地」の集落遺跡の特徴

以上、南関東地方の主な低地・平野の集落遺跡を概観しただけでも、「低地」集落のあり方が、地域ごとに大きく異なっていたことが明らかになったと思う。南関東地方には、これらの地域のほかに多摩川低地、鶴見川低地など、今のところ弥生時代の「低地」集落遺跡の痕跡が確認されていない地域もあり、こうした地域ごとの多様性を踏まえた上で、「低地」の集落遺跡を検討することが必要になる。

さて、表1に記した立地の分類は、集落の形成された地形を、ⅰ：完新世段丘、ⅱ：海岸砂丘・砂堆、ⅲ：自然堤防、ⅳ：洪積世段丘に、台地や丘陵との関係を、ａ：平坦面をもつ台地の近辺、ｂ：平坦面のない丘陵の近辺、ｃ：台地・丘陵から離れた場所に分け、それを組み合わせたものである。地形分析に用いる分類としては大まかなものであるが、とりあえずこの分類によって、南関東地方の「低地」集落の立地の特徴を抽出してみたいと思う。

まず、はじめに注目したいのは、洪積世段丘のⅳａと河成段丘の発達する中

流域のⅰaを除き、aがほとんど存在しないことである。丘陵に囲まれた低地では、丘陵に近接するbが普通にみられ、かつ大規模な集落が形成されることも多いが、平坦面の残る台地に囲まれた低地では、いずれもcが中心となるか、低地の集落遺跡が存在しないことも珍しくない。つまり、台地の卓越する地域では、台地から離れた場所に集落を形成する場合を除き、台地に集落を形成しようとする志向が強く認められるわけである。また、洪積世段丘にaが存在するということは、景観的には差がなくとも、中位・高位の洪積世段丘と同じ表層の地質・土壌の条件をもつ点が認識されていたことを示している。

　次にcの立地を検討してみたい。cのうち、ⅰcには中期中葉の中里遺跡があり、ⅱcや砂丘に接した自然堤防（ⅱ/ⅲc）には、中期後葉から集落が形成される。これらの中には大規模なものや長期間継続する集落もみられる。一方、砂丘から離れたⅲcには、後期中葉以前の集落形成は稀で、あっても小規模かつ短期的なものとなる。同じ自然堤防でも、丘陵に近いⅲbの菅生遺跡は長期間継続していた可能性があり、ⅰbやⅱbの遺跡にも大規模な集落がみられることからすると、河道の変化などによって影響を受けやすい氾濫原中央の不安定さが、大規模または長期継続形の集落の形成を抑制していたと考えることもできる。ⅰc・ⅱcにおける大規模または長期継続集落の形成も、一般に離水した完新世段丘や砂丘・砂堆の方が自然堤防よりも安定的であることから説明が可能になろう。

　ところが、後期後葉以降の東京・荒川低地では、このようなcのあり方と大きく異なる集落立地がみられる。具体的には、ⅲcの集落が突如として出現し、古墳時代前期にかけて急速に増加するのであるが、これらは周溝を有する建物で構成される集落が多いのも特徴で、湿潤環境に適応した集落と評価できる。中には豊島馬場遺跡のように大規模な集落もあり、広い沖積低地に積極的に人々が進出していたことがうかがわれる。なお、多摩川低地でも、ⅲc相当の場所から古墳時代前期の土器が発見されており（浜田1998）、同じ頃に同様の集落の進出があった可能性が高い。

さて、以上のような南関東地方の「低地」の集落遺跡の立地の特徴を解釈する上で重要な意味をもつと思われるのが、低地の傾斜率である。私は、弥生時代に発達した小区画水田が、少ない労働力でも微傾斜地に広い水田を形成し得る灌漑技術であることに着目し、弥生時代に灌漑型水田稲作への集中現象が生じる要因の一つに、そうした技術的特質が、微傾斜をもつ沖積地が多い日本列島の地勢に適合したことを指摘したが（安藤2003b）、このことは、ここで取り上げてきた南関東地方の集落の立地を解釈する上でも有効と考えている。たとえば、中期中葉と後葉にｉｃの集落が形成される足柄平野は、傾斜率の大きい扇状地性の平野であり、中里遺跡・三ツ俣遺跡ともに森戸川低地の微傾斜を利用して水田を営んでいたものと考えていい。また、ｉｃの立地は、森戸川東側の大磯丘陵に、集落に適した平坦面がないがゆえの選択と理解できる。

同様に中期中葉から大規模な集落が形成される常代遺跡も、微傾斜をもつ完新世段丘面に立地し、また近接して大きな谷戸の出口が存在する。谷戸ではさらに傾斜率が大きくなり、出口付近には扇状地性の微傾斜面が形成される。常代遺跡では、実際にこうした傾斜面の方向に合致した灌漑施設が検出されており、やはり微傾斜面の水田利用に応じた立地と考えていい。なお、今回の分析から外した妻沼低地の池上・小敷田遺跡や北島遺跡・上敷免遺跡をはじめとする中期の集落遺跡群も、荒川による扇状地の扇端付近に集中する傾向が顕著である。不安定な氾濫原に立地するためか、分散的で短期的な様相が強いようにも見えるが、その立地には傾斜率や湧水の位置が深く関わっていた可能性が高い。

そうした観点からみると、南関東地方の弥生時代の「低地」集落にｂが目立つ背景にも、台地・丘陵縁辺に形成される微傾斜面の水田利用が関係していたとみて間違いなかろう。つまり、台地・丘陵の卓越する南関東地方では、広い低地の場合、その縁辺に可耕地が分布しており、そうした可耕地をめぐり、台地平坦面が残る場所では台地に、それがない場所では付近の微高地に集落が形成されたと理解できるわけである。田越川流域などの丘陵地帯で、丘陵のわず

かな平坦面に高密度で住居址が重複するのも、同様の理由からであろう。

　また、海岸部の砂丘地についても、通常、海面の下降にともなう砂丘列が形成される場合、古い砂丘から新しい砂丘の順に標高が低くなり、砂丘間低地も海側に向かって微傾斜をもつ傾向がある。市原市の市原条里遺跡では、砂丘と台地に挟まれた砂丘間低地に、台地側の水路から水を供給する中期後葉の小区画水田が広い範囲で形成されており、こうした場所がⅱb、ⅱc集落の水田として利用されていたと考えられる。

　このように見てくると、傾斜率のきわめて小さい東京低地・荒川低地中央部における、後期後葉以降の集落群の形成は、非常に特異な現象ということになる。一方で、逆にこの地域に後期中葉以前の集落が形成されない点については理解がしやすくなるだろう。であれば、後期後葉以降のⅲc集落の成立とその後の急増は、この時期に傾斜率の小さい低地を開発する技術が定着し始めたことを意味するはずである。その具体的内容や技術の系譜については今後の検討に委ねたいが、とりあえず後期後葉以降の遺跡数の爆発的増加に応じて、新たな耕地の開発が積極的に進められた結果と考えておきたい。

5．集落立地の理解に向けて

　以上のように南関東地方の弥生時代集落の立地を分析してみると、「低地」集落をめぐって、近年、幾人かの研究者が提示している解釈と大きく異なった理解が可能になってくる。

　まず、南関東地方における本格的な農耕集落の出現期である中期中葉については、このところ、「低地」に大規模な集落を形成する時期との評価が高まっている。たしかに中里遺跡と常代遺跡という重要な遺跡の調査が続く中で、こうしたイメージが形成されるのも致し方ないが、果たしてそう言い切れるかは慎重に判断する必要がある。先述のとおり、この二つの遺跡は、付近に台地平坦面のない場所に立地する。一方、よく見落とされているが、常代遺跡と同様の

方形周溝墓群は、台地の向神納里遺跡にも存在しており、台地平坦面の残る場所では台地に集落が形成されていたことも間違いない。つまり中期中葉についても、後の時期と同様の地形と集落の関係が認められると考えてなんら問題はないのである。

また、中期中葉の集落を「低地」志向と考える背景には、中里遺跡と常代遺跡、そして池上・小敷田遺跡を類似した集落とする評価も深く関わっているようであるが、この点も再考が必要と考える。常代遺跡や池上・小敷田遺跡の集落の全体像がわからない段階では、どのような推測も可能であるが、単純に見て中里遺跡と常代遺跡の中期中葉の方形周溝墓群の規模には差があり、常代遺跡に中里遺跡に近い規模の集落の存在を想定することはむずかしい。ましてや、小規模な集落が頻繁に移動するかのような池上・小敷田遺跡を、中里遺跡や常代遺跡と同列に扱うことには慎重にならざるを得ないのである。ここで妻沼低地の集落遺跡群について論じる余裕はないが、そこでは、大きな扇状地の扇端部分という地形環境に応じた、また別の集落展開があったと考える必要がある。

中期後葉に至っても、足柄平野ではⅰcの三ツ俣遺跡が形成され、小糸川では常代遺跡が継続する。一方、この時期には、南関東一円に環濠集落群を含む多数の集落が形成されるが、そこでは、台地・丘陵縁辺や海岸砂丘等に居住活動が集中し、台地平坦面のある場所では台地に、ない場所では微高地に集落が形成されるという、集落と地形との関係がいっそうはっきりする。この時期には、定型的な環濠集落の形成に適した平坦面を狙い撃ちするように集落が分布するようであり（安藤2003a）、台地志向がより強くなったと考えることもできる。となると、台地の集落群の近辺にも「低地」の大規模集落が存在するという想定（及川2003）は根拠がなくなるし、「低地」に占地するがゆえに地域社会の中核的集落と解釈すること（石川2000・2001）にも、無理があると言わざるを得なくなる。

そもそも、集落同士の機能分化や階層分化を「低地」か台地かといった単純な地形区分で論じるのは無謀であり、そのためには、少なくとも集落を構成す

る多様な遺構・遺物の分析が不可欠になる。たしかに、「低地」の遺跡では、有機質遺物が良好に残存するため、木器製作等が集中的に行われていたと考えられやすい。しかし一方で、その製作具類に、台地と「低地」で明確な差がないことにも注意が必要である。また「低地」に立地するがゆえに、水辺環境に関係する生業の比重が高まることも予想されるが、逆に居住施設をはじめ、墓域のあり方、土器・石器等の遺物の構成といった生活の基礎的な部分の共通性にも、もっと目を向けるべきではなかろうか。

さて、後期においても、基本的な集落と地形との関係は維持されている。ただし、小櫃川・小糸川低地で、ⅱcの大規模な集落が増加している点には注目しておいてもいいだろう。後期初頭は、南関東地方に限らず、日本列島の広い範囲で集落群のあり方に大きな変化が生じた時期である。その中で東京湾西岸や相模湾沿岸地域の集落遺跡数が減少するのに対し、東京湾東岸域ではむしろ集落遺跡数、集落規模が拡大する。そこでは南関東全体、またはそれ以上の範囲を巻き込んだ集落群の再編成があったと考えられる。

小櫃川・小糸川低地におけるⅱc集落の増加はこうした状況下で生じており、そこでは人口増加に応じた砂丘間低地の開発強化という背景が想定できるかもしれない。また、中期後葉の環濠が機能を停止し、集落の形態や規模に柔軟性が出てきたこと、さらに木更津台地や小糸川南側の丘陵に平坦面が少ないことも、そうした動きに拍車をかけていたはずである。これらの集落は、時に湿潤な土地へ展開することもあったようであり、その結果、周溝を有する建物がいち早く導入されることになった。

一方、海岸の砂丘列が発達しておらず、氾濫原の傾斜率も小さい東京低地や多摩川低地では、後期に至っても「低地」集落の形成は稀で、後期後葉までの人口増加によって、低地に面する台地上に居住活動の集中現象が生じていた。そして後期後葉以後の荒川流域においてⅲc集落の急増現象が生じるわけだが、その解釈はすでに述べたとおりである。

さて、本稿の大まかな地形分類で指摘できることはこれくらいである。それ

でも、「低地」と台地の集落をアプリオリに異なったものとみなす、近年の「低地」集落の評価の問題点は充分に指摘できたと思う。集落群の全体的な検討とは、台地や「低地」の集落を異なったものとすることから始めるのでなく、地形を含めた諸環境との関係に配慮しながら、遺構・遺物の分析を通して集落同士の関係性を捉えることだという点を忘れるべきではない。

　なお、南関東地方の弥生時代集落立地をめぐって、もう一つ注意をしておきたいのは、ここで述べてきた地形と集落立地の関係は、決して南関東地方のみの特徴ではないということである。弥生時代の集落立地というと、西日本を中心に「低地」の集落が圧倒的に多く見えることから、「低地」志向とされるのが一般的である。また、台地に数多くの集落が展開する集落群のあり方を、南関東地方の地域的特性と評価する意見も根強い。しかし、「低地」に大規模な集落が形成されるのは、西日本であっても山地・丘陵に囲まれた「低地」や広大な「低地」であり、南関東地方と同じように、平坦面のよく残る台地と「低地」が組み合わさる地域、つまり可耕地の近辺に台地平坦面が存在する地域では、福岡平野や筑紫野平野にしても、名古屋台地一帯や三方原・磐田原台地一帯にしても、台地に居住活動が集中することの方が一般的なのである。それはむしろ、弥生時代集落のスタンダードな立地のあり方の一つと言ってもいいだろう。

　蛇足だろうが、そうは言っても、集落の立地は、可耕地や集落形成適地の分布だけで決まるものではない。そこには、集落の形態や規模に対する観念をはじめ、地域内外のさまざまな資源分布、モノや情報の流通のあり方、協同作業の有無、分業の進展度、集団同士の緊張関係といった、多くの要因が複雑に絡んでいたはずである。また、そうした諸要因の主従も、地域・時期によって異なっていたと考えなければならない。南関東地方は、その中にあって地形と集落の関係が比較的単純なように思えるが、それはこの地域の社会がそれほど複雑化していなかったことの証左でもある。いずれにしても、集落立地の解釈は、集落を取り巻く諸環境・諸条件を総合的に把握しつつ個々詳細に検討すべき、集落遺跡研究の本質に関わる問題だということを忘れてはならないだろう。

引用文献

安藤広道「弥生時代集落遺跡研究雑感」『第5回例会発表要旨集 弥生集落論』中部弥生時代研究会、2002

安藤広道「弥生時代集落群の地域単位とその構造―東京湾西岸域における地域社会の一位相―」『考古学研究』第50巻第1号、2003a

安藤広道「弥生文化の多様性と水田稲作」『第4回大学合同シンポジウム 縄文と弥生 予稿集』2003b

石川日出志「南関東の弥生社会展開図式・再考」『大塚初重先生頌寿記念考古学論集』東京堂出版、2000

石川日出志「南関東地方弥生時代中期中葉の社会変動」『駿台史学』第113号、2001

岡本孝之「南加瀬貝塚の再発見」『神奈川考古』第39号、神奈川考古同人会、2003

及川良彦「関東地方の低地遺跡の再検討(4)―常代遺跡の評価を巡って―」『西相模考古』第12号、西相模考古学研究会、2003

田中義昭「南関東における農耕社会の成立をめぐる若干の問題」『考古学研究』第22巻第3号、1976

浜田晋介「多摩川低地の遺跡について(序説)」『川崎市民ミュージアム紀要』第10集、1998

（安藤広道）

第4節　原史集落の変貌
――荒川下流域の弥生～古墳時代へ――

1. 原史集落の研究課題

　日本考古学は、歴史学との関係で、旧石器・縄文時代の先史考古学、律令国家成立以降の歴史考古学に大別できる。両者の過渡的段階の弥生・古墳時代は、原史考古学とよび、紀元前後の1000年間以上が相当する。

　この段階の集落遺跡は、生業として農業生産を基礎とし、生活の開始時から廃絶時まで、全継続期間が同一面か、あるいは下層から上層に分かれて発掘される。おのおのの集落遺跡は、一世代限りの短期間に限定できる少数の単一時期の集落を除き、複数世代の新旧を含む何世代かの継続が多い。後者では、その同時存在の遺構を摘出して生活を復元し、具体的な実態を知るのが基本的な作業となる。この分析は、一時期に火山灰や洪水砂層で覆われた特殊な好条件の残存遺跡を除き、簡単に見えてきわめてむずかしく困難なものである。しかし、その成果によって、集落を形成した特定の家族集団の規模や性格の実態から、その変遷や歴史を具体的に知ることができる。

　集落変遷の分析は、土器型式の分類や編年と継続期間の時期から、遺跡内の世代交代や時間幅の検討を加え、相対年代から実年代まで確認できる可能性もある。

2. 集落遺跡研究の基本問題

　筆者の集落遺跡の分析は、主要なフィールドの荒川下流南岸地域で、武蔵野台地北縁の遺跡群で実施してきた発掘調査と、その整理と報告書の考察で実践してきた。その方法は、遺跡・遺構・遺物論の三位一体による総合的研究が必要なことを 1981 年から一貫して主張し実行してきた。

　集落遺跡の研究は、筆者らが発掘した成増一丁目遺跡（鈴木 1981、1992）や午王山遺跡（鈴木 1993）と、赤羽台遺跡八幡神社地区（鈴木 1991、大谷 1992）や氷川神社北方遺跡（鈴木 1989a）の、各調査報告書の考察で実践してきた。それらの考察を筆者は、『和考研究』II（1994）・IX（2000）で再編集し、方法論として整理して論じた。

　集落遺跡分析の基本は、遺跡・遺構・遺物の各分野を、個別的な方法で詳細に検討して時期分類し、各成果を矛盾なく総合的に整理し、集落を形成した家族集団の生活や変遷を復元し解明することである。各遺跡内の分析は、それらの遺存状態により異なるが、遺跡・遺構・遺物（土器）の各分類が、時期や時間尺度として、三者のどれが最も有効かの判断が重要である。検討した諸遺跡では、保存状態や調査範囲の現実的制約と、隣接の周辺遺跡情報を加え、発掘成果を慎重に比較し、より精度の高い成果を今後も確立すべきである。

　集落遺跡は、地域や時期別に検討する必要があるが、上記の諸遺跡で遺跡・遺構・遺物考察から、前二者の分類が世代を単位とするのに対し、後者の「土器型式」の分類を基礎とする編年では、必ずしも明確に世代分類ができない。原史集落の出土土器の分析では、最終消費地の集落で廃棄されたものが、在地の生産者や集団が異なる別系統資料と混在して発掘されるにもかかわらず、一括遺物として把握されてしまう問題もある。

　原史集落から出土する土器は、使用者自身が製作したとするよりも、大部分が専門的な生産者（専業・兼業的な製作者）によって作られ、生活圏内の交易

による交換で入手されたと見たほうがよいと考えている。少数の特定器種では、遠隔地からの将来品もあり、遠近の他地域で生産された土器が混在していた可能性が高く、石器や金属器のそれを考慮すれば、この指摘はより明確になると思う。各遺構から出土する土器が、どの地域でどのように製作され、交易により交換されたかを検討する必要が生じている。外来・在来系土器の研究は、近年の最も注目された分野で、土器の胎土分析から進展している。

　農耕集落の生活では、生活必需品の大部分を、自給自足によりまかなうと考えてきたが、初期から石器や木器など、特定産地の原料を使用して製作した製品が、最近の集落内での生産遺構の発掘から確認されている。これらの専業（兼業）的生産は、西日本の農耕社会先進地域のみならず、関東地方でも従来の想定以上の分業の進展が指摘でき、各地の石器材料の原石や木器生産の分析で、製作遺跡の実態が報告されるようになってきた。

　交換経済は、必要以上の余剰生産物の蓄積が前提であり、あるいは生活必需品となった各種の生産用具や奢侈品との交換機能が、毎年定期的に地域内のみでなく、他地域を含む市場として交易の場が発達していたことを、考古学的に検討するべきと考えている。

　早くから高床倉庫の存在は、生産物の貯蔵と再生産のための蓄積を目的としたと考えられてきたが、交換物資として私有財の積極的な蓄財の象徴と判断すべきであろう。当然、交換物資としては、直接生産物としての稲を中心とする穀物類や、地場の繊維製品の織物が主体であったとしても、各種の食料品をはじめ、市場ではあらゆる物資が交換されたと考えられ、西方の遠来からの客商がもたらす鉄製・青銅製・ガラス製・各種玉製品や、高級繊維製品などの将来も想定できる。残念ながらこれらの多くは遺存しないが、各集落遺跡出土の遺物と、墓域や古墳の副葬品として、それらの一部を知ることができ、その実態復元は可能である。

3. 集落分析の経過

　集落遺跡の分析は、最初に、同時に存在した竪穴住居址や掘立柱建物において、各遺跡の発掘担当者による同一生活の把握と確認が必要と考えてきた。良好な集落遺跡の発掘報告書では、多くの担当者が出土した土器を型式分類し、その細分と遺構の重複を利用し、新旧を確認して遺跡内の編年を作成するが、それがただちに同時存在や生活の証明とはなっていない。

　土器型式の継続年代は、通常 20 年間前後と想定され、それが一世代に近いことは、福田健司氏が近年、落川・一の宮遺跡の考察において、式年遷宮や掘立柱建物の建てかえ、職人の生涯で技術の習得、次世代への伝習期間、須恵器窯の操業の期間、型式変化などに言及し、「本遺跡でのタイムスケールとしての型式は 20 年とする」と熟慮の結果決定している。

　年代比定の根拠は、古墳時代の須恵器型式の研究成果と、歴史時代は文献史料から武蔵国分寺の創建瓦・再建瓦と、伴出する須恵器の生産を考慮して、「集落が形成された 4 世紀第 3 四半期第 0 段階を除き、1 段階以降連綿と確認できた 12 世紀第 2 四半期までの約 780 年間を 39 段階に細分し」て、各型式 20 年間の各段階の集落を設定して図示した（福田 2002）。

　この遺跡では、6 世紀代以前の第 12 段階までが 7 世紀以降の遺構に破壊され、古墳時代後期まで集落の想定は不可能だが、7 世紀代の第 13〜16 段階の 80 年間は、一部を除きほとんどの遺構で重複がなく、同時存在の可能性が高いが、さらなる厳密な検討が必要であろう。

　筆者の遺跡・遺構・遺物の三位一体法では、遺物出土がない遺構も、遺跡内の配置や方位による構成と、相互の間隔と使用尺度、各遺構の形態や付属施設の分類、他の遺構の出土土器の型式分類を用いた帰属時期の比較による決定から、その変遷を知ることができる。最初にこの方法を発表したのは、前述した 1981 年の成増一丁目遺跡の本報告だが、尺度使用の確認は、1980 年代後半に赤

羽台横穴墓の配置と規模の分析で確認した（鈴木1989b）。その方法を集落遺跡の分析に応用し、1991年の赤羽台遺跡群八幡神社地区の報告書の考察（鈴木1991）と、併行して分析した1992年の成増一丁目遺跡B地区の報告（鈴木1992）で発表した。さらに1989年の氷川神社北方遺跡の報告書（鈴木1989a）を1994年に再検討（鈴木1995）し、古墳時代前期から後期の集落では、遺構の配置で22.5・21cm・晋尺・高麗尺・唐尺の5段階の尺度を使用していたことを確認、2000年に土師器と須恵器の土器編年の遺物論を発表した（鈴木2000）。

以上の作業は、前述した『和考研究』II・IXのなかで「集落遺跡の基礎的研究」1・2として、構成と変遷・世帯と世代交代・古代戸籍との関係の私見をまとめた。

本集落論では、上述の自身の経過を基礎に、研究目的の人間集団が生活する場として、同時存在の復元とその変遷から、原史集落の分析意義を整理し、あわせて弥生～古墳時代の集落変貌の背景に対する私見を述べてみたい。

きわめて単純なことであるが、人間集団の基本単位は、大・中・小規模のあらゆる家族で、その構成は時代や地域によってさまざまである。近年の集落遺跡の大規模な発掘により、普遍的家族として把握できる複数集団が同時に存在して形成した遺跡も増加してきた。単一の数棟で構成する住居址群（小グループ）は、ただちに単独家族と認定できるのか、その内部にある2～3棟の組合せの意味も、より小さな集団の最小グループが何かも問題となる。

4. 白子川下流域の集落遺跡

成増一丁目遺跡は、最小の家族集団の単独世帯が形成した原史集落である。集落の時期は、弥生時代後期後半から古墳時代前期までI～VII期の7期に分かれる。集落構成の変遷は、論証過程は割愛するが、I～II期が後期後半で尺度は19.8 cm、III～IV期が終末期から前期初頭の過渡期で前者は21.7 cm、IV～V期の前期前半で21 cm、大形住居を中心に倉庫が出現し、その建てかえと一部の

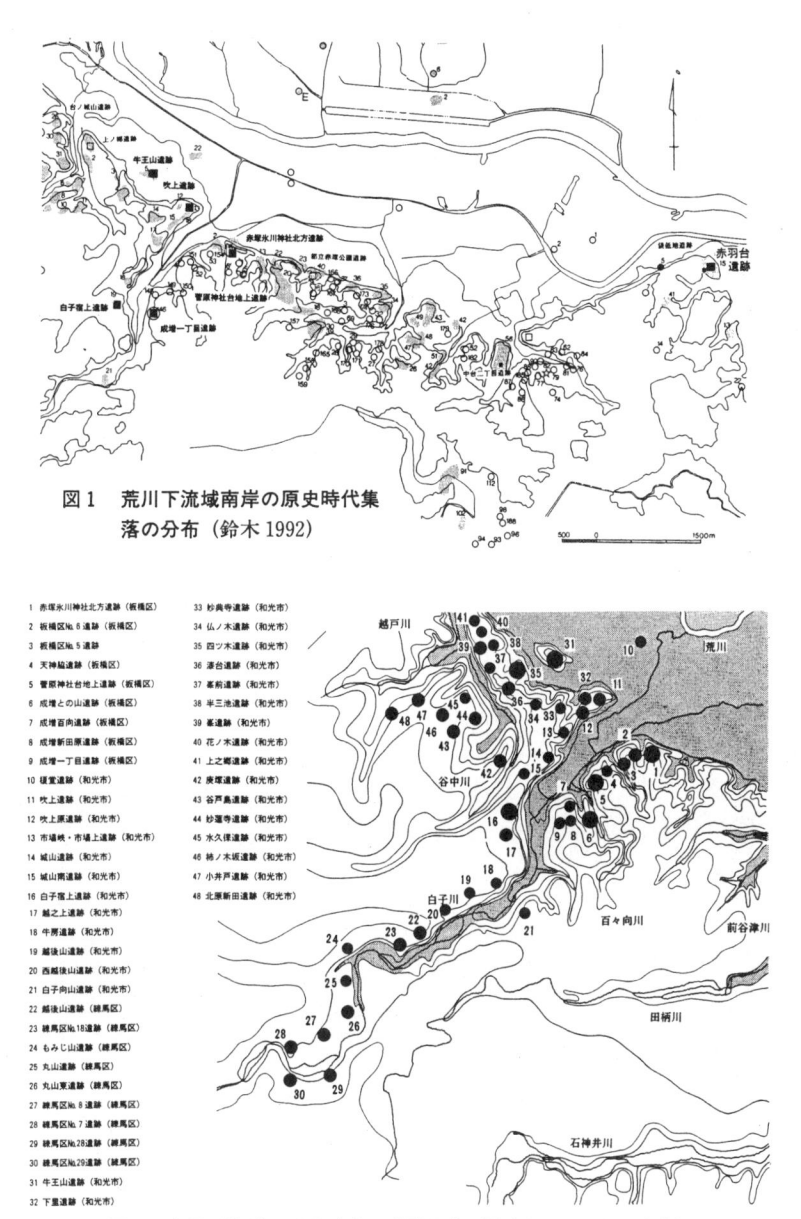

図1　荒川下流域南岸の原史時代集落の分布（鈴木1992）

1 赤塚氷川神社北方遺跡（板橋区）	33 妙典寺遺跡（和光市）
2 板橋区No.6遺跡（板橋区）	34 仏ノ木遺跡（和光市）
3 板橋区No.5遺跡	35 四ツ木遺跡（和光市）
4 天神脇遺跡（板橋区）	36 源台遺跡（和光市）
5 菅原神社台地上遺跡（板橋区）	37 苔前遺跡（和光市）
6 成増との山遺跡（板橋区）	38 半三池遺跡（和光市）
7 成増百向山遺跡（板橋区）	39 基遺跡（和光市）
8 成増新田原遺跡（板橋区）	40 花ノ木遺跡（和光市）
9 成増一丁目遺跡（板橋区）	41 上之郷遺跡（和光市）
10 霊堂遺跡（和光市）	42 庚塚遺跡（和光市）
11 吹上原遺跡（和光市）	43 谷戸島遺跡（和光市）
12 吹上遺跡（和光市）	44 妙蓮寺遺跡（和光市）
13 市場峡・市場上遺跡（和光市）	45 永久保遺跡（和光市）
14 城山遺跡（和光市）	46 柿ノ木坂遺跡（和光市）
15 城山南遺跡（和光市）	47 小井戸遺跡（和光市）
16 白子塚上遺跡（和光市）	48 北原新田遺跡（和光市）
17 越之上遺跡（和光市）	
18 牛房遺跡（和光市）	
19 越後山遺跡（和光市）	
20 西越後山遺跡（和光市）	
21 白子向山遺跡（和光市）	
22 越後山遺跡（和光市）	
23 練馬区No.18遺跡（練馬区）	
24 もみじ山遺跡（練馬区）	
25 丸山遺跡（練馬区）	
26 丸山東遺跡（練馬区）	
27 練馬区No.8遺跡（練馬区）	
28 練馬区No.16遺跡（練馬区）	
29 練馬区No.28遺跡（練馬区）	
30 練馬区No.29遺跡（練馬区）	
31 牛王山遺跡（和光市）	
32 下里遺跡（和光市）	

図2　白子川流域の原史時代の遺跡分布（鈴木編2004より改変）

132　第4節　原史集落の変貌

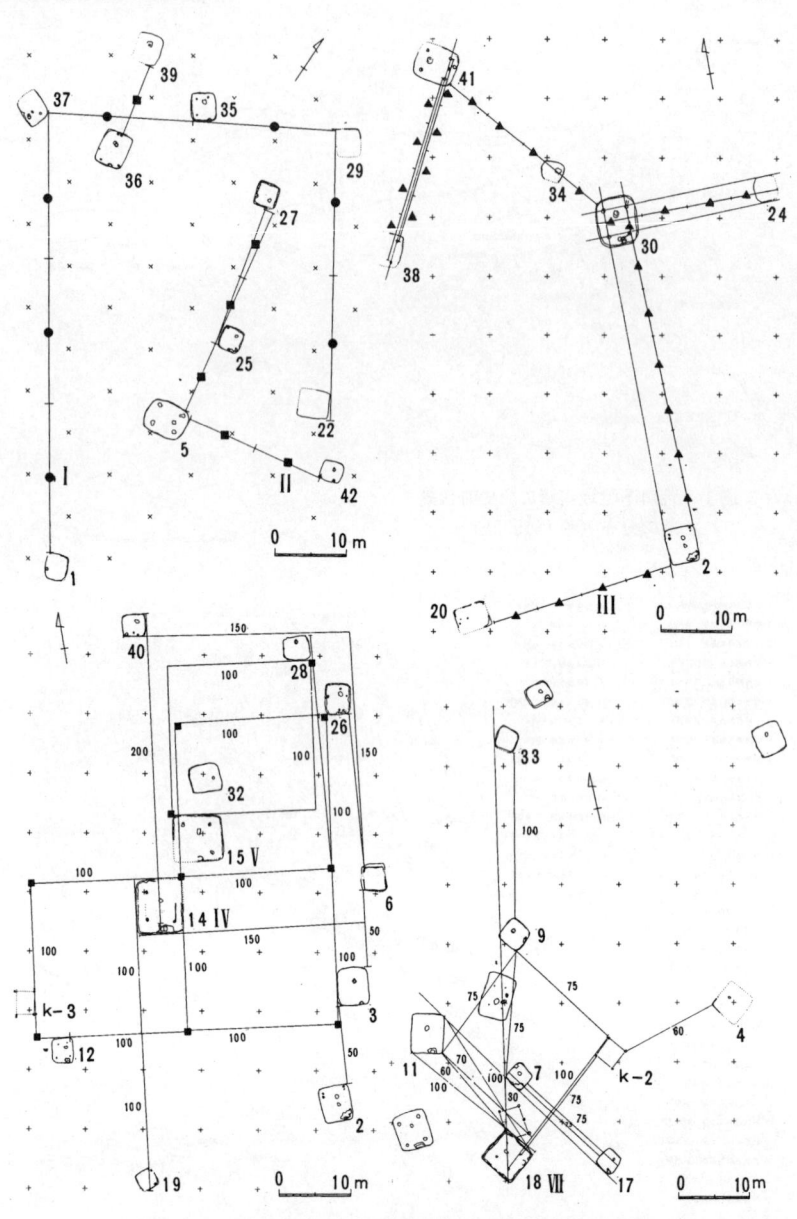

図3　成増一丁目遺跡の集落変遷（鈴木1981より改変）

第 2 章 弥生時代の集落　133

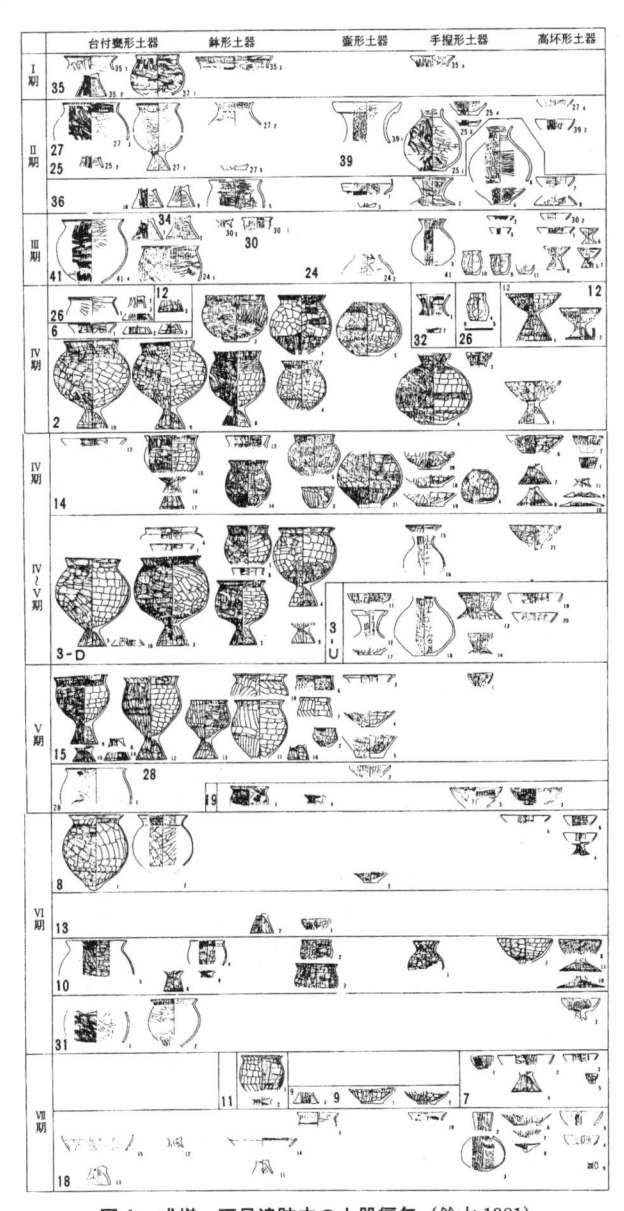

図 4　成増一丁目遺跡内の土器編年（鈴木 1981）

中・小形住居の継続があり、古墳時代前期後半でⅥ～Ⅶ期、22.5cmの漢尺に近い数値となる。

Ⅳ期以降の集落構成は、倉庫と考える掘立柱建物が各1棟加わり、大形住居中心から倉庫中心へ構成が変化することも確認できた。7期の大形住居址の建てかえは、10数年から20年前後とすれば、100～150年前後の変遷で、7世代の交代を示すと考えているが、土器型式や編年的な分類でも矛盾はない。ただ、報告書の段階では、遺跡内で各期の型式設定が可能な出土量を、すべての時期で満たしていたとはいえない。土器型式の分類は、最近までの調査で隣接する遺跡群の豊富な資料を加えて検討ができるようになったが、小地域の遺物（土器）論は、別の機会としたい。

氷川神社北方遺跡は、荒川下流域南岸の白子川水系の拠点集落で、弥生時代中期から奈良時代まで約1000年つづく長期継続の集落だが、弥生時代の遺構は、古墳時代以降の住居址に多くが壊され、集落構成の分析がほとんどできない。古墳時代前期の集落は、調査範囲の制約で一部分の復元だが、主要部の大形住居址を中心に中形・小形住居址と、掘立柱建物の配置とその変遷も、最初から22.5cm尺で復元できる。

古墳時代前期の集落変遷は、大形126号→89号→205号→320・4号住居址まで中・小形住居址群との推移として分類できるが、詳細は図示した22.5cm尺の数値が根拠である。大形126号住居址群のⅠ期は、中形の260号と小形の172・145号住居址に、規模不明の316号と小形の82号住居址の6棟である。大形89号住居址群のⅡ期は、中形の94・24号と小形の234・271・129号住居址の6棟である。大形205号住居址群のⅢ期は、中形の65・255・305・61号と小形の257号の6棟だが、65号→61号で新旧の建てかえがある。

古墳時代前期最後で、遺跡内最大規模の大形4号住居址群のⅣ期は、中形の115・311号住居址と小形の271・98号住居址の5棟に、1間2間の2号倉庫址から2間4間の1号大形掘立柱建物への2棟と、その西側で大形320号住居址と中形80号住居址に小形83号住居址の3棟があり、これら10棟が同時期の集

第2章 弥生時代の集落　135

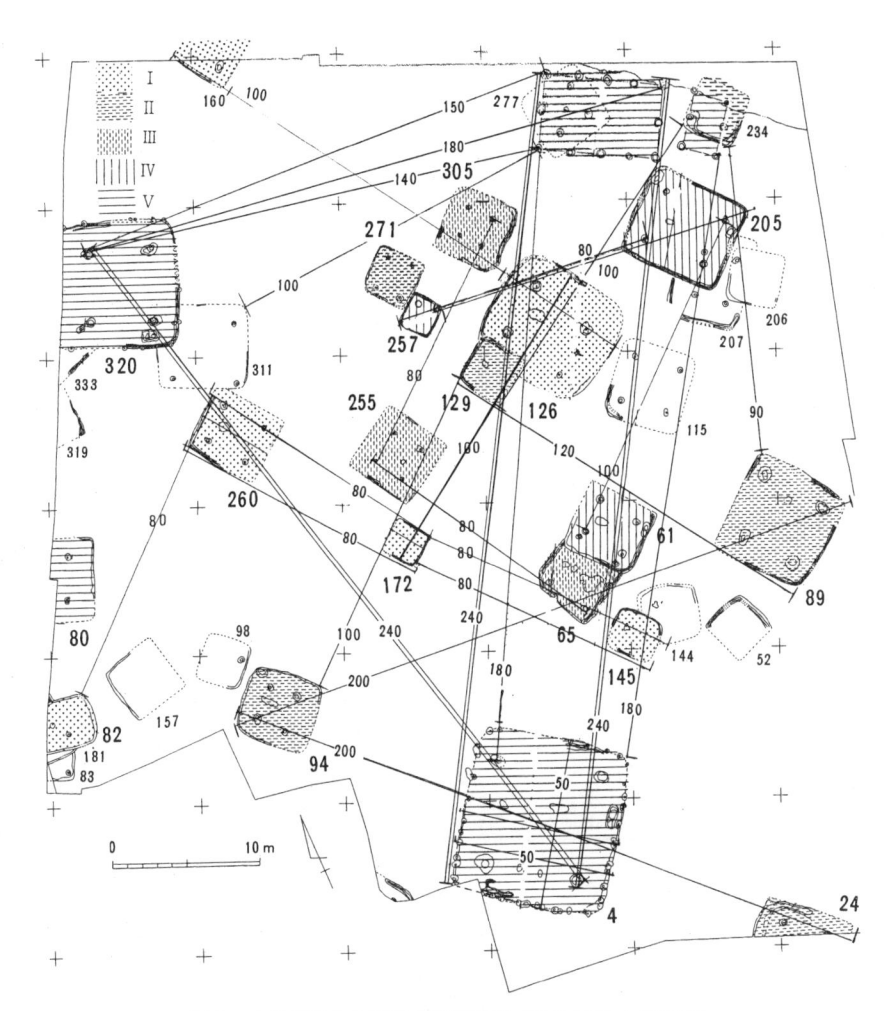

図5　氷川神社北方遺跡の集落変遷（鈴木2000より改変）

落に近いが、すべて同時構築でないことは重複と接近で知ることができる。この10棟の構成は、相互の関係から構築順を検討でき、倉庫と掘建柱建物が、大形4号住居址との配置で継続的で、西側の大形320号住居址とも相互の間隔や、柱穴が対角線の同一線上で尺度を使用した計画的設定と判明している。

図6 氷川神社北方遺跡内の土器編年（鈴木2000）

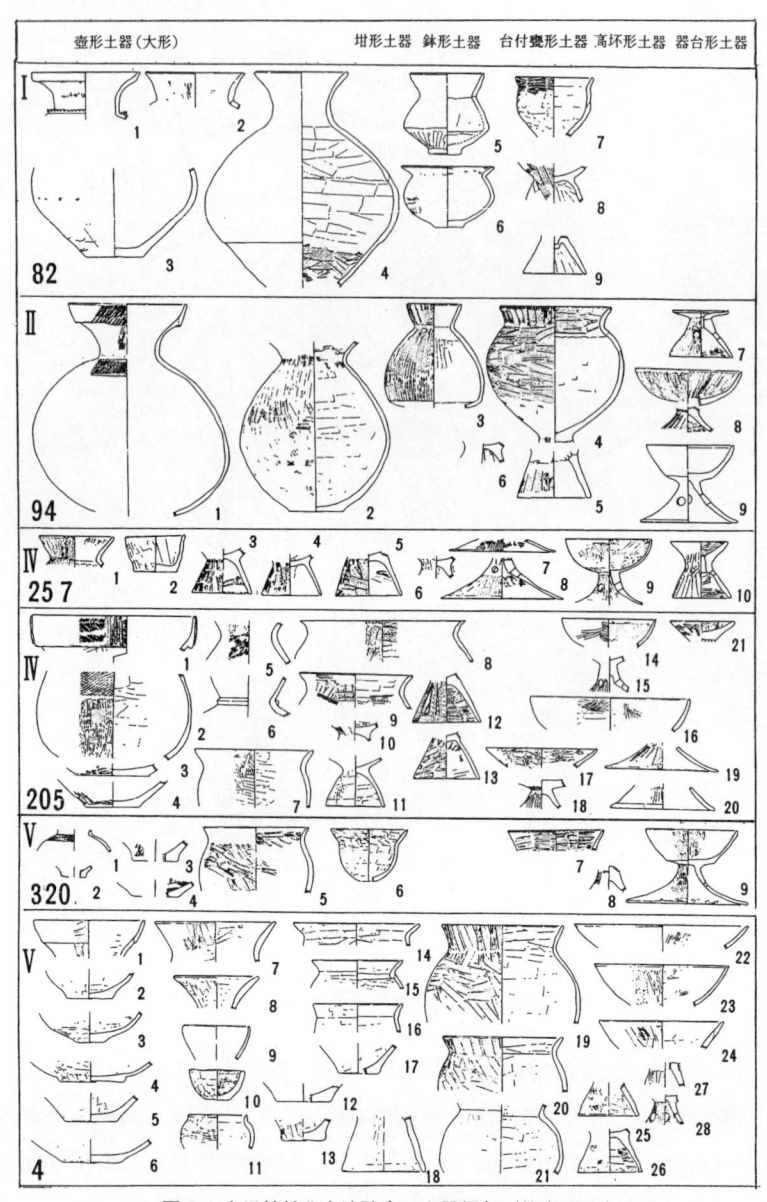

Ⅰ～Ⅳ期の集落変遷は、各期住居址群出土土器の型式的特徴と編年的操作から、上・下限を知ることができる。Ⅰ期の土器は、126号住居址群の82号住居址資料で、在来系弥生式土器の壺・鉢・高坏・台付甕形土器に、短い段の口縁部と頚部凸帯に刻みの外来系壺形土器が伴出する。Ⅱ期の土器群は、大形89号住居址群の中形94号住居址出土の一括資料で、在来系の壺・台付甕形土器と、外来系の高坏・器台・坩形土器の対照的な組成である。

　Ⅲ期の土器群は、大形205号と小形257号住居址出土の資料で、在来系の壺・台付甕形土器と、外来系の高坏・器台形土器が出土している。Ⅳ期の土器群は、大形320・4号両住居址出土の資料で、在来系の土師器化した壺・台付甕形土器と、外来系の小形壺・高坏形土器が出土している。

　大・小掘立柱建物は、北側の低地から見上げると、南側の台地上で接するように並んで建てられ、この集落の富と力を象徴する施設と考えられ、最大規模の大形4号住居址との組合せが、この流域での有数の拠点集落であったことを雄弁に物語るものである。

　本遺跡で22.5cm尺の出現は、Ⅰ期の集落配置で確認し、土器は82号住居址出土品だが、成増一丁目遺跡では、Ⅵ期にはじめて採用され、古式土師器は外来的特徴が主体的となり、土器と尺度の変化が関連すると指摘できる。

　氷川神社北方遺跡では、使用尺が4世紀末か5世紀初頭に21cm尺の復活が確認でき、赤羽台遺跡でも同じ現象が確認できる。5世紀中頃からは、晋尺24cmが1世紀以上も長期間継続して使用され、6世紀後半には、突然に高麗尺が短期間採用され、6世紀末か7世紀はじめに唐尺となり、8世紀以降も継続する（「氷川神社北方遺跡の研究」（Ⅰ）『和考研究』Ⅱ、1994）。

5．荒川河口南岸の拠点集落

　赤羽台遺跡は、荒川下流域南岸の河口に近い拠点集落で、弥生時代中期後半から古墳時代前期まで継続するが、中期と後期は断続的で衰退し、後期古墳も

138 第4節 原史集落の変貌

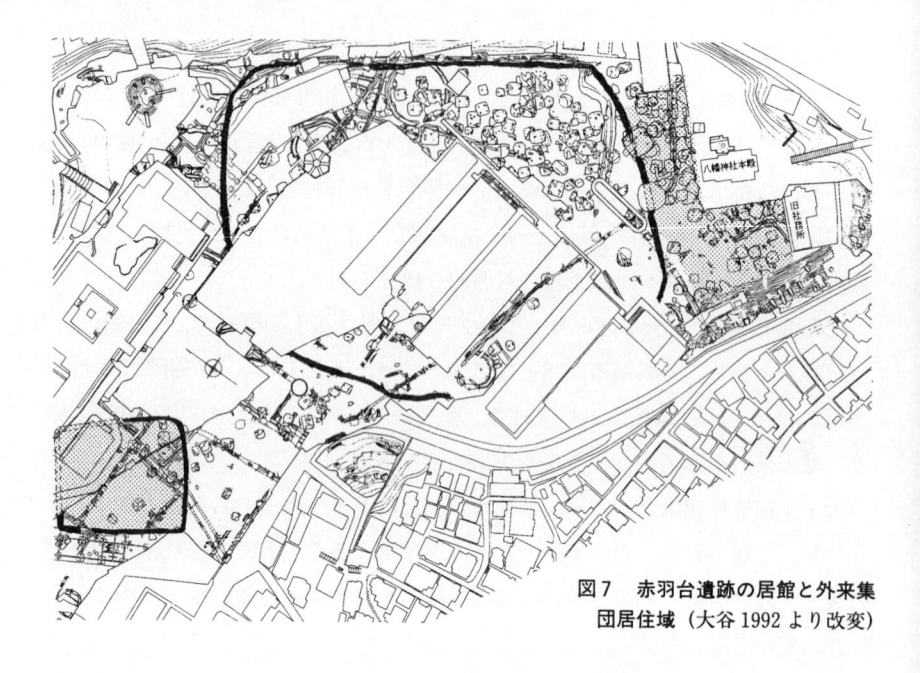

図7 赤羽台遺跡の居館と外来集団居住域（大谷1992より改変）

築造され、さらに終末期から横穴墓も造営され、歴史時代の住居址も発掘されている。本集落遺跡の最盛期は、弥生時代後期から古墳時代前期の移行期で、断面S字状口縁の台付甕形土器の伝播を指標として、東海系土器の増加を背景に交易活動の本格的開始を示し、南岸台地上の重要な拠点集落である。弥生時代の集落は、中期後半の宮ノ台式期の住居址が24棟あるが、環濠集落は後期以降で、古墳時代前期までに228棟の住居址が発掘されている。

　本集落の環濠は、古墳時代前期までに埋没して機能が停止し、上に住居がつくられている。古墳時代前期には、新たに西側に方形区画の居館が形成された。台地先端の南東側では、S字口縁甕を煮沸の主体とする外来系集団の単独世帯があり、先行する大形のYK-100号住居址が、東環濠と重複して構築されている。同期の一部の2・3棟は、環濠内側に及んで形成されている。大形YK-100号住居址群と、それ以降のⅠ～Ⅲ期の変遷は、外側の八幡神社地区でⅠ期の大

第2章 弥生時代の集落 139

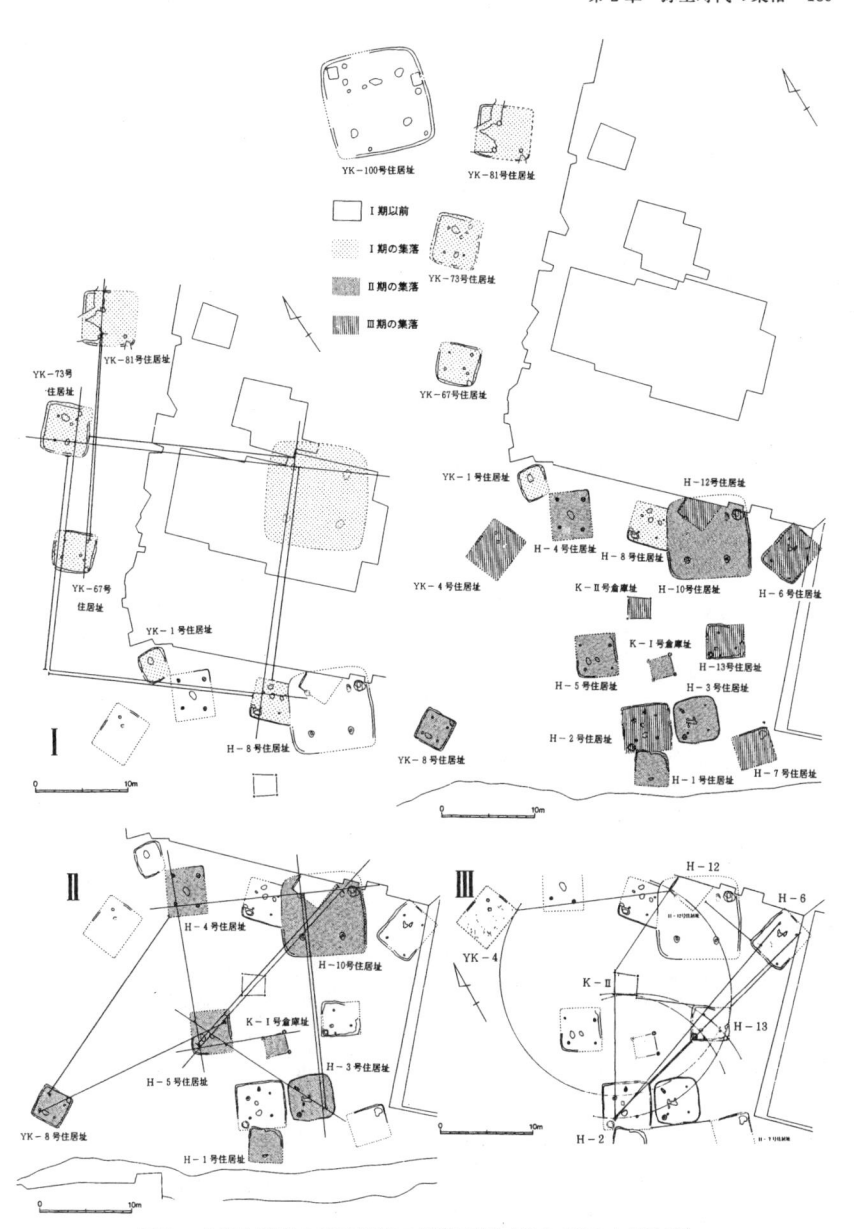

図8 赤羽台遺跡の外来集団の集落変遷（鈴木1991より改変）

140　第4節　原史集落の変貌

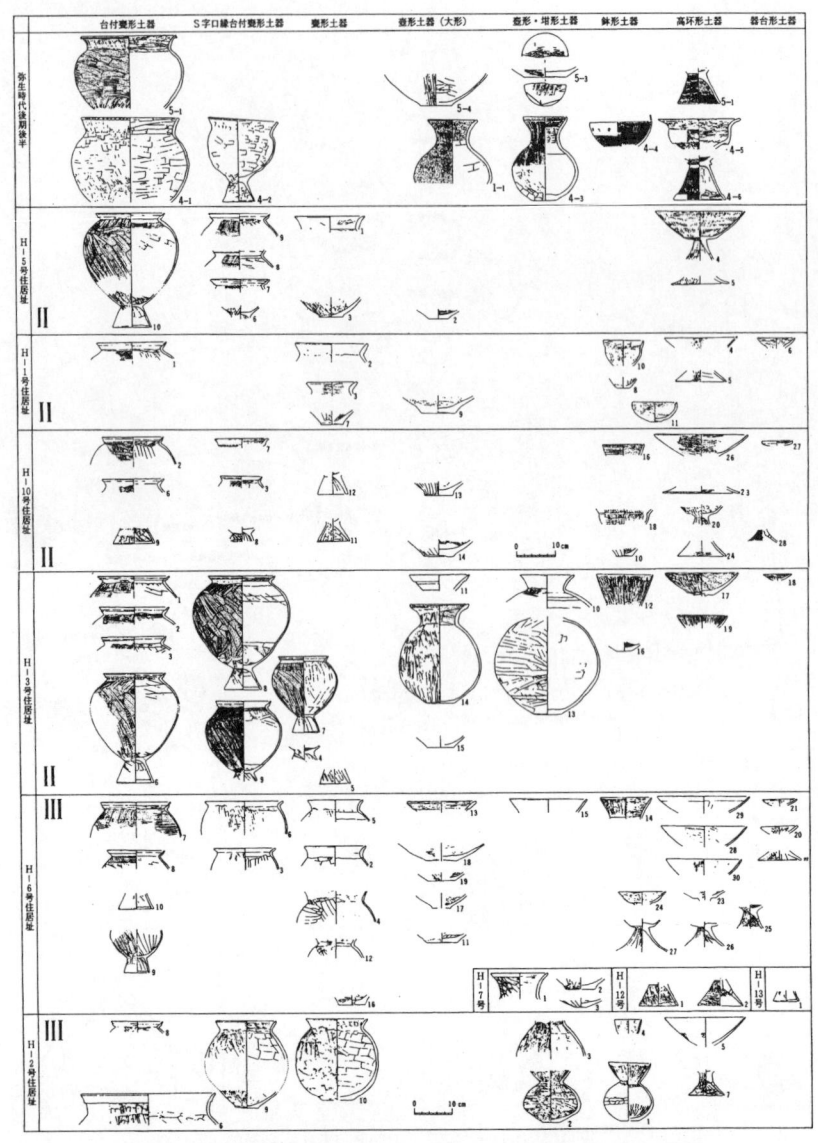

図9　赤羽台遺跡の外来集団の土器編年1（鈴木1991より改変）

第 2 章 弥生時代の集落 141

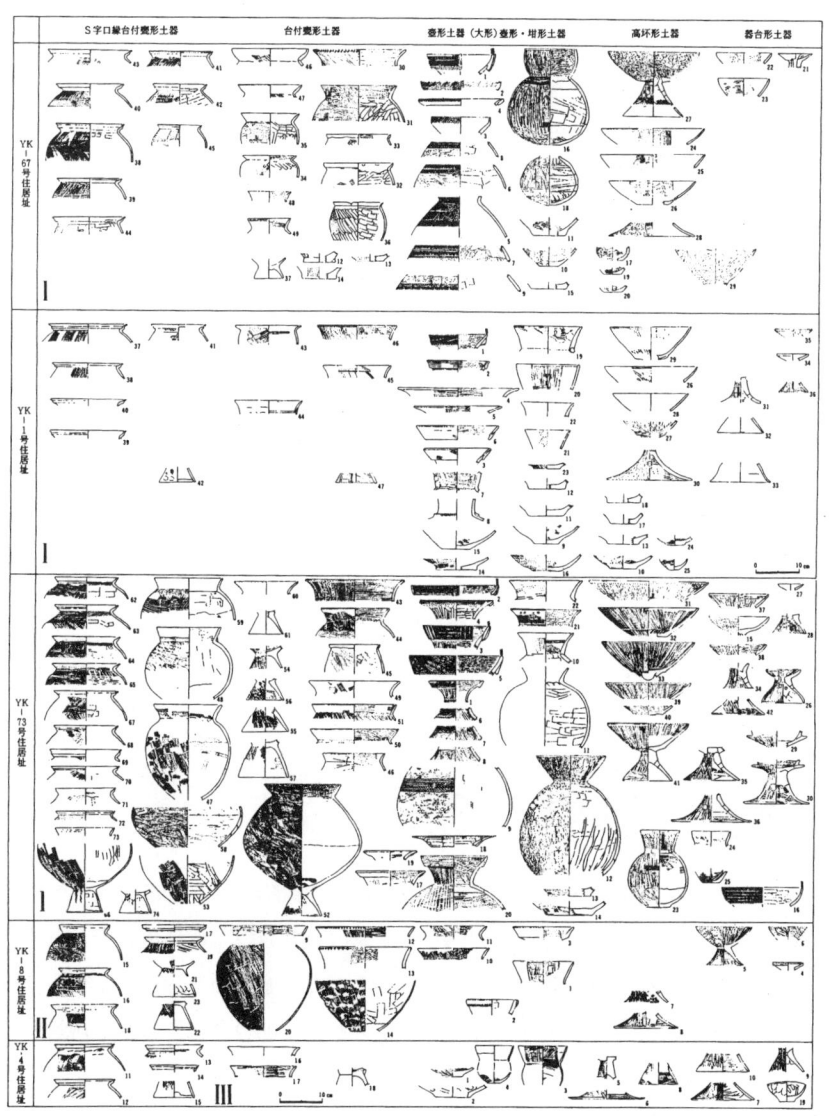

図 10 赤羽台遺跡の外来集団の土器編年 2 （鈴木 1991 より改変）

形は未確認だが、II期に大形10号住居址群や倉庫と、22.5cm尺による計画的な配置と規格があり、III期の4世紀末か5世紀初頭に在来の21cm尺への変化が確認され、氷川神社北方遺跡と共通の尺度使用である。

弥生時代後期の環濠集落から前期集落は、228棟の詳細な検討が未完成で別稿を期したいが、古墳時代の集落構成の概要は、前述のように環濠の西外側に首長居館があり、東側に外来系集団の住居域がある。前者は、内部が不明だが溝中の土器で時期と性格の一端が分かり、後者は3～4期の変遷が確認できる。

本遺跡は、臨海性で河口の拠点集落として、特徴的な集落内祭祀の開始や継続、新尺度の伝播、外来系土器を主体に使用する集団の居住があり、これらは内陸の遺跡へ拡散していく。

荒川下流域南岸の遺跡における22.5cm尺の採用は、弥生時代から古墳時代に移行する指標の一つであり、新時代を象徴する伊勢湾以西の外来系土器が、突然に交易ルートに沿って集中して大量に出現する事実と、集落内祭祀の登場とも軌を一にする現象である。赤羽台遺跡は、南岸諸遺跡へ交易活動の拠点的役割を果たした可能性があり、22.5cm尺による集落設定は、その影響と考えている。

6. 弥生時代から古墳時代の集落へ

南岸流域の拠点集落である赤羽台遺跡では、弥生時代から古墳時代への移行を契機として、複数の世帯が共同体として生活していた環濠集落に変わって、特定家族の富裕な有力家族が豪族居館として、方形溝区画を造営している。氷川神社北方両遺跡では、大形掘立柱建物と大形住居址の存在により、両遺跡での前期集落の発展は、この地域での有力者層の出現を雄弁にものがたっている。弥生時代の集落でも大形住居址の存在は、両遺跡でも確認でき、南関東地方の環濠集落での倉庫の構築も調査されているが、集落全体の共同管理と考えられてきた。白子川流域での倉庫は、弥生時代後期に出現が確認でき、菅原神社台

地上遺跡（比田・鶴間 1997）では、調査区の中央・南・北・西の4地点に2・2・1・3棟の計8棟があり、時期の分析が必要だが、複数の世帯が別々に倉庫を所有した可能性がある。隣接する成増との山遺跡（藤波 2001）でも、単独世帯と考える数世代の計9棟の住居址と倉庫が1棟発掘されている。

古墳時代前期には、上流域の成増一丁目遺跡やその対岸の白子宿上遺跡（竹石・鈴木 1994・1995・1998・2001）でも、単一世帯が倉庫を継続して構築し、大・小の各世帯が富の蓄積を進めていたことが判明している。前者では、大形住居址を中心に中形・小形住居址6～7棟と倉庫1棟のⅣ～Ⅴ期の配置に対し、Ⅵ期とⅦ期は大形住居址が小規模化し、倉庫を中心に各住居址が設定されてくる。この集落構成の変化は、白子川流域で古墳時代前期になると、新興の小規模世帯でも、倉庫を中心に家産が蓄積・保管されたことを示すと考えている。

古墳時代前期の氷川神社北方遺跡では、成増一丁目遺跡の倉庫床面積9～12 m^2 に対し47 m^2 と4～5倍の規模となり、世帯数の想定とも一致する（鈴木 1998）。ただ、遺跡の性格は、後者が地域で農耕社会当初からの拠点集落であり、前者は数世代で新興の支谷奥への開拓小世帯という差がある。両遺跡の共通性と異質性は、白子谷の開発と農耕社会の発展の過程で生じたもので、古式土師器の外来系土器の様相や比率に明確に現れている。

7. 原史集落の時代区分

弥生時代と古墳時代の区分は、現在も考古学者の間で多くの議論があるが、その原因は古墳に対する評価であり、その出現した年代も2世紀末か、3世紀中頃以降とするかで意見が分かれる。当然、邪馬台国の卑弥呼時代の3世紀前半は、弥生時代か古墳時代かの見解も分かれる。歴史学者の邪馬台国問題は、未だに畿内説と九州説の議論があるようだが、考古学者で九州説を説く人は、ほとんどいないと思う。この問題に対する卑見は、10余年来発表してきたが（鈴木 1994・2003a・2003b ほか）、詳述の場ではなく、以下論旨に関連する結論だ

け記述する。

　2世紀末の倭国大乱で、吉備の大首長であった楯築古墳の被葬者か、後継者（鯉喰神社古墳の被葬者か）を有力構成員として、ヤマト纒向遺跡で天的宗儀の青銅鏡を使用する祭祀同盟により邪馬台国の卑弥呼が共立された。その晩年、3世紀中頃に三河東部以東の、三遠式銅鐸による地的宗儀の祭祀同盟の狗奴国との対立が、『魏書』東夷伝に記録されている。

　東方世界との交易は、東三河から西遠江が中枢の狗奴国が、伊勢湾以西の邪馬台国祭祀同盟との直接交易を阻んでいた。両者対立の原因は、青銅鏡の天的宗儀の新祭祀同盟を採用した邪馬台国に対し、三遠式銅鐸の地的宗儀の弥生時代からの旧祭祀同盟による宗教対立か、あるいは邪馬台国側が広大な東方世界に直接進出を意図したかであろう。いずれにしろこの対立は、3世紀中頃以降に邪馬台国側が主導権を獲得し、それは纒向遺跡辻土壙4出土の駿河系大廓式土器伝播で知ることできる。

　荒川下流域南岸における弥生時代から古墳時代への変化については、弥生後期に和光市午王山遺跡の環壕集落から発掘された銅鐸形土製品や青銅製指輪と、菊川式系の外来土器や火皿式炉の伝播から、静岡県内の諸遺跡との関連を知ることができる。その背景には、三遠式銅鐸による祭祀同盟中枢の東三河以東の寄道式土器から三河欠山式土器の狗奴国との交易を想定できる。

　狗奴国の祭祀同盟による交易は、弥生時代後期の東日本各地の諸遺跡から出土する青銅製・鉄製金属製品やガラス・石製玉類と、遺存率は少ないが絹製高級繊維製品が想定できる。その動向は、東三河から遠江の東海系土器が、相模湾から東京湾西岸の諸遺跡で出土し、さらに火皿式炉の採用などが、後期後半までの伝播で判明する。この段階の交易品は、集落遺跡で少数が出土するが、より多くは方形周溝墓の副葬品として発掘される。ただ、両時代の区分は、ガラス玉の色調と大小などの特徴や、青銅製品や鉄製品の種類と型式分類と、伴出土器の詳細な検討で可能であろう。

　環壕集落から豪族居館の出現は、赤羽台遺跡の伊勢湾系・畿内系土器の伝播

から、邪馬台国による新祭祀同盟の進出を想定できる。集落内祭祀の交易は、纒向遺跡の畿内邪馬台国や、西日本各地の動向で知ることができる。西方の文物は、伊勢湾以西の外来系土器との伴出から、多くの将来品の増加が想定できるが、その結果として各種墓制や古墳の築造と副葬品から証明できる。

古墳時代には、伊勢湾以西の畿内系土器を含む新たな外来系土器の激増で、邪馬台国祭祀同盟との交易が開始され発展したことが判明する。集落遺跡では、環壕集落から豪族居館の出現や、倉庫の普及と発展による小世帯までの家産の形成、22.5 cm尺の採用など、東日本でも3世紀後半から新時代を迎え、各集落でも共同体的構成から、各世帯ごとの蓄財と、その貧富の差により生ずる階層性が強く現れる社会となってくる。

東国社会で原史集落は、上述の荒川下流域でみた時代変化の背景として、3世紀中頃の邪馬台国と狗奴国の対立がある。その乱後は、前者の主導で伊勢湾系・畿内系土器の伝播、前方後円墳・前方後方墳・前方後方型方形周溝墓の出現を指摘できる。これらの墓制変化で知ることのできる本格的古墳時代は、豪族居館の有力首長たちの管理による新交易体制へ再編成されていく姿を示しているのである。

注
（1） かつて筆者が「荒川下流南岸の弥生時代」（『和考研究』IX、和考研究会、2000）で指摘した。
（2） 注（1）に同じ。

引用・参考文献
大谷猛編『赤羽台遺跡』―弥生時代～古墳時代前期―、東北新幹線赤羽地区遺跡調査会、1992
鈴木敏弘編『成増一丁目遺跡調査報告』板橋区教育委員会、成増一丁目遺跡調査、1981
鈴木敏弘編『赤塚氷川神社北方遺跡（Ⅰ）』板橋区教育委員会、1989a
鈴木敏弘編『赤羽台遺跡』―赤羽台横穴墓群―、東北新幹線赤羽地区遺跡調査会、1989b

鈴木敏弘編『赤羽台遺跡』―八幡神社地区2―、東北新幹線赤羽地区遺跡調査会、1991
鈴木敏弘編「研究篇」『成増一丁目遺跡（B地点）調査報告』成増一丁目遺跡（B地点）調査会、1992
鈴木敏弘編『午王山遺跡』和光市教育委員会、1993
鈴木敏弘編著『和考研究』II―特集 集落遺跡の研究（I）―、和考研究会、1994
鈴木敏弘「赤塚氷川神社北方遺跡」『板橋区史』資料編1 考古、板橋区、1995
鈴木敏弘「村の暮らし」『板橋区史』通史編上巻（原始・上代編）、板橋区、1998
鈴木敏弘編著『和考研究』IX―特集 集落遺跡の研究（II）―、和考研究会、2000
鈴木敏弘「弥生の成立祭祀同盟」『季刊 考古学』第84号』雄山閣出版、2003a
鈴木敏弘「邪馬台国の祭祀同盟」『初期古墳と大和の考古学』学生社、2003b
鈴木敏弘編『成増との山遺跡I』成増との山遺跡調査会、2004
竹石健二 鈴木一郎他『白子宿上遺跡』第1・(2・3)・4・5次、和光市埋蔵文化財調査報告第11・17・20・25集、和光市教育委員会、1994・1995・1998・2001
比田井民子・鶴間正昭『菅原神社台地上遺跡』東京都埋蔵文化財センター、1997
福田健司編著『落川・一の宮遺跡』III 総括編、落川・一の宮遺跡（日野3・2・7号線）調査会、2002
藤波啓容『成増との山遺跡 第3地点発掘調査報告』アルケーリサーチ、2001

（鈴木敏弘）

第3章　古墳時代の集落

第1節　東北古墳時代終末期の在地社会再編

　古墳時代終末期の東北は、かつてない規模の在地社会変化をとげる。中部では、倭王権の集中的な植民政策が仙台平野で展開され、次いでその波が仙台平野から大崎平野に及び、律令体制下へ組み込まれていく。また、北部は続縄文文化から擦文文化への移行期にあたっていて、カマドを付設した竪穴建物が馬淵川流域まで及ぶようになり、土師器文化の影響が北海道まで顕著に及んでいった（熊谷2004）。

　小論では、従来看過されがちであった南部の知見をこれに加え、各地域間の事象の相互関連と歴史的意義を検討したい。

1. 地域区分と概要

　ここでは、東北を図1のように区分する。大枠を示しておくと、古墳文化の中心的要素である前方後円墳は、太平洋側の大崎地方、内陸部の村山地方、日本海側の越後平野を結んだラインに北限が求められ、ここまでを前方後円墳体制の及んだ範囲と見なすことがで

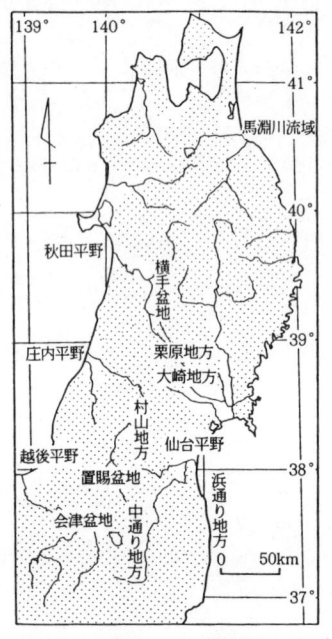

図1　地域区分

図2　土師器の地域性

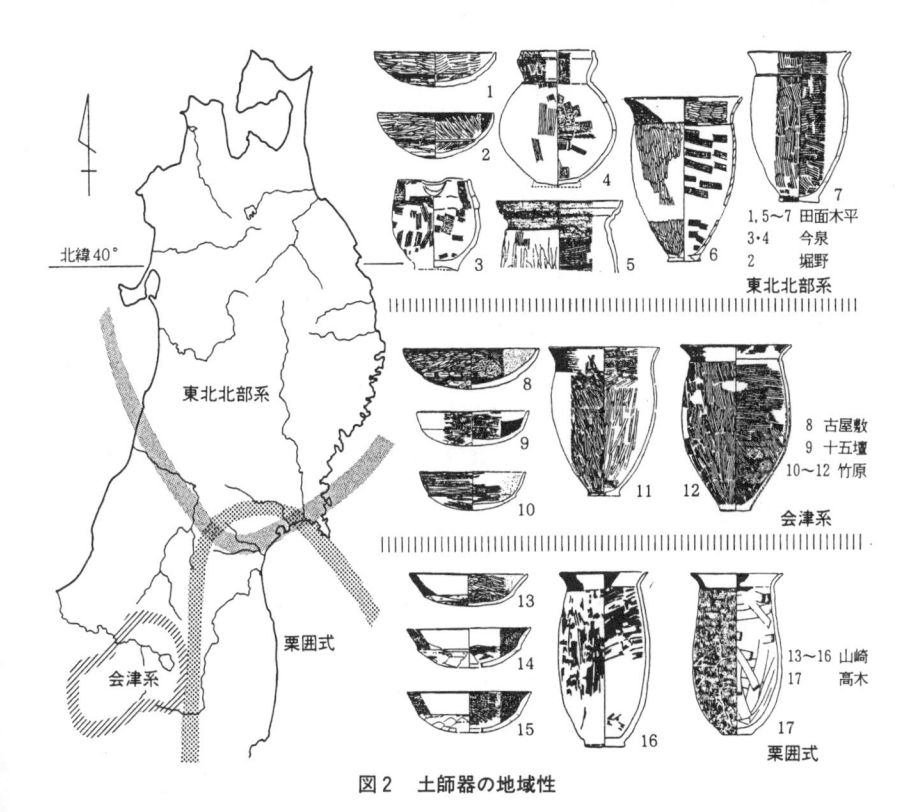

きる。一方、倭王権から蝦夷居住地と認識されたのは、太平洋側の仙台平野、内陸部の置賜盆地、日本海側の新潟平野を結んだラインから北側の広大な範囲であり、太平洋側と内陸部に両者が交錯する一帯が生じている。具体的には、仙台平野～大崎地方、置賜盆地・村山地方が該当する。

古墳時代終末期は、栗囲式土師器と東北北部系土師器の分布範囲に、その一端が投映され（図2）、東北の国造制は、後者が在地要素に混じらない阿武隈川河口以南の範囲（中通り地方・浜通り地方）のみで施行された。

2. 土師器様相からみた地域性

　当時の土師器圏（図2）は、前述した南北の基本構図で理解されている（高橋1996他）。しかし、ここでは別な観点から、東北南部の西端＝会津盆地の様相に注目したい。この栗囲式土師器圏の外縁部では、8に顕著なように、内湾・ヘラミガキの杯の特徴が東北北部系土師器と類似しており、数こそ少ないが、甕にも類似器形・器面調整のものが認められる（6-11、7-12）。庄内平野の様相が不明な現状では、遠隔地の両者を結びつけるのは唐突かもしれないが、じつは9・10世紀の東北では、北陸系器種（土師器鍋・丸底甕）の分布が、かつての栗囲式土師器圏を囲んで認められる（松本1991、盛岡市教育委員会1999）。また、古墳時代の庄内平野は、後期までの様相から一貫して北陸の影響が強かった可能性が高く、会津盆地は、蝦夷居住地南端の新潟平野と、阿賀川の河川交通を通じて伝統的な交流関係を有している。したがって、古墳時代終末期にも、同様の緩やかなつながりが存在したと想定される。[2]

　後述するように、この構図は、倭王権の植民政策が大化前代に開始された地域と、その外縁部の関係と合致し、これまでの単純な南北構図を超えた視点になると思われる。

3. 研究の現状と問題点の整理

　冒頭で述べたように、東北古墳時代終末期の様相は、仙台平野〜大崎地方、東北北部で解明が進んでいる（図3）。
　以下、研究の現状と問題点を整理したい。
（1）大化前代
　当該域の在地社会再編が、まず仙台平野から開始されたのは、倭王権が蝦夷居住地への侵出を、国造制施行範囲のすぐ北側から着手したためである（熊谷

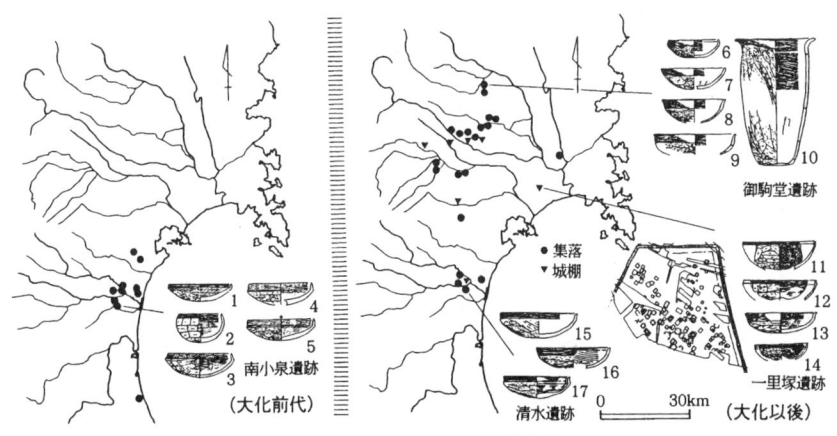

図3　仙台平野以北の移民痕跡

2004)。その核となったのは、河川沿岸に営まれた拠点集落で、大溝で囲まれた一画(以下、囲郭集落区と呼ぶ)に、関東からの移民が収容された。また、ここは北方との交易ネットワーク基地としても機能したと考えられる。従来、これら政治色の強い集落は、日本海側の渟足・磐舟柵に対応する郡山Ⅰ期官衙造営(7世紀中葉)のため設置されたとみられてきたが(長谷川1993、村田2000)、現在、出現時期は6世紀末～7世紀初頭まで引き上げられ、それとは直接結びつかない半世紀近くの前史が存在したと考えられている。

またこの頃、東北北部で起きた変化も、倭王権の政治的意図を反映したものとみられる。馬淵川右岸の集落跡で、関東・国造制施行範囲との関わりを示す、短いカマド煙道部(図4-1)、円筒状土製品(同-2)、栗囲式土師器の類似土器群

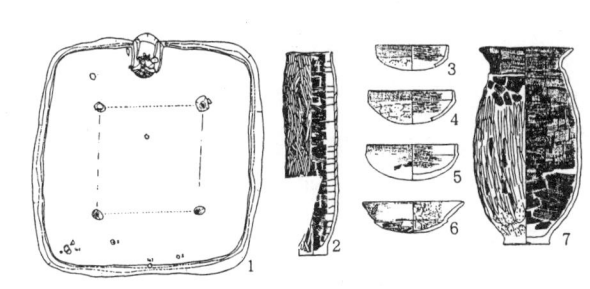

1・7　田面木平、2・6　根城、3～5　長瀬B

図4　馬淵川流域の外来系要素

(同-6・7) が確認されることは (宇部 2002)、この考え方を傍証する。

ただ、それが直接的な在地支配と移民を伴うものでなかったことは、仙台平野のように須恵器生産が行われなかった点に表れている。また、文化の独自性が保たれたことも、土師器の強い在地色などからうかがえる。

(2) 改新後

東北中部では、大化前代の政策の「継続と飛躍」が行われ (熊谷 2004)、移民数は前代と比べて比較にならないほど増加する。とくに大崎地方は、在地土師器だけで構成される集落が皆無になる異常な状態が生じた。その結果、郡山 I 期官衙が造営された仙台平野に続き、大崎地方も、囲郭集落区 (大溝＋材木塀) を有する拠点集落を基盤として、7世紀末〜8世紀初頭には、初期城柵が相次いで設置される。また、移民主導の須恵器生産も開始され、植民政策の最前線は、さらに北方の栗原地方まで及んだ (ただし、栗原地方の城柵設置は8世紀後半まで遅れ、須恵器生産は行われない)。

こうした状況と連動して、東北北部も、太平洋側中心に在地社会の拡大が続く。とくに、北上川盆地は、盛岡市台太郎遺跡のような大集落が出現し、北上川やその支流沿岸に、大崎地方以南と比肩し得る有力豪族が台頭する。また、日本海側内陸部の横手盆地でも竪穴集落が顕在化し、律令社会形成に向かう準備が開始される (雄物川町教育委員会 2004)。

小 結

これらの地域では、古墳時代後期の在地社会が停滞する共通の現象がみられる。じつは、東北北部では、辻秀人のいう第二の画期 (5世紀後半) に、竪穴集落の分布が北上盆地・馬淵川流域まで一時的に及んだが (八戸市遺跡調査会 2001、(財)岩手県文化振興事業団 2002)、後期に継続しなかった (当該期初頭までは存続)。また、前・中期に東北有数の古墳が築造された仙台平野〜大崎地方も、集落・古墳の姿がほとんど見えなくなり、東北南部とは明瞭なコントラストをなす。この点に、国造制施行の有無を分けた決定的要因が読みとれると思われる。[4]

第 3 章 古墳時代の集落 153

　終末期の再編は、これを解消の方向に向かわせたもので、内部の自律的発展ではなく、倭王圏の政治的意図を反映したものである。その担い手となった関東豪族（上毛野氏ほか）の存在は、文献史学の検討でもすでに明らかにされている（前沢 1991、笹山 1992）。

4. 高木遺跡群の事例検討

　東北南部では、墳墓・初期寺院・官衙など支配構造に直接関わる分野で、すぐれた業績が蓄積されている（木本 1999 他）。しかし、集落に主眼を置いた在地社会研究は低調であり、仙台平野以北との対比はまだ困難といえる。
　そこで、以下では、この課題をまず国造制施行範囲（図 5）から探ってみたい。作業手順は始めに中通り地方の具体的な集落事例を検討し、次いで、その成果をもとに全体の傾向を整理する方法をとる。モデルとして取り上げるのは、福島県本宮町所在の高木遺跡群である（図 5-4）。(5)

（1）遺跡の位置と概要

　仙台平野以北で、在地社会変化が起きた古墳時代終末期、阿武隈川右岸に巨大な集落が営まれた（図 6）。長さ約 2.1km、面積約 30 万 m² に及ぶ長大な自然堤防上全体を埋め尽くして竪穴建物が営まれ、内部には、大溝で囲まれた囲郭集落区が設けられた。また、出土遺物の量も膨大であり、

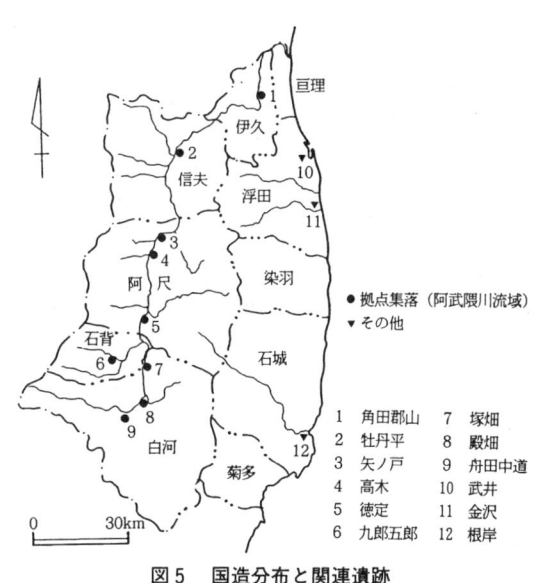

●拠点集落（阿武隈川流域）
▼その他

1　角田郡山　7　塚畑
2　牡丹平　　8　殿畑
3　矢ノ戸　　9　舟田中道
4　高木　　 10　武井
5　徳定　　 11　金沢
6　九郎五郎　12　根岸

図 5　国造分布と関連遺跡

図6　高木遺跡群模式図

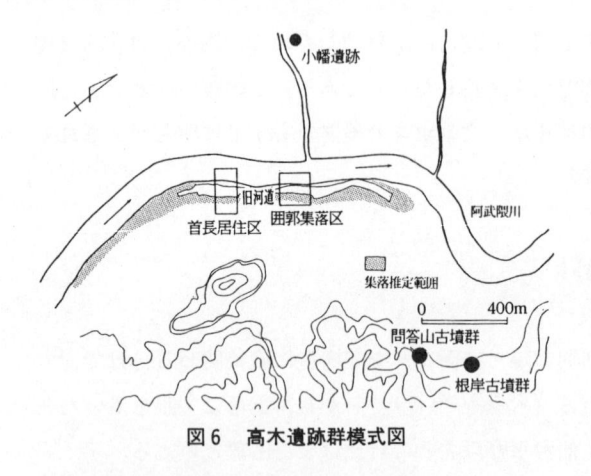

その規模と内容は、東北南部の一般的な古墳時代集落イメージを大幅に逸脱する（菅原2002）。

集落は、古墳時代前期〜平安時代に継続して営まれ、古墳時代終末期に突出したピークが認められる。これまで検出された竪穴建物跡数は、すでに650棟を超え、約8割が当該期の所産である。

（2）周辺古墳の動向

古墳時代終末期に集落が急成長した背景を、周辺古墳の動向から探ってみたい。高木遺跡群の所在する一帯は、阿武隈川流域における主要古墳（前期〜後期後半）の集中地域の一つである。傾城壇古墳を皮切りに、［庚申壇古墳→天王壇古墳・谷地古墳・金山古墳→産土古墳→久遠壇古墳→二子塚古墳］が相次いで築造され、連続的な系譜がたどれる（佐久間2000）。ただ、高木遺跡群側からみると、それらの分布域は阿武隈川対岸の台地・丘陵上であり、拠点的な有力集落も、その近辺に営まれていたと推測される。当時の同遺跡群は、ごく一般的な集落に過ぎなかった。

ところが、こうした系譜が途絶えた後に、高木遺跡群側の丘陵上で群集墳が造営され始める。このことは、新しく社会秩序が再編成されたことを意味しており、眼下に広がる高木遺跡群は、その頃、突然大集落に変貌した。

（3）沿革

大化前代の高木遺跡群は、阿尺国造下にあり、遅くとも8世紀初頭には安積郡（評）に編入されたと推定される。この一帯には、主要遺跡の分布から、南北に対峙する2つの勢力圏を読み取ることが可能で（図7）、高木遺跡群は北部

圏側に属していた。この北部圏は、古墳時代後期まで圧倒的優勢であったが、安積郡（評）設置時に郡（評）衙を膝元に置けず、南部圏との立場が逆転してしまう。あるいは、その関係は安積国造神社が南部圏に所在することから、国造設置時にさかのぼるのかもしれない。いずれにせよ、伝統的な有力豪族の力をそぐという、政治的意図が働いたと推定される。

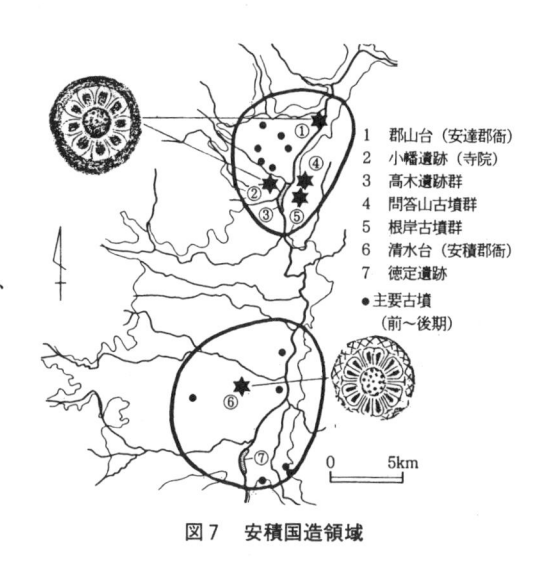

1 郡山台（安達郡衙）
2 小幡遺跡（寺院）
3 高木遺跡群
4 問答山古墳群
5 根岸古墳群
6 清水台（安積郡衙）
7 徳定遺跡
● 主要古墳（前～後期）

図7　安積国造領域

　その後、10世紀初頭に安達郡が分離されたことに示されるように、北部圏は律令期全般も命脈を保ち続けた。

　ところで、同圏の最有力豪族は、安積郡（評）の設置以降、本拠地＝拠点集落を安達郡衙（郡山台遺跡）の下層に営んだことが判明している。また、それ以前のものは、至近距離の対岸にあった可能性が高く、やや離れた位置に所在する高木遺跡群は、傍流豪族が掌握した拠点集落、と位置づけられる。

（4）　集落変遷

　では、古墳時代終末期の集落を4期区分し（表1）、変遷をみていく。

【Ⅰ期】：集落拡大の出発点にあたり、周囲の台地上から在地社会の拠点はこの河川沿岸に移動した。当該期直前からⅡ期にかけての阿武隈川流域では類似現象が全域でみられ（図5-1～9）、太平洋沿岸部でも同様の変化が認められる。[6]それらの分布は、郡（評）衙・関連施設と近接する場合が多く、仙台平野～大崎平野の拠点集落が城柵設置の先行基盤なる状況と重なる。また、この河川沿岸への指向は、北上盆地まで含めて、律令期に継続する豪族拠点形成の共通属

表1 時期区分

大別	時期	年代	在地土師器型式期	陶邑編年期	飛鳥編年期	社会変化
大化前代	Ⅰ期	6世紀末〜7世紀初頭	栗囲式(古)	TK 43〜TK 209		東北北端まで古墳文化受容
	Ⅱ期	7世紀前半	栗囲式(古)	TK 209	飛鳥Ⅰ	
改新後	Ⅲ期	7世紀中頃〜後半	栗囲式(中)	TK 217〜TK 46	飛鳥Ⅱ・Ⅲ	陸奥国成立
	Ⅳ期	7世紀末〜8世紀前半	栗囲式(新)〜国分寺下層(古)	TK 48〜MT 21	飛鳥Ⅳ・Ⅴ	出羽国成立、郡(評)制施行

性と認識される。

さらに、併せて重要なのは、自然堤防上の標高の最も高い部分に、囲郭集落区が設けられたことである。その内部には、会津系土師器(図8-3〜17)が組成の大半を占める竪穴建物が集中し、うち1棟には、天井部を入れ子状の土師器甕で補強した関東系のカマド(同-18)が備わっている。また、囲郭集落区の北側2地点(図10-C・D)で、片口・内傾・有段の口縁部器種を含む、明らかな東北北部系土師器も確認され(同-5・8・10・11)、集落変化に外来系住民が関与したことが知られる。

国造制施行範囲では、同時期の囲郭集落区が、他に塚畑遺跡、鉾塚・九郎五郎遺跡でも確認されており(図5・表2)、関東系土師器の出土事例は、後続期を含めてすでに10遺跡を数える(表2・図14)。このことは、移民を伴う在地社会再編が、決して、蝦夷居住地に固有のものではなかったことを教えてくれる。

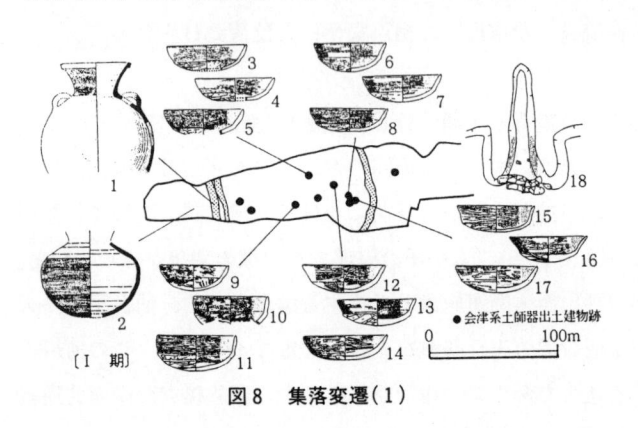

図8 集落変遷(1)

【Ⅱ期】:集落はピークに達し、自然堤防上全体が竪穴建物で埋め尽く

第3章 古墳時代の集落　157

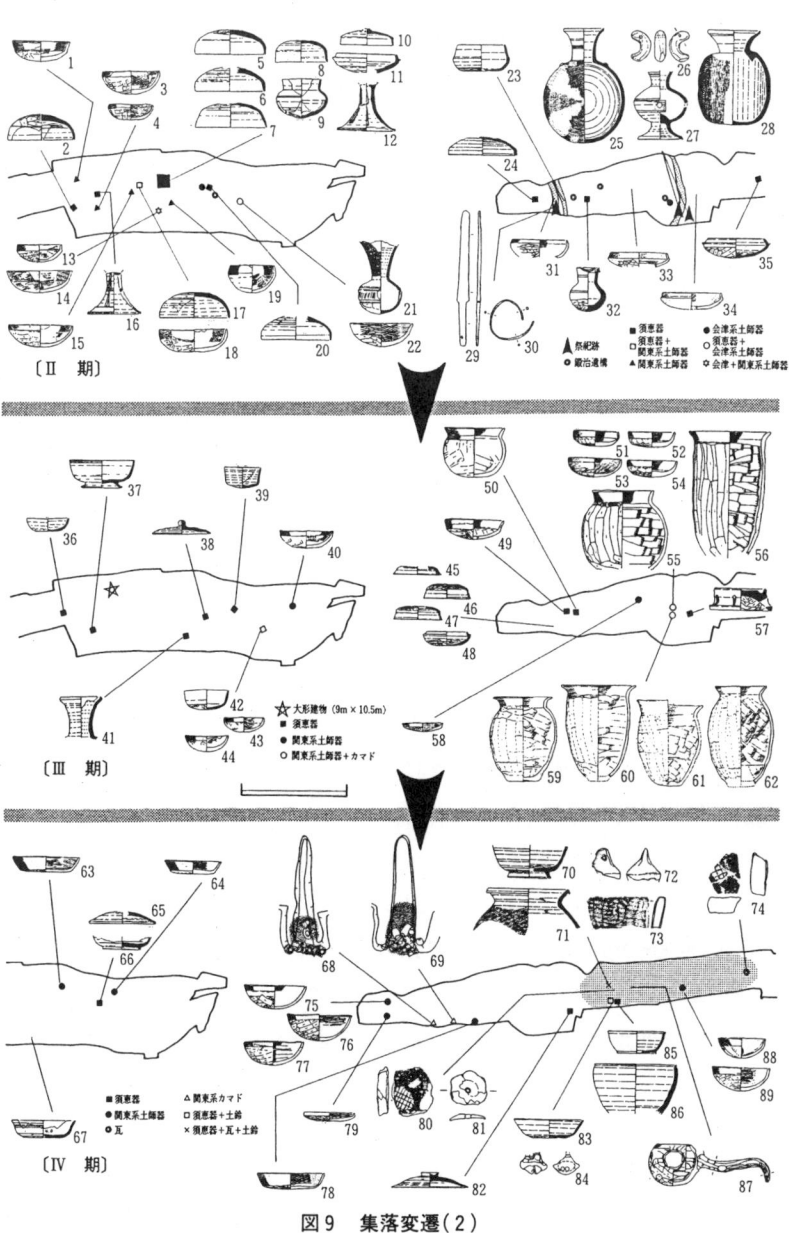

図9　集落変遷（2）

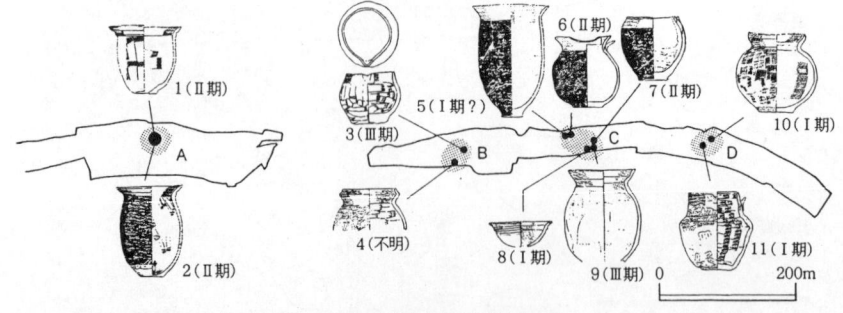

158　第1節　東北古墳時代終末期の在地社会再編

図10　東北北部系土師器の分布

される。また、当時としては、異例な量の須恵器が確認され、集落が動産所有の点でも上位ランクに成長したことが明らかである。須恵器は、生産地別に東海地方からの搬入品と関東色の強い在地製品に区分され、後者に関しては、焼台（杯蓋形で焼成前穿孔）・須恵質焼成粘土塊・亀裂の入った製品が出土していることから、間近の丘陵で生産されたと推定される。囲郭集落区とその近辺で搬入品の関東系土師器（図9-33・34）が出土したことは、同地方出身の須恵器工人がここに居住したことを示唆しており、同様のことは、集中する鍛冶遺構の存在にも指摘される（4基中3基）。つまり、囲郭集落区に集住した関東移民は、同時期の仙台平野と同じように、いったん途絶えていた手工業生産を再開させる役割を果たしたと考えられる。

　また、当該期の集落跡では、首長居住区が検出された成果が大きい（図9上段左）。集落中央の旧河道を挟んで、囲郭集落区（右）と対峙しており、一辺13ｍの超大型建物跡が大〜小型建物跡に弧状に取り囲まれ、遺構に伴った須恵器の半数近くが、ここに集中する（同-2・5〜12・16・17・20・21）。とりわけ、超大型建物跡では数が突出しており、他に、東北北部系土師器（図10-1・2）と、水晶製切子玉が共伴している。

　さらに、もう一つ重要なのは、大溝とその周囲の後背湿地の落ち際で、水辺の祭祀行為が頻繁に行われている点である。浅い掘り込みを伴う集石上で火が焚かれ、伴う祭祀遺物には、通常では墳墓へ供献される特殊器物（須恵器𤭯・

提瓶・横瓶、銅釧、鉄刀)と、祭祀固有の土製品(模造鏡・玉類・手づくね土器・ミニチュア土器)が認められる(図9-25~30)。また、土師器甕は例外なく底部・胴部が穿孔され、機能停止させられていた。古墳時代終末期の東北南部で、これだけまとまった集落跡の祭祀痕跡が確認された事例はなく、貴重である。

【Ⅲ　期】：改新直後の当該期は、集落拡大が止まり、停滞傾向を見せ始める。囲郭集落区の大溝が埋没し、首長居住区は、中心建物の規模を縮小させている(一辺10m)。しかし、移民の痕跡は継続して確認され、旧囲郭集落区では、1棟の竪穴建物跡にすべての関東系要素(カマド＋土師器食膳具・煮炊具)が揃う事例が認められる(図10—51~56)。また、朱・黒墨痕の付着した円面硯(同-57)が出土しており、この段階で、すでに識字層がいたことが確認される。

【Ⅳ　期】：集落停滞の動きは止まらず、首長居住区から際立った規模の竪穴建物が消失する。そして、8世紀前半になると、確実に衰退しはじめた。このことは、阿武隈川流域の郡(評)衙が左岸に設置され、それらを結んで東山道が整備されたことが(菅原2004)、直接の原因と思われる。この影響は在地社会ま

表2　国造制施行範囲の主要遺跡

	遺跡名	国造	群(評)	時期	東北北部系	会津系	関東系	囲郭集落区	図番号	地区
1	舟田中道遺跡	白河	白河	Ⅰ期(?)	○				図5-9	中通り地方
2	高木遺跡群	阿尺北部	安積	Ⅰ~Ⅳ期	○	○	○		図5-4	
3	徳定遺跡	阿尺南部	安積	Ⅰ期前			○		図5-5,図14-1~7	
4	駒形A遺跡	(阿尺南部)	安積	Ⅲ期			○		図5-6,図14-8~17	
5	鉾塚・九郎五郎遺跡	石背	磐瀬	Ⅰ~Ⅱ期	○	○	○	○		
6	塚畑遺跡	石背	磐瀬	Ⅰ期			○	○	図5-8	
7	御台A横穴墓	石城	磐城	Ⅰ or Ⅱ期?			○		図15-8	浜通り地方
8	金沢製鉄遺跡群	浮田	行方	Ⅳ期			○		図15-11,図15-1~4	
9	三貫地遺跡	浮田	宇多	Ⅳ期	○					
10	地ノ内遺跡	浮田	宇多	Ⅳ期(?)			○			
11	武井製鉄遺跡群	浮田	宇多	Ⅳ期			○		図5-10,図15-5・6	
12	善光寺窯跡群	浮田	宇多	Ⅳ期			○		図15-7	

で及び、阿武隈川流域の各所で拠点集落の移動（右岸→左岸）が認められる。高木遺跡群の対岸は安達駅に比定されており（鈴木2003）、交通の要衝・物流基地として機能したと推定される。また、この頃から集落の一部が丘陵・台地上へ再び乗り出したのも、無関係ではないと思われる。この動きは、新興豪族の台頭をうながすもので、律令制解体に向かう変化の起点と位置づけられる（菅原1998）。つまり、IV期は本格的な律令社会形成が行われる一方で、次へ向かう要素が早くも胚胎した。

なお、当該期は集落内に簡易な仏堂が営まれ、網点で示した範囲に、瓦（図9-74・80）・柄香炉（同-87）・座金（同-81）・金属器模倣須恵器（同-85・86）が集中する。瓦は、対岸の小幡遺跡とともに郡山台遺跡と同系であり（図7）、北部圏内部のつながりを示している。

その後、集落規模は8世紀後半まで維持されるが、9世紀以降、急速に縮小した。

小　結

国造制施行範囲では在地社会再編が、仙台平野と並ぶ大化前代に開始された。さらに、中通り地方では官道整備に連動して、IV期に拠点集落の小移動（阿武隈川右岸→左岸）が認められた。

5．国造制施行範囲の在地社会再編

では、国造制施行範囲の再編意義を検討し、併せて、仙台平野以北との相違点を明確にしたい。なお、時期区分は高木遺跡群の集落変遷に準じる。

（1）在地社会再編の意義

まず、支配構造の根幹をなす国造研究の現状を整理したい。これまで検出された国造拠点は、いずれもI期直前～II期に比定され、後期中頃～後半までの有力古墳・拠点集落の所在地とは別地点に出現している。図11の中通り地方の事例では、半径1.5km以内に、［国造居宅・国造墓］と［郡衙・郡衙関連官衙、

郡寺、郡領墓〕が接近し、図12の浜通り地方の事例では、〔郡衙〕下層から〔国造居宅〕が検出されている(7)。これらの所見により、東北の国造制は後期末～終末期前半に施行され、律令期につながる政治的枠組みが確立したと推定される。

高木遺跡群の事例は、それより下位ランクの豪族を含めて、掌握する在地社会そのものが倭王権により、再編成されたことを意味している。また、同時に移民の痕跡が確認されたことは、東北経営に伴う植民政策が蝦夷居住地に限定されなかったことを示す。

なお、会津系土師器の分布は、仙台平野にはみられず、むしろ、浜通り地方南端や関東西部（図13）など南東方向に広がりをもつ（石本1995・津野1995）。また、東北北部系土師器が確認されたことは、終末期の変化が伝統的な在地間交流の限界（仙台平野）を打破するものであったことを示している。この点で、高木遺跡群から、複数個体の使用地点が発見されたのは重要である（図10）。とくにC地点は、Ⅰ期～Ⅲ期にま

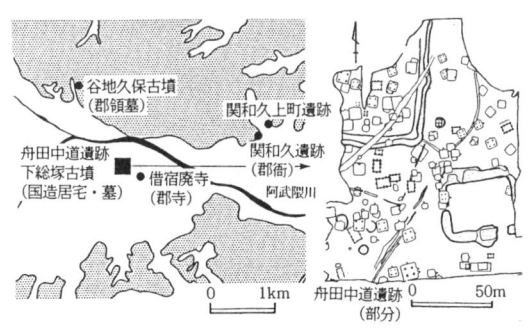

図11　白河国造領域

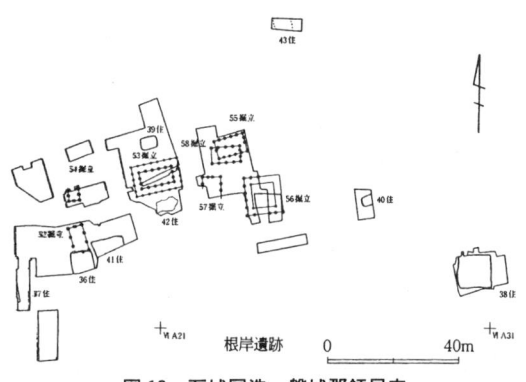

図12　石城国造・磐城郡領居宅

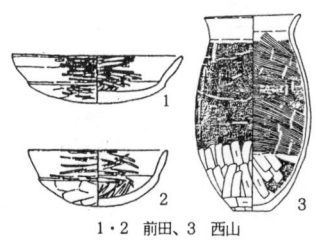

1・2　前田、3　西山
図13　関東西部の会津系土師器

（2） 仙台平野以北との違い

　では、以上の前提をふまえた上で、仙台平野以北との違いを指摘したい。まず、開始時期は、郡山市徳定遺跡で搬入品を含む6世紀中頃～後半の関東系土師器が多量に出土しており（図14-1～7）、仙台平野より若干さかのぼると推定される[10]。この年代観は、国造制施行時期より古くなるとみられ、仙台平野～大崎地方の植民政策が城柵設置に先行して行われた関係になぞらえられる。

　ただ、関東系土師器が多量に出土する状況は当初だけで、その後は、集落組成に占める割合がきわめて低い。また、改新後の面的飛躍がみられないのは大きな違いであり、対象はほとんど河川沿岸の拠点集落に限定された。これは、後期の在地社会が安定して維持されたことをみれば、自明のことと思われる。

　それに変わって倭王権が力を注いだのは、東日本有数の規模をもつ製鉄基地の経営である（図5-10・11）。これは、改新後の蝦夷居住地侵出をにらんで設置されたもので、Ⅳ期の工人集落内に、下総・武蔵・常陸方面の関東系土師器（図15-1～6）が伴っている（（財）福島県文化センター1996）。改新後の国造制施行範囲は、仙台平野～大崎地方へ移民を輩出しており（渡邉2000）、関東と並んで、対蝦夷政策の後方支援基地として機能した。

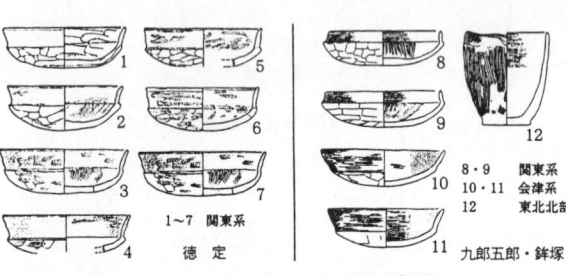

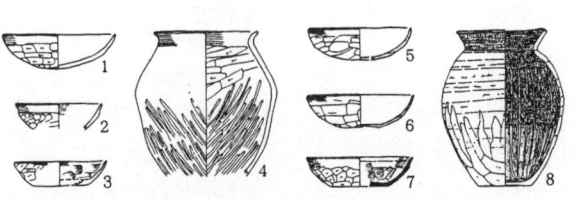

図14　大化前代の外来系土師器
1～7　関東系　徳定
8・9　関東系
10・11　会津系
12　東北北部系
九郎五郎・鉾塚

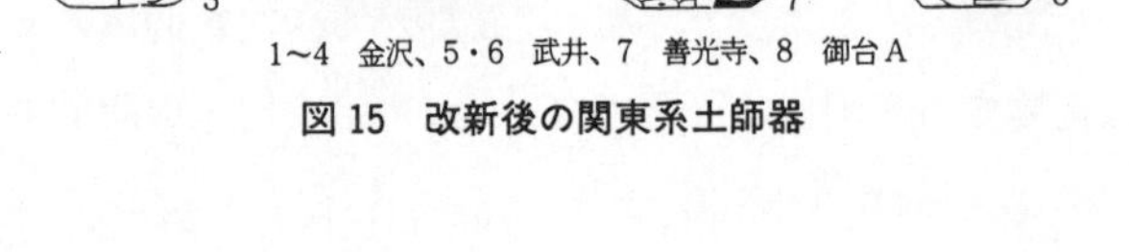

図15　改新後の関東系土師器
1～4　金沢、5・6　武井、7　善光寺、8　御台A

6. 会津地方の在地社会再編とその位置づけ

次に、会津盆地の様子をみていきたい。当該域は、蝦夷居住地の外部に位置し、城柵が設置されなかった点で、国造制施行範囲と同じである。しかし、後期までの比較的安定した集落様相は、Ⅰ期に停滞してしまい、置賜盆地・村山地方・庄内平野と一連の動きに巻き込まれる(11)(図16)。したがって、実態としては、日本海側の蝦夷居住地南部と類似した内容であったと推測され、このことは、先に指摘した土師器様相とも符合する。

そのため、会津盆地の在地社会再編は、国造施行範囲より遅れて開始された。盆地西部では、阿賀川沿岸に関東系土師器・在地産須恵器の出土するⅢ期〜Ⅳ期の囲郭集落(区)が認められ(図17)、8・9世紀に倉庫群・仏堂を備えた律令

		5世紀	6 世 紀	7世紀
				Ⅰ期 / Ⅱ期
庄内	清水新田 矢馳A 助 作			
村山	物見台 西沼田 願正壇			
置賜	寝 鹿			

図16 集落の消長

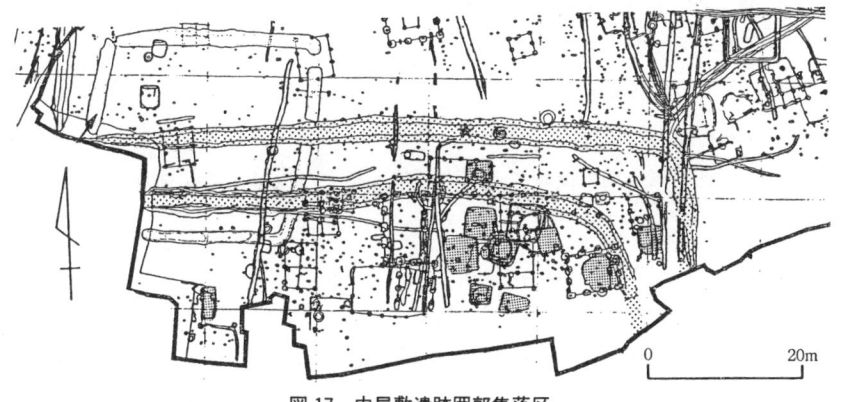

図17 内屋敷遺跡囲郭集落区

期在地拠点へ発展していく(塩川町教育委員会 2004)。また、盆地東部の郡(評)衙推定地でも、Ⅳ期の関東系土師器の良好な一括資料が得られており(河東町教育委員会 2003)、植民が行われたとみられる。[12]さらに、同様の現象は、初期城柵の設置された置賜地方でも明らかにされつつあり(北野 2002)、大崎地方と併せて、国造制施行範囲＋仙台平野の外縁に再編対象が拡大したことが知られる。

ただ、会津・置賜地方の変化は、ごく小規模であった。集落が地域全体に広がるのは8世紀後半からで、移民集落が平野全体を覆い尽くす同時期の大崎地方とは格段の違いが認められる。このことは、倭王権の東北政策が東山道と重なるルートで重点的に展開されたことを示し、北上盆地・馬淵川流域がその延長上に位置することも無関係ではないと思われる。

7. 各地域間の相互関連と派生する問題

これまでの検討で、小論の課題とした東北南部の状況が明らかとなった。以下では、東北全体に視野を広げ、各地域間の相互関連と派生する問題を考えてみたい。

(1) 各地域間の相互関連

古墳時代終末期の在地社会再編は、倭王権の政治的意図を反映したもので、直接的な在地支配を行うタイプ(A)とそうでないタイプ(B)に区別される。前者は関東主体の移民を伴い、須恵器生産が行われる。これは、平安時代初頭まで続く、東北侵出の根幹方式である。両者は、相互に関連し合いながら同時進行した。また、律令期に継続する有力豪族の拠点形成は、河川沿岸を指向する傾向が顕著であった。

変遷を追うと、大化前代は、Aタイプが国造制施行範囲と仙台平野、Bタイプが北上盆地と馬淵川流域で展開される。同時期の周辺に目を向けると、関東・北陸では、律令期に継続する須恵器生産基地が設置され(宇野 1993、坂野 1997)、北海道では土師器文化の影響が強い擦文文化が成立している(仲田 1997)。東北

の動きはこれらと無関係ではなく、汎東国的な変化の一環として捉えられる。

改新後は、Aタイプの大幅な飛躍がみられ、対象域も拡大した。そして、国造制施行範囲の周辺では、律令支配拠点の城柵が設置されていく。Bタイプも連動して規模の拡大がみられ、北上盆地では、律令国家圏に匹敵する有力豪族が出現する。ただ、主体となったのは、東山道とその延長上のラインに重なる一帯で、その外部では、小規模な動きにとどまった。

(2) 集落密度からみた地域性

繰り返し述べたように、再編による動きは、明らかに太平洋側に偏っている。すでに、集落密度の東西格差は、東北中部以南で生じていたが、大化前代に馬淵川流域まで集落形成が及んだ結果、コントラストは全域に広がった。端的に言えば、これが、古墳時代終末期が生んだ東北の地域性である。

そのようにみると、斉明朝の対蝦夷政策記事が日本海側に集中するのは（前沢 1991 他）、関係の薄かった地域の蝦夷とつながりを強化することが目的であったと思われる。ちなみにこの東西格差は、城柵設置範囲の秋田平野以南で、8世紀後半～9世紀前半、非設置範囲の北緯40°以北で、9世紀末～10世紀初頭に解消へ向かう。

(3) 東北側からみた地域性

最後に、東北側からみた地域性に触れておきたい。これまでの記述は、倭王権側の視点で、東北侵出の過程を描いてきた。しかし、同時に古墳時代終末期は、蝦夷文化の本格的な成立期でもある。土師器様相から指摘した、この文化と結びついたつながりは、結局のところ在地社会再編でも解体されることなく、平安時代まで維持された。その範囲は、栗囲式土師器圏よりはるかに広大で、倭王権が作り上げた複雑な政治体制の違いをまたいでいる。[13]

日本海側の資料が少ないこともあって、どうしても古墳時代終末期は、劇的変化を遂げる仙台平野～大崎地方に注目が集まり、関東の影響がしきりに強調されてきた。しかし、北陸に接点を有するこのつながりも、軽視できないと思われる。従来の研究成果に、この視点を対置させることで、より多面的な東北

像を浮かび上がらせることができるのではなかろうか。

今後の課題としておきたい。

注

（1）　中通り地方・浜通り地方は、福島県の地域区分名称である。しかし、ここでは阿武隈川河口以南の宮城県南地方までを含んだ範囲という意味で使用する。

（2）　置賜盆地・村山地方の土師器は、器形変遷が栗囲式とほぼ同じで、器面調整は北陸的である。したがって、図2では、栗囲式土師器圏の境界に図示した。このことは、当該域が当初陸奥国に属し、後に出羽国へ編入された状況と符合する。

（3）　村田（2000）の名称に従った。ただ、これはあくまで集落構成の一部であるため、以下では、囲郭集落区と記述する。

（4）　誤解を恐れずにいえば、このことは、仙台平野が広い意味で続縄文文化圏に属したことを意味している。つまり、在地社会の消長が連動することは、両者の間で基層文化が共有されていたことを示す。一方で、東北最大の前方後円墳が築造される二面性に、仙台平野の地域的特性があり、だからこそ、倭王権は国造制施行範囲と共に、大化前代の在地社会再編に着手したと考えられる。

（5）　集落跡は、現在小字名をとって、北から山王川原遺跡・北ノ脇遺跡・高木遺跡・百目木遺跡・原遺跡に分割登録されている。しかし、実際には一続きの集落跡であり、ここでは一括して高木遺跡群と呼ぶことにしたい。

（6）　調査事例は少ないが、真野川沿岸の大六天遺跡で、古墳時代終末期の大規模な集落成長が確認されている。

（7）　同じ国造拠点であっても、図11は古墳時代型、図12は律令期型に系譜が分けられる。このように新旧の要素が混在することは、Ⅰ期〜Ⅱ期が律令社会形成へ向けての過渡的状況であったことを示している。

（8）　杯の器形が内湾基調で、外面がヘラミガキされる特徴が一致する。

（9）　関東西部・国造制施行範囲では、片口の類例が中期末〜後期初頭の集落跡で散見される。これは、辻秀人のいう第二の画期（辻1990）に、東北北部からもたらされた可能性がある（ただし、いずれも在地産）。

（10）　鬼高系で、胎土が白く緻密な点は、Ⅰ期〜Ⅱ期の資料と共通する。しかし、器高が高く、表面が漆処理されていない点は、明らかに古い特徴と判断される。TK10〜MT85型式期。

（11）　置賜盆地・村山地方・庄内平野は、後期集落の須恵器保有量が、国造制施行範

囲を圧倒する。在地生産の痕跡はなく、北陸経由の搬入品とみられる。
(12) 河東町教育委員会のご厚意で、現在報告書作成中の資料を実見した。
(13) 両者の関係は排他的ではなく、相互交流を繰り返して推移した。したがって、境界は曖昧で重層的構造をとる。注(2)・注(4)で指摘した内容は、その一端である。

引用文献

相原康二「古代の集落と生活—蝦夷の集落」『新版古代の日本⑨』1992
荒木 隆「陸奥南部の郡衙立地条件と水運」『福島県立博物館紀要』第15号、2000
猪狩忠雄「居宅と集落」『根岸遺跡』いわき市教育文化事業団、2000
石本 弘「福島県における律令制成立以前の土師器様相とその背景」『東国土器研究』第4号、1995
宇野隆夫「推古朝変革論」『北陸古代土器研究』第3号、1993
宇野則保「東北北部型土師器にみる地域性」『海と考古学とロマン—市川金丸先生古希記念献呈論文集』2002
雄物川町教育委員会『耳取遺跡・釘貫遺跡』2004
菊地芳朗「東北地方の古墳時代集落—その構造と特質—」『考古学研究』第47巻第4号、2001
北野博司『置賜地方の終末期古墳Ⅰ』東北芸術工科大学考古学研究室、2002
木本元治「阿武隈川流域における奈良時代寺院に関する新知見」『福島考古』第40号、1999
熊谷公男『古代の蝦夷と城柵』吉川弘文館、2004
(財)岩手県文化振興事業団『中半入遺跡・蝦夷塚古墳発掘調査報告書』2002
(財)福島県文化振興事業団『阿武隈川右岸築堤遺跡発掘調査報告2』2003
(財)福島県文化センター『原町火力発電所関連遺跡調査報告Ⅳ』1996
坂野和信「日本仏教導入期の特質と東国社会」『埼玉考古』第33号、1997
佐久間正明「福島県 中期古墳から後期古墳へ」『中期古墳から後期古墳へ』東北・関東前方後円墳研究会、2001
笹山晴生「東人と東北経営」『新版古代の日本⑧』1992
塩川町教育委員会『内屋敷遺跡』2004
菅原祥夫「陸奥国南部における富豪層居宅の倉庫群」『古代の稲倉と村落・郷里の支配』奈良国立文化財研究所、1998

菅原祥夫「阿武隈川流域の古代集落―本宮町高木遺跡を中心に―」『平成14年度発掘調査研究公開発表資料』(財)福島県文化振興事業団、2002
菅原祥夫「東山道 陸奥(福島県)」『日本古代道路辞典』古代交通史研究会、2004
鈴木 啓他『図説本宮町の歴史』2003
高橋信雄「蝦夷文化の諸相」『古代蝦夷の世界と交流』1996
辻 秀人「東北古墳時代の画期について(その2)―7世紀史の理解をめざして―」『伊東信雄先生追悼考古学古代史論攷』1990
津野 仁「栃木県における6・7世紀の土師器編年と地域的特徴」『東国土器研究』第4号、1995
東北芸術工科大学考古学研究室『高安窯跡群B地区第1次発掘調査報告書』2003
仲田茂司「東北・北海道における古墳時代中・後期土器様式の編年」『日本考古学』第4号、1997
長谷川厚「関東から東北へ」『21世紀の考古学』1993
八戸市遺跡調査会『田向冷水遺跡Ⅰ』2001
福島県教育委員会「徳定遺跡」『東北新幹線関連遺跡発掘調査報告Ⅲ』1981
前沢和之「豊城入彦系譜と上毛野氏地域」『国立歴史民俗博物館研究報告44』1991
松本建速「東北北部の平安時代のなべ」『紀要ⅩⅠ』岩手県文化振興事業団埋蔵文化財センター、1991
村田晃一「飛鳥・奈良時代の陸奥北辺」『宮城考古学』第2号、2000
村田晃一「7世紀集落の研究視点(1)」『宮城考古学』第4号、2002
本宮町教育委員会『阿武隈川右岸地区遺跡発掘調査報告ⅩⅣ』2002
盛岡市教育委員会『前野遺跡』1999
渡邊一雄「陸奥国と石城郡」『根岸遺跡』いわき市教育文化事業団、2000

(菅原祥夫)

第2節　古墳時代のムラ──黒井峯遺跡──

　黒井峯遺跡は、群馬県のほぼ中央に位置する子持村にある。この子持村は東を蛇行しながら南流する利根川で、南は東流する吾妻川で区切られており、東南で二つの河川が合流している。北は村のシンボルである子持山（1296 m）があり、地形は子持山山麓の傾斜と両河川のつくり出した河岸段丘から成り立っている。

　遺跡の特色は、古墳時代後期（6世紀代）、子持村から見て南西10 kmにある榛名山で二度の大きな火山爆発があり、そのたびごとに大災害を受けていた点にある。とりわけ六世紀中頃の大噴火は生活を復旧できないほど地域を一変させてしまった。村のなかを通過する国道や県道、役場などの地下には2 mの純粋な軽石層が堆積しその災害の証となっている。軽石自体は小さいものの短い時間（一昼夜程度）であらかた積もったとみられ、さながら猛吹雪に見舞われた状態に近い。このために古代の地表面がそのまま閉じこめられ、しかも2 mの層のなかには当時の家屋、壁や歪んだ屋根なども残されていたのである。これは建物といわず古墳、畑、水田など見渡す限りすべてのものが軽石で覆われ、災害の日の状態がそのまま封じ込められ保存されていたのである。

　軽石というと脆く軟らかい性質であるが、2 mも堆積すると長い年月の間に安定した層となり、この上で家を建てても傾いたり歪んだりすることはない。軽石は、白色で粒の大きさが0.5から2〜3 cmが大半で、まれに30 cmを超す大きなものも含まれる。

現在までの発掘調査の成果では、降り始めの頃、屋根に穴をあけたりしたらしい。しばらくすると屋根に積もり家屋を歪ませるようになっていく。家屋内に置かれた種火で屋根の一部が燃えたりしたものも確認され、噴火とともに家屋の倒壊や変形が進んでいった。なお、軽石は落下のとき、高温で飛来するが、直接家屋に当たって火災を引き起こすほどは熱の力がない。したがって多くの建物は燃えることはなく、朽ちながら陥没していったとみられる。
　旧地表の細かい観察から、家屋の軒下には雨だれの痕跡があり、災害の直前か2日くらい前に、あちこちで水たまりができるくらいの雨が降ったと見られる。家屋だけでなく随所にある道にはぬかるみが残されている。覆われた軽石をていねいに取り去ると古墳時代の人は避けて通るが、ぬかるみの土には馬の足跡が無数に付けられていた。大噴火の前にはこうした雨模様であったことが地面の観察からわかる。軽石災害の終息時には大気中に漂っていた火山灰が堆積しあたりを覆いはじめる。ところが台地など高台に洪水跡があり、局地的な大雨が来襲したとみられる。さて、この災害の間、人はいったいどのようになっていたか。正確にはまだわからないが、住居にはほとんどいないらしい。あるはずの鎌や鋤などの道具がないことから、農作業に出かけていたものと判断される。遺跡の周辺につくられた水田は畦の塗り足し、水路の掘りさらい、田のなかは荒起こし、一部は水口を付け代掻きまで進んでいた。これらのことから噴火は日中に起きた災害で、その季節は代掻き頃の五月から六月と判断されよう。付け加えれば災害直後に倉庫の屋根を破壊し中の穀物等をもち出し放火した建物事例や、埋もれてしまった古墳の入り口をふたたび開け死者を埋葬したりしているので、人的被害は少なかったと考えることができる。
　なお、黒井峯の竪穴式住居では災害中に男女2名の人間が入り込み、熱い軽石から逃れようと避難行動している跡が明らかになっている。これは竪穴内に入ったものの入り口から侵入する熱い軽石を防ぐため、固い土間に穴を掘り、その土を軽石に被せていたのである。この行動は都合3回ほど後退しつつ行われ、使用した道具は鉄の刃を付けた鋤と鍬の2丁である。鋤は入り口付近では

鋭利な刃形を残すが、2回目には鉄の刃が抜け落ち刃先のないまま掘りつづけていた。通常、土間は固くわれわれでもスコップを使用して5cmを掘り抜くことはできない。それがいとも簡単に30cmは到達しているのである。一方、鍬をもつ人間は竪穴奥の柱の陰で穴を掘っていたが、鍬という道具は穴を掘って土を寄せることはできるが土を投げたりすることは不可能である。付近に似たような穴はない。2人は奥に追いつめられ、鋤の人間は竪穴壁を横から掘りその土を足下に敷いた。その土の上には首飾り一連（琥珀玉、水晶製の切子玉、ガラス玉）が捨てられ、さらに固形化した動物性の脂分が確認されている。鍬の人間が掘り上げた穴のなかから、ジュズダマ（？）の種子70粒ほどと化粧用道具とみられる蛤の貝殻（今でいうコンパクト）が2枚まとまって出土している。2人とも死亡したかは不明であるが、脂分自体は注意する必要はある。

　一般に遺跡の調査は、地面に掘られた穴や溝をていねいに掘ることによって住居であるとか墓であるとかを判断していくが、おおむねその跡は下半分が残っているだけである。さまざまな穴の痕跡は目的が達せられるとすぐさま自然に帰るように風化とともに埋没が始まって跡形もなく変化してしまう。時代が変われば、あるときは畠となり常に表面は壊され続けていく。したがって遺構調査は確実に区別できる深さから始められるため、浅い住居や深い住居など深さの異なるものができてしまう。ここに述べる遺跡は条件がまったく異なり、一瞬の火山噴火で埋没させられたため、本来失われる地表面がそのまま保存され、埋もれる直前の姿（情報）をそっくりもたらす遺跡なのである。

1. 災害村跡の概要

　子持村の遺跡調査は昭和60年から災害の実体を第一目標として行われ現在にいたっている。災害を受けた村跡としては、国の史跡となっている黒井峯遺跡があり、そのほか西組遺跡、田尻遺跡、八幡宮遺跡などが調査されている。子持村全体では、これ以外に館野遺跡、宇津野・有瀬遺跡が小規模ながら集落

と見られ合計6遺跡存在する。

黒井峯遺跡

　火山災害の典型的な遺跡で、現在は国指定史跡となって保存が図られている。調査は昭和60年から平成元年まで続けられた。吾妻川に面した河岸段丘にあり、面積はおよそ10万m²に達し、発掘調査が行われたのはそのうちの4万m²である。建物は48棟ほど確認され、集落の中心部分を調査しているものと見られる。建物種類には竪穴式住居5棟、平地式建物31棟（このうち住まいは11棟ほどで、他は作業小屋や納屋などとみられる）、高床倉庫7棟、家畜小屋5棟となっている。一単位の家屋は、竪穴式住居1棟、垣根に囲まれた建物群からなっており、なかの建物には平地式建物、高床倉庫、家畜小屋、作業小屋などを含め典型的な事例になる。このほか、竪穴1棟と平地式建物2棟の計3棟の小規模なものもある。こうした単位が7単位確認され、さらにこの単位は、道の配置から大小二つの単位を一つにまとめることができる。単位はそれぞれ独立しているらしく、家畜小屋を多くもつ単位や作業小屋が多いものなどその性格は異なるが、同一集団とみられる。黒井峯には3グループ（単位では7単位）調査がなされている。集落の際には畝をたてた畠が広がり、段丘の傾斜面には湧水があり池と洗い場に作り替えられ下流の水田へ導かれる。

西組遺跡

　この遺跡は黒井峯遺跡の北にあり、発掘調査は昭和60年から平成元年まで続けられ、広さは黒井峯同様に10万m²となる。遺跡の大半が畠を中心とした農耕地で、家屋は竪穴式住居1棟と垣に囲まれた家屋群（12棟）と一部の調査で小さいが似た構造単位がもう一つ存在し合計2単位ある。黒井峯の考え方から見れば広い遺跡にもかかわらず台地には1グループしか存在していない。ここでの特徴は倉庫2棟が災害後に破壊を受け、中の物がもち出され火災を受けている。平地式住居も破壊と物がもち出された形跡がある。垣内の家屋群には家

畜小屋があり、住まいと判断されるのは平地式住居1棟と垣外の竪穴住居1棟しかない。この遺跡の建物内からは日常生活で用いられる甕や杯などの土器や鉄製の鎌、鋤などが一つもなくすべてがもち去られていた。農地は台地全体に畠が広がり、小区画に区切られた畠、高畝、幅広の畝など各種の畠が確認される。このほか果樹園のような配置で樹木が植えられたものも存在する。台地の脇には湧水を加工した水場、樹木を浸けたと見られる貯木池、下流には水田が設けられている。

田尻遺跡

遺跡は黒井峯遺跡の南東で一段低い河岸段丘に存在する。面積はおよそ20万m²になるが、西組遺跡同様に農耕地が広がるとともに5～6世紀代の古墳群？（3基を調査し、内1基は小規模積石塚）、4世紀後半～5世紀代の方形周溝墓群（12基調査）、弥生後期の窪み（かつての住居）等が広がり、集落は1グループ（単位は2単位）と見られる。単位の形態は黒井峯と同様に竪穴式住居1棟、垣根に囲まれた建物群からなっている。建物群には平地式建物（住居、納屋）、高床倉庫、家畜小屋、作業小屋などがある。小規模の単位は一部の調査で平地式建物と設置途中の垣根がある。建物位置から村の中心部ではない。農耕地では各種の多様な畠、列となった樹木などが確認されている。

八幡宮遺跡

この遺跡の広さは4万m²くらいで、集落の中心部でなく西端を調査したものと考えられ、倉庫跡（高床建物）2棟と平地式建物2棟が調査されている。ここでも垣根跡が家屋群を巡っていく。竪穴式住居等は調査区域外にあるらしい。大きな特徴として、家屋群北の垣列に沿って樹木が防風林のように4～5本植えられている。倉庫の1棟は災害後に屋根が破られ、中の物がもち出され、その後に火が付けられ全焼している。周囲には小規模ながら小区画に区切った畠があるだけで面積は少ない。

2. 家屋の種類とその配置

　噴火によって埋没した家屋には次のような種類がある。縄文時代以来、伝統的に作られている半地下式の竪穴式住居、倉庫と考えられる高床式建物、平地式建物などである。詳しく見ると竪穴式住居は深さ1～1.5mの深さで周堤帯とよぶ高まりが竪穴を囲っている。屋根の形は四面体となる寄棟で表面には土が乗せられている。この屋根に付属して入り口（南に多いが）の屋根がある。土は乗せられていないが、形状は破壊がいちじるしいため不明である。内部へは一本梯子で降りる。竪穴壁（東）には竈が作られ煙突の先端までの高さは2mにも達する。噴火のとき、竪穴内には道具や食器すら置かれてはいない。

　高床式建物は大型のものはなく、2.5ｍ四方のものが中心となる。床の高さは以外と低く地面からおよそ50cm程度である。屋根形状はまったく不明。建物の使い方は、西組遺跡で麦と見られる穀物が植物分析で確認され穀物庫として判断される。黒井峯遺跡からは未使用の須恵器や土師器が積み重ねられ食器の保管庫としても利用されていたらしい。各遺跡に共通したことは、集落のなかで確実に高床のみ災害後人為的に破壊を受け、中の物はもち出され、火を放っているという点である。

　平地式建物には、住居となるもの、竈をしつらえただけの小屋、納屋みたいに物置と考えられる小屋、内部の土間に甕などを据えるための浅い穴がたくさん掘られた作業小屋、馬などが飼われていた家畜小屋などさまざまなものがある。平面形でみると長方形と円形の2種類があり、住居、納屋、家畜小屋などは長方形、作業小屋などは円形をしている。

　平地式の住居は大きいもので9×7ｍで大型竪穴住居の内部と同じ大きさになるものから6×5ｍのものまで規模はさまざまである。内部には簡易な作りの竈、そのまわりの土間には甕などの容器が置かれ、竈上には土を乗せ棚があり、普段使わない須恵器の高杯など置いた火棚がある。そのほか土座とよんで

いる寝床、壁上には棚があるらしい。窓はあるが形状は不明。天井はなく、屋根の裏側にだいじな農具の刃先である鉄器が隠されていたものも見られた。全体を通して住居をみると各種の日常用具の土器類は散乱もしくは置かれたまま発見されることが多く、二度と戻ってはきていない。

　納屋に類するものは家屋内にこれといった施設や用具がなく正確には判断がむずかしい。ただ言えることは人が寝起きしたり火を焚いたりする家屋ではないということである。

　作業小屋で竈を置いたものは西組遺跡のみで、日常の炊飯用とともに食料加工も行われた施設と考えられる。この種の建物は円形でキノコに似た形をしており、直径1～3mほどで大きさはまちまちである。田尻遺跡では集中してこの建物が作られたりする区域もあり単純に作業小屋とすべてを断定するわけにはいかない。確実なものは黒井峯のもので直径2.5m、内部には70cmの穴が2カ所掘られている。この狭いなかに横瓶や甕といった液体を入れる容器が出ている。確証はないが酒等を作る建物と想像している。直径1mともなると建物であるが何に使われたかは不明である。

　家畜小屋は、長方形の建物で壁はまったくないもの、部分的につくられたものなどがあり概して全面に壁が設けられるものはない。屋根は切り妻の二面体で、内部を長軸に沿って二分され片側を通路とし、もう一方を小部屋に区切っている。小部屋は2～5部屋で、大きさは1.5×1.2m程度。床には木材（丸材や板材）が敷かれたりしているが、まったくないものもある。とくに何も敷かれていないものでは四隅に寄ったところで四つのわずかな窪みがあり、動物の立つ位置と判断された。家屋の脇か近くには人工的に掘られた溝もしくは自然の窪地（直径6mくらいで深さ60cm程度）があり、糞尿溜めと見られる。

3. 家屋のまとまり

　一瞬の災害で埋没した建物は竪穴住居を除き、平地式建物や高床倉庫、家畜

176 第2節 古墳時代のムラ

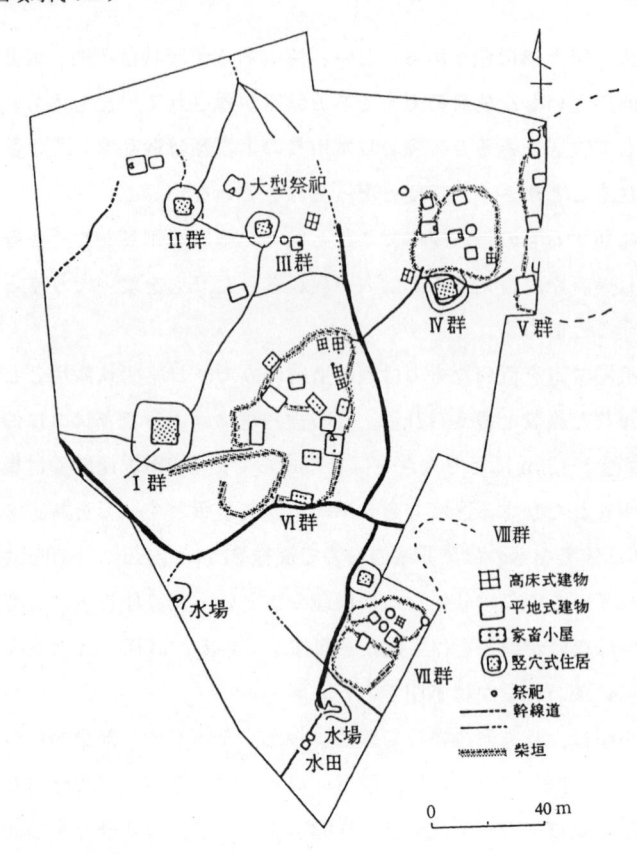

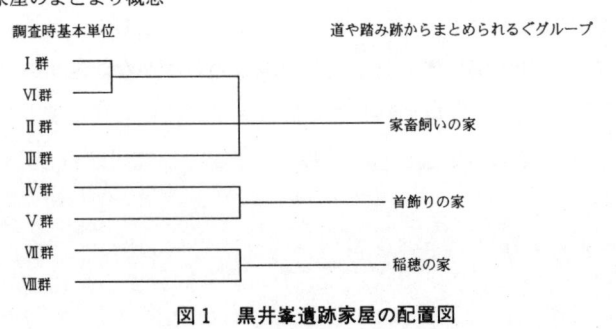

図1 黒井峯遺跡家屋の配置図

小屋などを垣根で取り囲っている。垣根は古墳時代の地表から高さ120 cmまで確認され、横木が3段ほどある。垣は生け垣でなく、茅・小枝などで壁とし、簡単な作りとみられる。建物群を数百 m² から 1500 m² を囲うように作られる。なお、この垣は竪穴住居付近で正面入り口をもち、裏手にも入り口がある。

　黒井峯遺跡では竪穴式住居1棟と垣内に平地式住居3棟、高床倉庫2棟、家畜小屋3棟（ほか1棟垣の外に存在）、納屋5棟が明らかになっており、棟数はそれぞれ異なるがこのまとまりは各遺跡で共通した形となっている。さらにこの形は道の配置や人の踏み跡の広がりなど加えて考えると、同じ構造で規模の大小2つが対となって一つのまとまりと推定される。大きい単位は家畜小屋など保有するが、小さいものは家畜小屋をもっていないという差がある。黒井峯ではこうしたまとまりが3グループまで確認されている。このまとまりは平地式住居には一家族が住んでいたと思うが垣内には複数棟の住居が存在するため数家族住んでいたと考えられる。しかも形態が大小規模二つとなると家族数はさらに増えることは間違いない。こうした形態が黒井峯の実態となる。

4. ムラの生活は

　子持村一帯は近年の国道のバイパス計画、それにともなっての各種開発から数多くの発掘調査が行われ、現在も続いている。大きな成果は何といっても木曽馬に似た小型馬の蹄跡がいたるところで確認できたことで、その跡は住居まわりから畠、水田、墓、ぬかるみ等で調査することができる。蹄の大きさは2種類あり、前足か後ろ足かは軽石をていねいに取り除かないと識別がむずかしいが、おおむね12 cmと8 cmがあり成馬と災害の年に生まれた子馬の大きさと分析されている。農耕地にはできそうもない土地や急斜面まで遠慮なく蹄跡があり自然放牧されていた。ただ農耕用に使われた根拠を緻密な方法で調査しても確かな証拠は得られていない。水田は面積も小さく区切られ、土を起こす作業がそっくり調査されているが、すべて人力での作業結果である。畠も薄く

削りこんで耕作時の道具の刃先まで掘り下げても人力作業の痕跡しか確認されない。このことから黒井峯、西組、田尻遺跡などは集落内に家畜小屋があるにもかかわらず農耕利用していないことになる。古墳に立てられる埴輪のなかには馬を模したものもあり身近な存在ではあるが、農業利用でなく馬の生産とその飼育を行っていたのではないかと想像される。河川沿いの水田も畠もできない所では性格不明の大溝（幅3m、深さ2.5m）が地形を分断するように掘られている事例があり、ことによると飼育だけでなくさらに一歩踏み込んで調教なども視野に入れる必要があろうかと思われる。ムラの生活は馬のみに限定されたものではなく、用水路を掘り水田化を進めており、あくまでも米作りにある。畠は各所で見られ種類も豊富であるが災害の年に作られた畠は少なく、表面観察では畝と溝の高低差のばらつき、また畝の表面に馬の蹄跡や人間の道が付けられているため災害の前年およびそれ以前と区分される。したがって畠の面積は発見される面積より少なく見積もって考えねばならない。

（石井克己）

第4章　歴史時代の集落

第1節　古代東国集落遺跡研究の新展開

はじめに——古代集落遺跡研究の意義——

　日本古代の国家と社会を考えていくうえで、各地の地域社会の実態、とりわけ村落とそこに暮らす人々の生活の実態を明らかにしていくことは、欠かすことのできない重要な基礎作業の一つである。こうした考え方は、敗戦後、戦前の皇国史観やマルクス主義歴史学の総括の中から少しずつ醸成されてきたものと思われるが、その一つの画期をもたらしたのが、昭和30（1955）年に、遠山茂樹・今井清一・藤原彰が岩波新書に書き下ろした『昭和史』の刊行であったと考えられる。そして同書には、国民の姿が描かれておらず、国民への「共感能力の欠如は歴史家の資格を欠く」と述べた亀井勝一郎の批判に端を発する、いわゆる「昭和史論争」が、昭和34（1959）年の同書の新版の刊行によって鎮静化すると、今度は1960年代を通じて、民衆史研究が大きな潮流を形成するにいたった（鹿野1977）。しかしながら、具体的なデータ、すなわち古代の集落遺跡の発掘調査成果の蓄積が乏しかったためか、この時点では考古学の立場からの古代民衆史研究は、具体的な成果を生み出すにはいたらなかった。

　ところが、1970年代以降、汎列島規模で開発行為が増加すると、これにともなう緊急発掘調査件数も爆発的に増加し、その結果、遺跡消滅という大きな代償を支払って、古代集落遺跡研究の検討対象となる古代の集落遺跡に関するデ

ータが蓄積されていくという皮肉な状況が生まれた。こうして、ようやく、次章で述べるような新しい研究状況が生まれ、戦前に自らが手がけた東京都板橋区志村小豆沢遺跡の発掘調査の成果から、「数個所の竪穴が集まって一つの大家族を構成していた状態」を看取し、初めて集落遺跡を構造的に分析した和島誠一の問題提起（和島 1949）以来、久方ぶりの新しい研究の局面を迎えたのである。

　本書で筆者に与えられた課題は、こうした古代（主に奈良・平安時代）東国の集落遺跡研究の研究動向（潮流）を整理し、今後に課された課題を考えようとすることである。しかしながら、紙幅の関係もあって、この古代東国集落遺跡研究に関わる数多くの論考のすべてを紹介することができず、また筆者の力量不足からの遺漏も懸念されるところである。至らぬ点については、御寛恕をお願いするものである。

1．新たな分析視角の登場（1970～80 年代）

　筆者はかつて、1980 年代までの、考古学の立場からの古代集落遺跡ひいては古代村落史に関する研究の成果を総括し、今後に課せられた課題を整理したことがあった（宮瀧 1989）。そこ（以下、「旧稿」とする）では、①和島誠一による集落構造論の提起の延長線上としての、より精緻な集落構造論の登場と、②複数集落遺跡の地域的検討の進展という一定の成果を認めつつも、今後の考古学・文献史学は、それぞれの立場から共通の目的である古代東国村落の具体像の解明のために、「差しあたっては相互の方法論に立脚しそれぞれが照射出来る側面を丹念に解明していくこと」が重要ではないかと述べた。

　当時、①について具体的に評価したのは、土井義夫・渋江芳浩両氏による多摩丘陵地域を対象とした平安時代集落遺跡研究の検討成果であった。これによれば、当該期の集落は、2 軒の竪穴建物が 1 単位を構成する「移動性にとんだ生活」を基本としたものであり、発掘調査によって同一場所に多数の竪穴建物

跡が確認された集落遺跡の場合でも、実際に同時存在した竪穴建物単位はごくわずかであること、また、そのような単位は同一場所にかならずしも連続して存在するのではなく断続的に存在するとのことであり、従来までの集落遺跡研究では解明されてこなかった精緻な古代集落構造が提示されたのである（土井・渋江 1987、渋江 1988）。こうした検討成果は、竪穴建物跡から出土した土器をはじめとする諸遺物の遺構への帰属を層位的に厳密に把握し、加えて相異なる竪穴建物跡から出土した遺物の接合関係（遺構間接合）を緻密に把握するなどして得られた各竪穴建物跡の存在時期の精緻な推定作業に裏打ちされたものであり、このような集落構造の検討作業は、今日でもなお、多くの発掘調査担当者が目指すべき指標となっている。

　また、②については、群馬県下赤城山南麓地域や白根山麓地域を対象とした能登健氏による一連の研究を評価したが（能登 1983）、その後、相次いでその具体的な研究成果が提出されはじめている。東京都下多摩ニュータウン地域を対象とした一連の研究がそれであり（鶴間 1986・1991、鶴間・飯塚 1990、比田井 1990、宮瀧 1992）、その後筆者は埼玉県下比企丘陵を対象にした検討作業も試みた（宮瀧 1995a）。また、近年では笹生衛氏によって千葉県下小糸川流域でも、古代のみならず弥生時代から中世にいたるまでの集落動態と景観の変遷が明らかにされ（笹生 2003）、田中広明氏は、埼玉県東部から東京都東部にかけて広がる低地地域を対象に検討を加えた（田中 2003）。今や、膨大に蓄積された古代の集落遺跡に関するデータに裏づけられて、複数集落遺跡の地域的検討は、着実に成果を生みつつあると述べてよいであろう。

2. 仏教関係遺構・遺物への注目（1990 年代）

　その後筆者は、古代集落遺跡研究が大きな展開をみせた「旧稿」執筆後の約 10 年間、すなわち 1990 年代の考古学・文献史学による古代東国村落史研究の動向の中から、とくに考古学による古代集落遺跡研究の現状について総括する機

会を与えられ、以下のような見解を提示した（宮瀧 2000a）。

「旧稿」において、それぞれの「方法論に立脚しそれぞれが照射出来る側面を丹念に解明していくこと」を当面の課題として掲げたが、その成果は、たちどころに現れた。それは、以下に述べるような考古学による古代東国集落遺跡内における仏教関係遺構・遺物の発見とその検討であった。

1985年、須田勉氏は、千葉県下の奈良・平安時代の集落遺跡において、遺構・遺物の検討から仏堂の存在を指摘した（須田 1985）。こうした仏堂は、大規模な伽藍をもつ白鳳寺院や国分寺・国分尼寺などとは異なり、各地の一般的な集落遺跡内から単独の掘立柱建物跡として検出され、堂（寺）名を記した墨書土器や仏鉢形土器などの仏教関係遺物がともなうものである。これ以後、当該期の東国の集落遺跡からは、相次いでこのような仏堂跡と思われる掘立柱建物跡と関連遺物が検出されるようになり、これらの仏堂は決して特殊なものではなく、東国の当該期の集落遺跡において、かなり一般的に見出せる存在であることも明らかになってきた(1)。

また、こうした仏堂跡が検出されない集落遺跡からも、さまざまな仏教関係遺物（小金銅仏等の仏像、仏教関係の文字を記した墨書土器、仏教に関わる文字や絵画を記した刻書紡錘車、瓦塔・堂、仏鉢として用いられた仏鉢形土器や浄瓶・香炉等の仏具など）の出土が相次ぐようになり、古代東国の集落では、仏教が想像以上に人々に浸透していたことが明らかになった。現時点では、集成作業をはじめとする総体的な検討と個々の資料の検討とが並行して進められている(2)。また、このような考古学による新たな成果を整理し、広く紹介することを目的として、茨城県下、そして栃木県下の成果を展示する企画展が相次いで開催されたことも記憶に新しいところである（上高津貝塚ふるさと歴史の広場 1998、栃木県立しもつけ風土記の丘資料館 1999）。

以上のような考古学による古代東国集落遺跡内における仏教関係遺物・遺構の発見とその検討の進展は、筆者のように文献史学の立場に立って古代村落史を学んでいた者にとっては、大きな衝撃であった。すなわち、1970年に発表さ

184　第1節　古代東国集落遺跡研究の新展開

図1　丘陵斜面に営まれた奈良・平安時代の集落（埼玉県嵐山町大木前遺跡、埼玉県立埋蔵文化財センター提供）

図2　大木前遺跡から検出された奈良・平安時代集落の景観復原イラスト（イラスト・長岡由紀、嵐山町教育委員会提供）

れた石母田正の『日本の古代国家』(岩波書店)によって提起された在地首長制論の立場から集中的に進められていた日本古代村落史研究では、『常陸国風土記』行方郡条に登場する箭括氏麻多智や、儀制令春時祭田条所引古記に登場する「社首」といった村落首長層が主導する村落祭祀を見出し、検討を重ねてきていたからである。実際、1974年に刊行された『日本民衆の歴史1　民衆史の起点』(三省堂)においては「民衆と宗教」(執筆／菊地康明・門脇禎二)の項においても、仏教ではなく、『出雲国風土記』に見える「社」等を手掛かりとして神祇信仰のみから当該期の村落社会が叙述されていたのである。ところが、これまで述べてきたように、東国集落遺跡からは、神祇信仰としての村落祭祀よりも、仏教信仰に関わる遺構・遺物のほうが圧倒的に多く検出されてきたのであり、もはや古代東国の村落史は、「村の中の仏教」を解明することなくしてこれを議論することができない状況にあると述べても、決して過言ではないであろう。

　そのような中、筆者はこうした考古学の研究状況を意識し、集落内に存在したことが明らかにされつつあった仏堂の問題を積極的に受け止めるべく、村落の仏堂すなわち「村堂」の問題を考え続けてきた(宮瀧1992・2000b)。ただし、これらの拙稿は、近年の考古学による仏堂の析出という成果に対して、単に反射的に文献史学の立場からコメントしたものではない。そもそも日本古代の「村堂」に関しては、考古学的に仏堂がクローズアップされる以前から、『日本霊異記』等の史料に散見する記述が注視され、すでに一定の検討が重ねられていたことは周知のとおりである。直木孝次郎氏の逸早い問題提起(直木1960)を土台として、佐々木虔一氏(佐々木1971)や筆者(宮瀧1988)らの検討がこの問題を徐々に深化させつつあったのである。したがって、拙稿(宮瀧1992・2000b)は、すでに着手されていた日本古代の「村堂」に関する文献史学側からの研究成果に、近年の考古学による仏堂の析出という成果を正面から対峙させ、そこから新たに湧出する成果と課題を明らかにしようと試みたものである。先に「旧稿」において課題として記した、「相互の方法論に立脚しそれぞれが照射出

来る側面を丹念に解明していくこと」を前提とした「共同作業」へ向けてのさ
さやかな取り組みである。

　また前掲の池田論文等により近年、考古学的研究が深められている瓦塔の性
格に関しても、筆者は文献史学の立場から検討を加えてみた（宮瀧 1995b）。こ
こでは、当該条文において律令国家が「濫（みだり）に山野・路辺に作ること
得じ」と規制している「塔」とは、まさに瓦塔や石造多層塔といった小塔を指
すものであると結論した。今後は、考古学の立場からの拙稿に対する返簡が俟
たれるところである。

　以上述べてきたように、「村の中の仏教」をめぐる日本古代村落史の研究状況
は、野球に例えれば、考古学側から投げられた剛球を文献史学側が慎重に捕球
したところである。今後、両者がキャッチ・ボールを重ね、共同研究が開始さ
れる日も、そう遠くはないものと確信している。また同時に、日本古代村落の

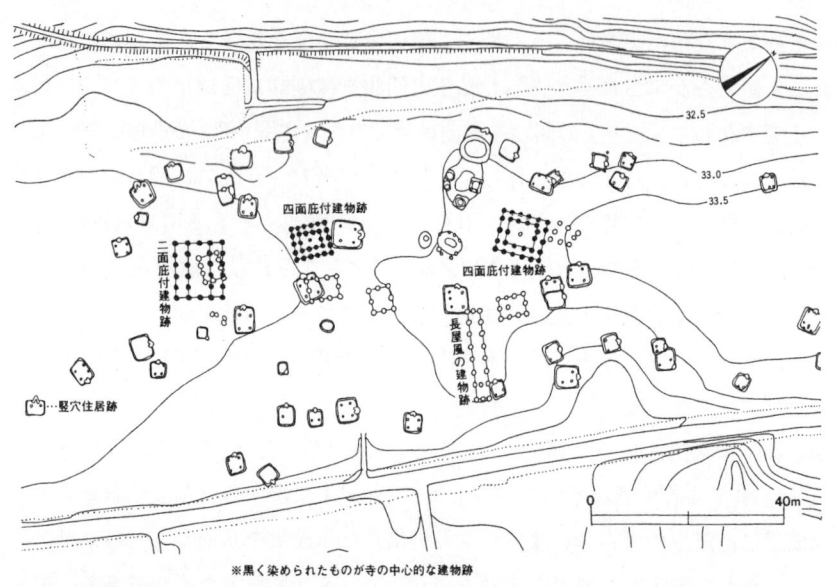

図3　千葉県成田市山口遺跡から検出された奈良・平安時代の仏堂跡（上高津貝塚ふるさ
　　と歴史の広場 1998 より）

内実を明らかにする「仏教」に代わるさらなる新たな「切り口」を、考古学・文献史学のどちらが先に抽出し、相手方に提起していくのかが興味深いところである。以上 2 点が、古代東国集落遺跡研究にとって、この 21 世紀の最初の 10 年間の課題であろう。

まとめにかえて——環境史・災害史への視点——

　最後に、これからの古代東国村落史研究に求められている分析視角を確認して本稿の責を果たしたい。それは、当該期の環境の変化や災害が、人々の暮らしに大きな影響を与えていたのではないかという、環境史・災害史という視点に立っての検討である。その研究状況については、すでに別稿で述べたところであるが（宮瀧 2002a）、今後の古代東国村落史研究には必要不可欠な視点である。
　いくつかの具体例を示すと、まず環境史として検討を進めるに際して、現在注目されているのは、8 〜 9 世紀から上昇し 12 世紀初頭にそのピークを迎えるという R・W・フェアブリッジ氏が復原した海水準曲線（Fairbridge 1961、図 4）からもうかがえるような、平安時代を通じて地球規模に展開した温暖化現象への視点である。筆者は、康平 2（1059）年以前の成立とされ、おそらく 11 世紀初頭の実態が反映されているとみられる『更級日記』（作者・菅原孝標女）に記された記述から、当該期の海面上昇を認め、武蔵国足立郡の古代史を検討し（宮瀧 2000c・2003）、前掲の田中広明氏の論考もまた同様の視点から検討を加えている（田中 2003）。一般に古代東国における 9 〜 10 世紀代は、旧来とは異なる新たな居住形態が登場する時期であることはすでに大方の認めるところであるが（宮瀧 1992）、そのような新たな居住形態が登場した要因の一つに、このような地球規模での温暖化現象が存在したことは否定できないであろう。
　前掲の笹生衛氏の論考でも、小糸川の中流域において 10 世紀頃に流路の移動と河床面の低下が認められ、同地域に居住していた人々は、これにともなって

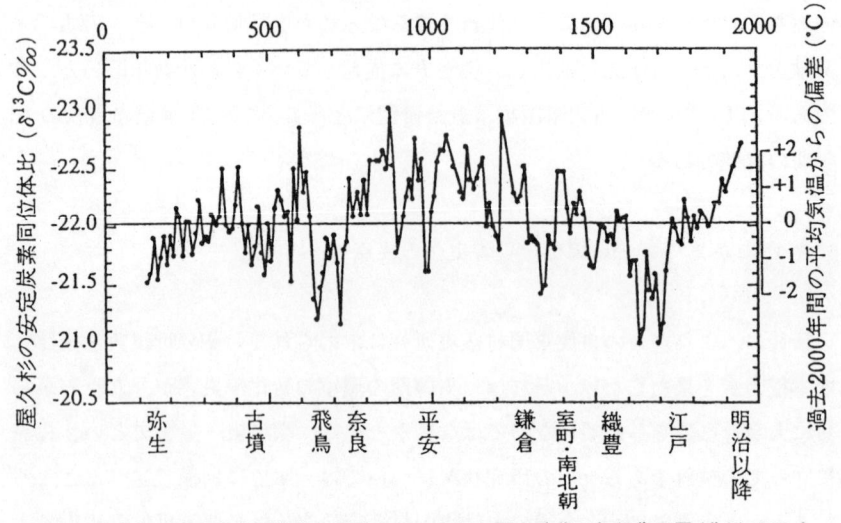

図4 屋久杉の安定炭素同位体から明らかにされた歴史時代の気候復元図（北川 1995 より）

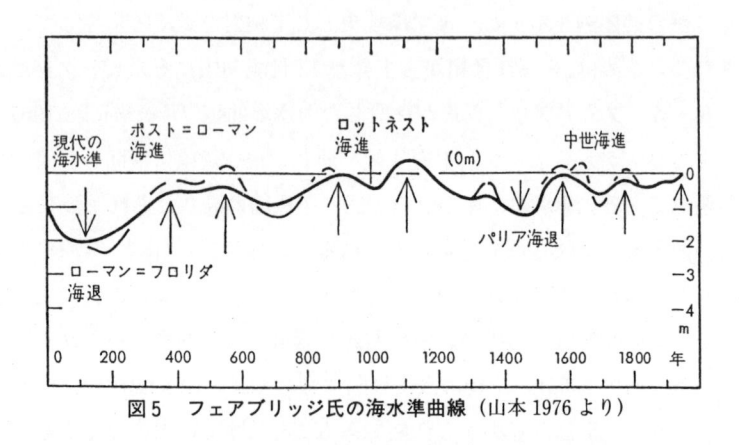

図5 フェアブリッジ氏の海水準曲線（山本 1976 より）

新たな用水系を設定し、河川周辺から谷内部へと耕地を拡大し、居住域を分散させたとのことである（笹生 2003）。おそらく、洪水の頻発がこのような流路の移動と河床面の低下をもたらしたものと思われ、洪水頻発の要因としては、環境の温暖化が想定されるところである。

次に災害史の視点を導入した検討であるが、筆者は、弘仁9（818）年に関東地方を襲った大地震が、北関東地域の人々が従来の居住域であった沖積地を放棄して丘陵地域等に移動せざるをえないような、深刻な被害をもたらしていたことを指摘したことがある（宮瀧2002b）。今後はこのような地震災害の検討も、文献史料上の記録はもとより、「地震考古学」という考古学独自の方法論に立脚して、古代東国の集落遺跡研究に生かしていかなければならないであろう。

古代東国の集落遺跡研究の現状と課題を整理するのは、先に述べたように1989年、2000年に次いで3回目のことであった。次回また、このような機会を得るようなことがあれば、その時にはどのような諸成果そして新たな分析視角が登場しているのであろうか。期待に胸をふくらませながらこの粗い稿を閉じることとしたい。

註

（1）栃木県下の事例を集めたものに、橋本澄朗「堂のある風景─『今昔物語』の世界から─」『峰考古』10、1994年。茨城県下の事例を集めたものに、上高津貝塚ふるさと歴史の広場『第3回特別展・仏のすまう空間─古代霞ケ浦の仏教信仰─』（展示図録）、1998年。千葉県下の事例を集めたものに、笹生衛「古代仏教信仰の一側面─房総における8・9世紀の事例を中心に─」『古代文化』46-12、1994年がある。さらに関東地方全域の事例を集めたものに、富永樹之「「村落内寺院」の展開（上・中・下）」『神奈川考古』30～32、1994～96年がある。

（2）仏教関係遺物の集成作業をはじめとする総体的な検討としては、宮田安志「仏具出土集落の出現とその背景─古代東国を中心として─」『論集しのぶ考古─目黒吉明先生頌寿記念─』1996年。立正大学考古学会「考古学論究」第5号─特集・出土仏具の世界─、1999年。考古学から古代を考える会『古代仏教関係遺物集成・関東─考古学の新たなる開拓をめざして─』2000年等がある。また、個々の資料の検討として、兵ゆり子「鉄鉢形土器」『中堀遺跡』（財）埼玉県埋蔵文化財調査事業団、1997年。池田敏宏「関東地方瓦塔編年と他地域瓦塔編年との比較・検討─関東地方瓦塔屋蓋部編年の検証作業を中心に─」『研究紀要』7、（財）栃木県文化振興事業団埋蔵文化財センター、1999年等がある。

参考文献

鹿野政直「国民の歴史意識・歴史像と歴史学」『岩波講座　日本歴史 24　別巻 1』岩波書店、1977

上高津貝塚ふるさと歴史の広場『第 3 回特別展・仏のすまう空間―古代霞ケ浦の仏教信仰―』(展示図録)、1998

北川浩之「屋久杉に刻まれた歴史時代の気候変化」『講座／文明と環境 6　歴史と気候』朝倉書店、1995

佐々木虔一「八世紀の村落における仏教」『民衆史研究』9、1971

笹生　衛「古代集落の変化と中世的景観の形成―西上総、小糸川流域の事例を中心に―」『千葉県史研究』11 号別冊中世特集号「中世の房総、そして関東」2003

渋江芳浩「東国平安時代集落の考古学的検討」『歴史評論』454、1988

須田　勉「平安初期における村落内寺院の存在形態」『古代探叢 II』早稲田大学出版会、1985

田中広明「古代集落の再編と終焉」浅野晴樹・齋藤慎一『中世東国の世界 1　北関東』、高志書院、2003

鶴間正昭「古代の丘陵地域開発について」東京都埋蔵文化財センター『研究紀要』IV、1986

鶴間正昭「古代の丘陵開発」東京都埋蔵文化財センター『研究紀要』X、1991

鶴間正昭・飯塚武司「多摩丘陵の遺跡群」東京都埋蔵文化財センター『多摩ニュータウンを考えるシンポジウム　馬と鉄』、1990

土井義夫・渋江芳浩「平安時代の居住形態―武蔵国多摩郡における集落遺跡の検討―」『物質文化』49、1987

栃木県立しもつけ風土記の丘資料館『第 13 回企画展・仏堂のある風景―古代のムラと仏教信仰―』(展示図録)、1999

直木孝次郎「霊異記に見える「堂」について」『続日本紀研究』7 −12、1960

能登　健「赤城山南麓における遺跡群研究」『信濃』35-4、1983

能登　健「集落変遷からみた農耕地拡大のプロセス」『地方史研究』191、1984

比田井克仁「多摩丘陵における古代集落の展開」『開発と地域民衆』雄山閣、1990

宮瀧交二「古代村落の「堂」」『(本郷高等学校紀要) 塔影』22、1988

宮瀧交二「古代東国村落史研究への一視点―関東地方における奈良・平安時代集落遺跡研究の現状と課題」『物質文化』51、1989

宮瀧交二「日本古代の開発と村落」『歴史学研究』638、1992

宮瀧交二「丘陵地域の古代村落―埼玉県比企丘陵を中心として―」『歴史評論』638、1995a

宮瀧交二「「山野路辺」における「百姓」の「造塔」について―『続日本紀』天平十九年十二月十四日条の一考察―」『古代史研究』13、1995b

宮瀧交二「古代東国村落史研究の現在―村の中の仏教―」『帝京大学山梨文化財研究所報』40、2000a

宮瀧交二「日本古代の民衆と「村堂」」野田嶺志・編『村のなかの古代史』岩田書院、2000b

宮瀧交二「竹芝伝説（『更級日記』）」『隅田川の歴史と伝説』東京堂出版、2000c

宮瀧交二「「環境史」・災害史に踏み出した日本古代史研究」『歴史評論』626、2002a

宮瀧交二「「嵯峨朝」期における東国集落の再検討」『古代文化』54-11、2002b

宮瀧交二「『更級日記』所収「竹芝伝説」を科学する―日本古代史・環境史の立場から―」『埼玉の文化財』44、2003

山本武夫『気候の語る日本の歴史』そしえて、1976

和島誠一「原始聚落の構成」東大歴史学研究会『日本歴史講座』学生書房、1949

Rhodes. W. Fairbridge, "Eustatic Changes in Sea Level", *Physics and Chemistry of the Earth* Vol. IV, London Pergamon Press, 1961, pp. 95-185

（宮瀧交二）

第2節　奈良・平安時代　都城の邸宅遺構

1. 都城の邸宅

　奈良・平安時代の人々は、どのようなところで暮らしていたのか。政治・経済の中心地であった都城での人々の住宅事情について、宅地制度や宅地と建物の規模などから追ってみたい。都城に住む官人や貴族・庶民に与えられる宅地の班給制度や宅地内に建てられる建物配置、遺構の性格について、これまでの研究成果を踏まえて寝殿造の定義づけなど邸宅研究の問題点を整理したい。

（1）　宅地の班給

　藤原京（695～710）をはじめ、難波京（645～793）、平城京（710～784）、長岡京（784～794）、平安京（794～1869）などの古代日本の都は、それまで小規模な集落が点在していた広大な平野に、突如誘致され造営された巨大な人工の都市といえる。都には縦横に道路をめぐらすことによって土地を区画し、運河を掘り、宮殿を建て、貴族や官人など多くの人々も移住させた。また、都と地方を結ぶ交通網を整備するなど、壮大で綿密な都市づくりをしていた。それまでの集落や地方の農村とは異なり、都城の条坊計画に従い碁盤目に整然と区画・区分された土地で生活していたのである。区画・区分された土地は、宮内や左右京職・東西市などの宮外官衙や寺院などの土地を除き、政府によって貴族か

表1　藤原京・難波京の宅地班給基準

	右大臣	一位	二位	三位	四位	五位	六町以下
藤原京	4町	2町				1町	1町〜1/4町
難波京	−	1町			1/2町		1/4町

ら庶民にいたるまでの都城に住む人々に班給された。まず、奈良・平安時代を代表する都城の平城京と平安京のふたつの都から宅地班給基準と宅地利用についてみてみる。

①平城京の宅地班給

　平城京において、宅地の班給に関する史料は残っていない。しかし、藤原京について京造営途中の691（持統5）年12月に宅地班給基準が出されたと記載された史料がある（『日本書紀』）。右大臣には四町、直広弐以上には二町、(直)(1)大参以下には一町、勤以下無位までは戸口数にしたがって、上戸は一町、中戸は半町、下戸は四分の一町というものであった。これを大宝令の位階に直せば、二〜三位は四町、それ以下四位以上は二町、五位は一町、六位以下は一町・半町・四分の一町となる（表1）。つまり、官位によって班給される宅地の面積が異なったことがわかる。また、聖武朝における難波京にも宅地班給規定がある。天平6（734）年9月に、「難波京に班給する宅地は、三位以上は一町以下、五位以上は半町以下、六位以下は四分の一町以下。」と記されている（『続日本紀』）。この班給基準が、平城京にそのまま当てはまるか正確なところはわからないが、おおむね適応すると想定されている。文献史料によると五位以上の宅地は、ほぼ五条以北、京内北半部の宮に近いところに営まれていたようである。宮に近い場所は、皇族や貴族あるいは高級官僚の邸宅となり、宮から遠くなるにつれて官吏の身分も下がるようである。

　発掘調査の成果においても、一町以上の宅地はほとんど五条以北で確認されており、両者に共通点がみられる。五位以上は一町以上となり、先の藤原京での事例に適合すると考えられる。奈良時代後半になると、さらに細分されて小

規模な宅地が班給されたようで、三十二分の一町・六十四分の一町の宅地が登場している。

　一方、庶民の宅地については、文献史料からみることできる。写経所に勤める経師たちが宅地を質物として銭を借りた記載がある。『正倉院文書』宝亀4 (773) 年の山部針麻呂「月借銭解」に、「質物家一区地卅二分の一　板屋二間在り　左京八条四坊に在り」と記されており、奈良時代後半期の平城京の個人宅地の面積が三十二分の一町にまで細分されていたことがわかる。平安京においても、原則は四行八門制によって三十二分の一町の「一戸主」が下級官人の個人の宅地面積であったと考えられる。庶民がいかにして宅地班給をうけたか具体的なことはわかっていないが、それぞれが政治的・経済的な力に応じて土地を確保したり、あるいは京が設定される以前からその地に住んでいた者については、かつての宅地に即して班給された可能性も考えられる。

②平安京の宅地班給

　平安京においても宅地班給の記録がなく、藤原京・難波京の班給例を当てはめている。『拾芥抄』や九条家本『延喜式』の付図などの史料からみると、高陽院や冷泉院・四条後院・河原院・宇多院などの四町の宅地、閑院・陽成院・堀河院・御子左第などの二町を除くと、ほとんどの貴族の邸宅は一町以下の宅地であったことがみてとれる。また、長岡京の研究から、一町利用を基本とする官衙町や京内離官の造営が平安京に継承されたと考えられている (山中 1991)。

　都城である平城京・平安京ともに多くの人々が集まり、煌びやかな都市というイメージを想像する。ところが、平城京では建蔽率（有効建物面積と宅地有効面積との比率）はわずか 15～20 パーセントであり、初期の平安京もこの数値に大差ないと推測される。古代の都城は、想像するより空虚であったようである。実際、初期の平安京はすべて宅地化されたわけではない。京中に「閑地（空地）」が少なくなく畠地に耕種させ、諸家は京中に「好んで水田を営む」とある（『類聚三代格』、『続日本後記』）。平安遷都後しばらくは、京中に田園的風景が広がっていたことを物語っている。中期以降になると、右京は衰退していく。

大規模な宅地は減少し、左京にくらべて人が住まなくなって荒廃していったようである。そのことは発掘調査によって、右京での中期以降の遺構・遺物の検出量が減少することからも明らかになっている。

（2）邸宅の建築規制

　先に述べたように、新しい都に遷都すれば、宮に仕える者は官位に応じた宅地を班給される。しかし、自分の宅地だからといって、好き勝手に邸宅を建築してよいというものではなかった。

　貞観12（870）年12月に出された官符によると、三位以上と参議の貴族については大路に面して邸宅の門を建ててもよく、本人が死亡した後も子孫が居住するかぎりにおいては許可すると決められている。このことから、一般には大路に面して邸宅の門を構えることを禁じていたことがみてとれる。一般には大路に面して門を構えることを禁じ、特権的に参議と三位以上の高官に許された。そして、三位以下の官人の個々の宅地は、基本的には小路に面して入り口を構えていたことになる。大路に門を構えていた例として、平城京では正二位であった長屋王の邸宅（左京三条二坊一・二・七・八坪）の北門と藤原麻呂の邸宅（左京二条二坊五坪）と推定される邸宅の南門がそれぞれ二条大路に面していた。また、長岡京においても、左京二条四坊二町の二分の一町の宅地で東三坊大路に面して門が造られている。

　ところが、さまざまな基準や規制というのは時間がたつと破られていくもので、平安時代においては、長元3（1030）年4月には六位以下の宅地での築垣禁止令が出されている。それによると、「諸国の官吏の住居は、四分の一町を越えた広さをもってはいけない。しかるに最近は、一町の家を造営して公事を果たさないものが多い。また、六位以下の者が垣を築くことや、桧皮葺の邸宅をもつことを禁止すべきである」と制されている（『日本紀略』）。上国の守以外は、国司はすべて六位以下であるので、邸宅は難波京の規定に合わせると、四分の一町以下でなければならない。このことから、11世紀初頭には、国司は一町の

広さの邸宅を築くようになり、規定自体が実をなさなくなっていった。

2. 邸宅の変化

(1) 奈良時代の邸宅の変化

　発掘調査によって判明している宅地の大きさは、四町・二町・一町・二分の一町・四分の一町・八分の一町・十六分の一町・三十二分の一町である。時期別にみると、初期には藤原不比等の邸宅を筆頭に、四町から八分の一町の各規模の宅地がある。中期になると、藤原仲麻呂の田村第が六町に推定されているなど、貴族層の宅地面積の拡大がみられる。中期以降になると二分の一町なり一町に兼併されていく傾向がみられる。そして、十六分の一町の宅地が出現するとともに、五条以南での宅地は時期が下がるにしたがって細分化する。すなわち、五条以北の宮城に近い貴族の邸宅が拡大していくのに対して、庶民の宅地はしだいに狭くなっていく傾向を示している。後期になると、さらに細分化は促進され、三十二分の一町の宅地が出現する。これが平安京での地割の最小単位となったと考えられる。

(2) 平安時代の邸宅の変化

　前期の貴族の邸宅には、右京六条一坊五町や右京一条三坊九町などでみられるような主要建物である正殿を中心に対屋(脇殿)や後殿などが配置された寝殿造の初期段階と考えられている邸宅が検出されている。中期になると、池のある庭園をもった邸宅が造られるようになる。建物は寝殿造が主流になり、庭園には洲浜・滝組・石組などが造られる。中国の影響が大きかった建物や生活様式は、このころから日本の風土に合わせて変化していった。平安後期から鎌倉初期に入ると、建物は小規模化していき、左右対称の建物配置は消滅していく。

3. 邸宅の建物配置

(1) 建物配置の類型

　邸宅内の建物配置を示す史料は乏しいが、近年におけるそれぞれの都城においての発掘調査成果からいくつかの類型が確認されている。邸宅の建物の配置には雁行型、L字型、二の字型、並列型、コの字型などがあり、大別して2型に分けられる。宅地内に2～4棟の建物を分散させて区画を設けない単郭型(雁行型・L字型)と、宅地内を塀などで区画し内郭と外郭を分け、内郭に大規模な中心建物を配し、外郭に小規模な建物を配する重郭型（二の字型・並列型・コの字型）に分けられる（図1）。原則として、単郭型建物配置は四分の一町未満の小さな宅地にみられ、重郭型建物配置は二分の一町以上の宅地でみられる。これらの類型がどのように成立し、機能していたかについては確固たる資料はないが、これらの多くは宮中枢部の大極殿院・朝堂院・内裏の主要殿舎の建物配置と密接に関わり、一部は機能の類推が可能であろう。たとえば、コの字型建物配置については、朝堂院や内裏正殿の配置と共通している。この配置が宅地内で検出されると宮外に置かれた役所（官外官衙）とする考えと、邸宅のなかの公的・表向きの場、または家令所などの施設とする考えが挙げられている。また、下級官人や庶民などに割り当てられた小規模な宅地の建物配置は、L字型や並列型など建物配置は同じでも、貴族の邸宅とは比較にならない小さな建物が2・3棟並ぶだけである。

　平安時代中期（10世紀中頃）になると、「寝殿造」といった建築様式が形成される。寝殿造という名称は、もうひとつの住宅形式である書院造とともに、沢田名垂『家屋雑考』（天保13年）の命名以来、名垂が推定した寝殿造の姿は後世に多くの点が修正されたが、総称として今日まで用いられている（図2・3）。

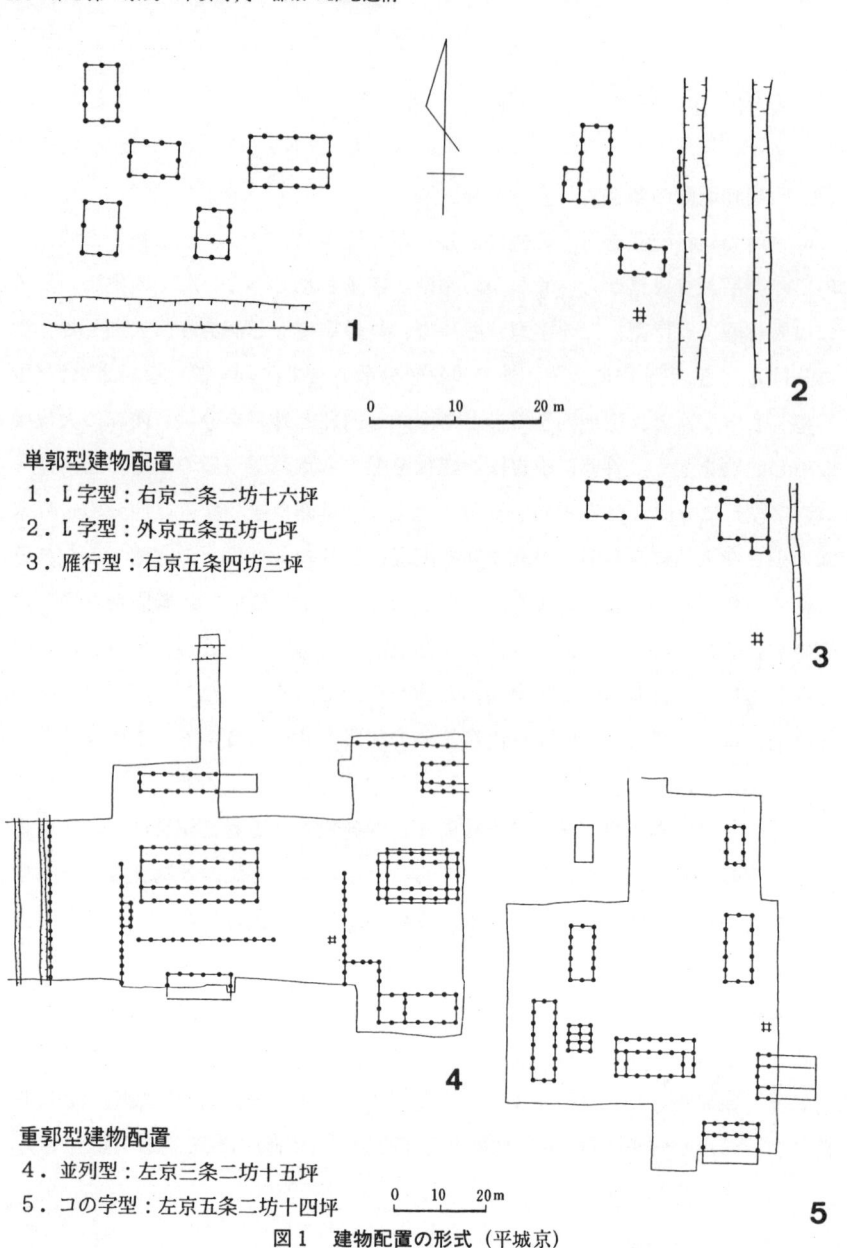

198 第2節 奈良・平安時代 都城の邸宅遺構

単郭型建物配置
1．L字型：右京二条二坊十六坪
2．L字型：外京五条五坊七坪
3．雁行型：右京五条四坊三坪

重郭型建物配置
4．並列型：左京三条二坊十五坪
5．コの字型：左京五条二坊十四坪

図1　建物配置の形式（平城京）

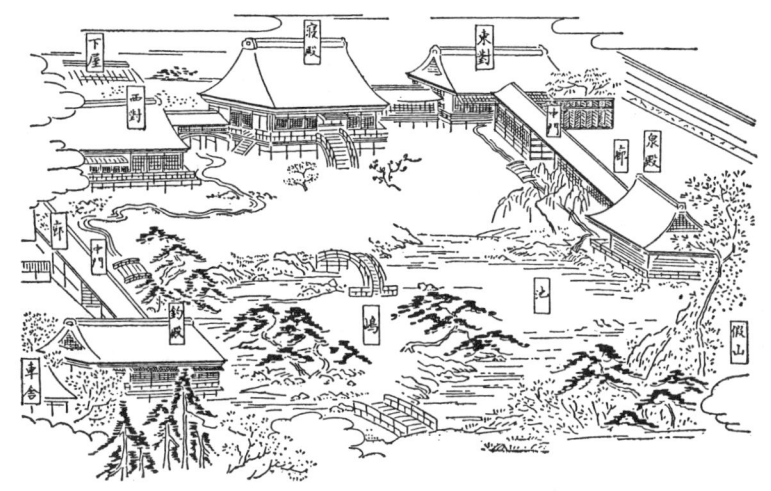

図2 『家屋雑考』所収の寝殿造俯瞰図

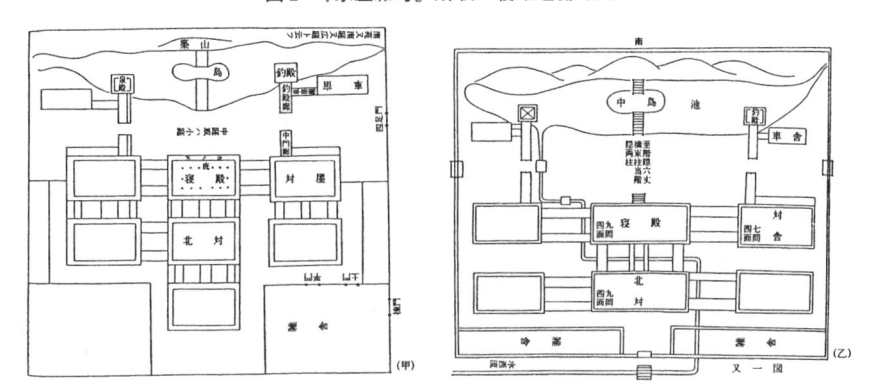

図3 『家屋雑考』所収の寝殿造古図

（2） コの字型建物配置

　近年、都城における調査によって、コの字型建物配置を示す遺構が確認され、そのたびごとに性格についても「宮外官衙」あるいは「貴族の邸宅」であるかをめぐる議論がもちあがる。そのいずれが正しいのかは判断するのは難しく、判断材料が少なく明確に区分できないのが現状である。

　これまでにもコの字型建物配置について、官衙か邸宅かを判断する試みがな

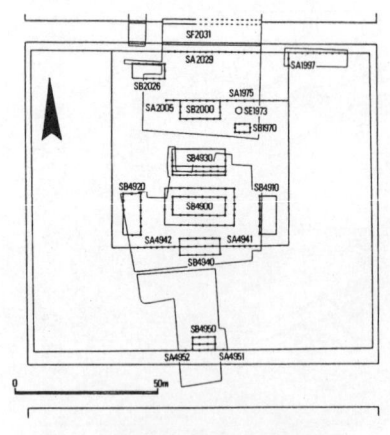

200 第2節 奈良・平安時代 都城の邸宅遺構

図4 藤原京右京七条一坊西南坪

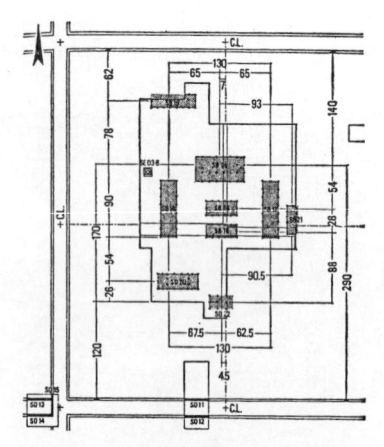

図5 平城京左京五条二坊十四坪

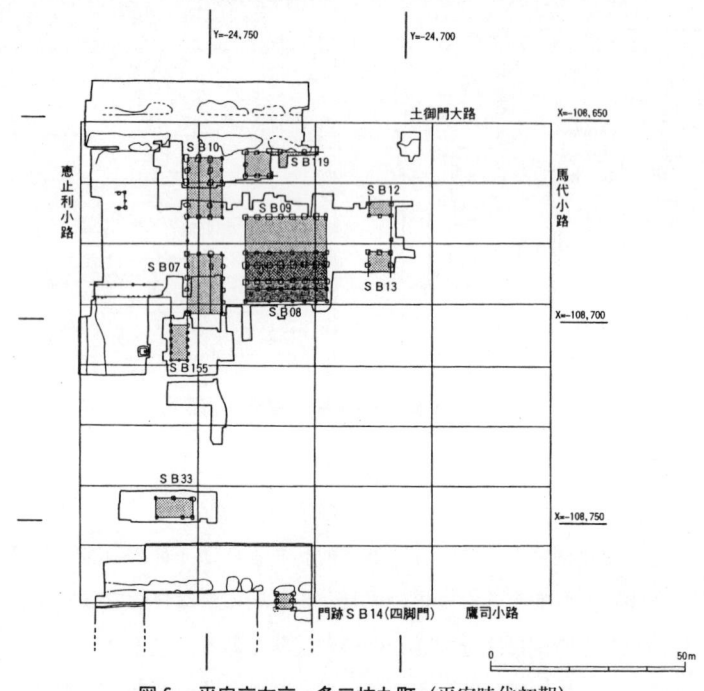

図6 平安京右京一条三坊九町（平安時代初期）

されている (黒崎1989)。それは、建物の微妙な配置を、いくつかの要素に当てはめて推定している。その要素とは、①脇殿の正殿に対する位置が前面か側面か、②正殿と脇殿の桁行規模の大小、③脇殿が庇付きの建物であるか否か、としている。そして、脇殿が正殿の側面にあり、脇殿の桁行規模が正殿よりも小さく、かつ庇付きの建物である場合は邸宅である可能性が強く、さらに邸宅の場合は後殿の存在とその両側にまた脇殿を配した二重コの字型の建物配置も指摘されている。取り上げている藤原京右京七条一坊西南坪で検出された邸宅の建物配置は、一町規模で利用され、ほぼ坪の中軸線上に正殿と後殿・後々殿が並ぶ[2]。そして、正殿の両側に東西脇殿を整然と配し、南側に門を構える建物配置である（図4）。上記の要素と照合しコの字型建物配置の一類型とし、邸宅である可能性が高いと評価されている。

　平城京跡の調査で確認されている代表的なものとして、平城京左京五条二坊十四坪内に奈良時代後半の一町規模の宅地が検出され、建物がコの字型に配置される遺構が挙げられる（図5）。坪の中央やや北寄りに三面庇の正殿を置き、その前面東西に脇殿を対称に配している。そして、正殿の前には棟方向を同じくする小規模な前殿を2棟、その前方に門がある。また、西脇殿の後方に東西棟建物が確認されている[3]。この遺構の性格について報告書では、コの字型建物配置を「家政のための政所的な性格をもった一画」と考え、一町を占有する「皇族ないし貴族の邸宅跡」と結論づけている (黒崎1989)。報告書内では、出土遺物でも従来の京内宅地遺跡と異なった特徴をもつとされている。その第一として、軒瓦のほとんどが平城宮所用瓦と同笵関係であったことである。従来は、宮所用の瓦とは別に個別に生産された瓦を用いる傾向が強いが、ここでは逆の傾向がみられ、この建物群の造営に官が主導的な役割を果たしていたのではないかと指摘している。第二として、硯の様相を挙げ、亀形や鳥形の硯が出土しているとともに、圏脚や蹄脚の円面硯が出土しているのに対して蓋などを転用した硯がまったくみられない点を指摘している。この2つの特徴は相反する性格を暗示し、瓦の様相からは「官衙的」、硯からは「邸宅的」な性格を示してい

ると論じている。

　しかし一方では、建物配置や瓦の特殊性を重視して「平城京左京職跡」とする意見もあり、「宮外官衙」あるいは「貴族の邸宅」であるか、その性格づけはなお流動的である（山本 1983）。

　平安京跡の調査での代表的な例として、平安京右京一条三坊九町の宅地が挙げられる（図6）。昭和54年にはじめて調査され、検出された遺構は大きく3時期に分けられる。コの字型建物配置の遺構は、8世紀末から9世紀初頭の時期にあたる。正殿は7×2間の礎石立ちの身舎に掘立柱の南北庇とさらに南に孫庇をもつ7×5間の建物で、その東西にそれぞれ2棟の脇殿を配している。東脇殿は庇をもたないが、西脇殿は2棟とも東側に庇をもつ。西脇殿は庇をもつものの、規模・構造や柱筋などは一致している。また、正殿の後方には7×2間の後殿があり、正殿と柱筋を揃えて配置している（平良 1980・1981）。そして、平成10・11年度の調査では、九町の南側で邸宅の門である南門（四脚門）を検出し、一町を占有する宅地であったことを確認した（村田 2000）。

　昭和54・55年度調査の報告では、コの字型建物配置の性格について「平城宮の内裏内郭部分・朝堂院、地方官衙の政庁域に相通じるところのもの」としながらも、「それは、官衙としても特別な意義—各種官衙の頂点である律令国家または地方諸国の政儀の場として存立するもの」であって、「この配置方式を所謂官衙一般に還元して理解すること自体に、問題が存する」としている。そして、京内にみられるコの字型ないし左右対称型の原型を平城宮や平安宮の内裏（後宮）建物の配置に求め、これらを含む遺構の性格を「邸宅」であるとしている（平良 1980・1981）。また、出土した瓦についてみれば、搬入瓦が大半を占めるもののここでも平安宮所用瓦と同笵のものがほとんどであって、先述した平城京の例を考えると同じく造営についての官の関わりが想定される。しかし、これに対して報告では「当時の高級貴族層が、国家の手厚い優遇策のもとに、いかに特権的地位を保持していたか」を示すもので、「彼らの邸宅自体が、半ば公的な性格をもつもの」と論じている。これらのことから、この宅地を天皇に近

い地位の貴族の邸宅と考え、桓武の従兄の神王または一族の壹志濃王の邸宅と推定した。

　また、コの字型に建物を配置する形式について、平安時代中期に成立する「寝殿造」に類似していることから、古代史および建築史の多くの研究者によって成立の過渡期段階の形式であって、「寝殿造の祖形」とする評価がなされている。[4] この宅地を邸宅と仮定するならば、宅地班給基準に照らし合わせると一町の宅地が五位以上に班給されることや正殿などの大規模な建物が建てられていたこと考えると、高位の貴族の邸宅である可能性が高いと思われる。しかし、正門となる四脚門が、地方官衙や寺院など公的な施設に採用されている格式の門を南側にもつことや正殿の南側に釣殿や庭園などの寝殿造を代表するような施設もないこと、内裏や朝堂院のような建物配置をもつこと、宮所用瓦と同笵関係の軒瓦が出土していることなどさまざまな要素があり、公的な施設か邸宅か判断がむずかしい。さらに、大規模な宅地と建物をもっていながら、文献上に一切の記載がないことなど疑問点が多く残る。

　また、この宅地の建物の存続期間が十数年と短命であったことなども、この建物配置が「宮外官衙」と「貴族の邸宅」であるかの判断を鈍らせている要因であろう。

4．「寝殿造」と「寝殿造の祖形」

　では、「寝殿造」、「寝殿造の祖形」とはいかなる住宅様式であるのか、その定義づけについてや変遷を簡単に整理し、問題点について考える。

(1)　「寝殿造」とは

　寝殿造は、平安時代に成立した上級貴族の邸宅建築様式とされ、成立は平安時代中期（10世紀中頃）と推定されている。しかし、寝殿造の定義に適合するような大規模な邸宅遺構が未検出であることや、文献史料が希薄であるため詳

細は現在でも明らかにはなっていない。では、なにをもって「寝殿造」と定義づけしているのか。

ほとんどの人が寝殿造をイメージすると、建物は寝殿を中心に左右対称に整然と建ち、主要建物の南側では儀礼や饗宴、日常的な庭園の観賞などがおこなわれていたと思い浮かべるだろう。しかし、寝殿造の定義の根拠となっているのは、文献に残る絵図などや中国から類似した建物配置をもつ住宅形式から引用されている（図2・3）。

これまでの研究の中で、「寝殿造」とよばれる上級貴族の邸宅建築様式には、これまで一定の規則性あると定義づけがなされている。その要素についてまとめると、①寝殿、対屋、中門廊でコの字型に南庭を囲む。敷地の周囲の築地塀まで含めると屋敷全体が二重構造をとる。②寝殿、対屋などの主要殿舎を廊や渡殿で連結する。③寝殿を中心に左右対称の建物配置をとる。④中門廊、築地塀の東西に門を設け出入口をつくる。⑤連絡通路ではない廊（二棟廊）が、寝殿または対屋に接続する。（侍廊や台盤所廊などを指す。）⑥南庭に池や築山、名勝の縮景を作ることがある。以上6点は、建物の配置、造作に関する規則で

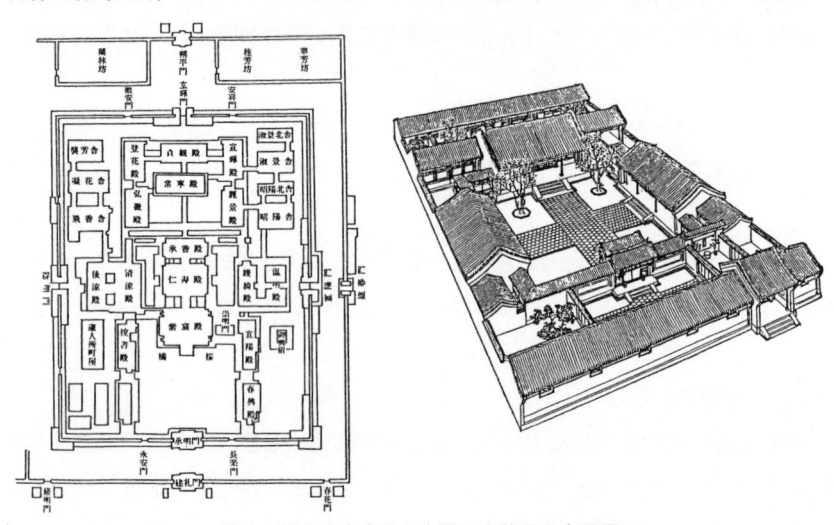

図7　平安京内裏図と中国四合院住宅鳥瞰図

あるが、このほかに、⑦間仕切りのない広大な居住空間を用途によって区切り、調度等を適宜、「室礼」として用いるといった特徴もあげられている。また、③の左右対象の建物配置は、中国建築にみられる特徴でもあり、これは中国建築を取り入れていた内裏の建築を規範としたことや中国の住宅建築である三合院や四合院を参考として再構成したためとも考えられている(5)（図7）。

(2) 「寝殿造」の変遷

　上記で記したこれまで定説化している寝殿造の定義をもとに、その変遷過程をまとめてみる。

　平安時代初期の上級貴族の邸宅は、まず敷地を内郭と外郭の2つに分ける。外郭である敷地の周囲に塀が廻るのは、後世と変わらないが、南に正門ともいうべき八脚門などの門が建つ。初期の貴族住宅には南側に門が存在する。内郭は、敷地の北側寄りに柵列で区分けされ、南側に門を設ける。そして、内郭内に邸宅の主人が使用する主要な建物が建つ、門を潜って正面に寝殿（正殿）が建ち、次に後殿、後後殿が建ち、正殿や後殿を挟むように東西両方向には脇殿が建つ。正殿や後殿、脇殿は、それぞれ独立した建物で、中・後期にみられるように互いが廊等ではつながっていない。その後、9世紀中ごろになると内郭を区切る柵列と脇殿が一体化していき、脇殿と寝殿を廊でつなぐようになっていく。また、この時期を寝殿造の準備期として「寝殿造の祖形」ととらえる説が定説化している。

　平安時代中期に入ると寝殿、東西の対屋、寝殿や対屋を連絡する廊をもつ邸宅が現れ、「寝殿造」といわれる住宅様式が成立するといわれている。この時期になると南側の門は設けられなくなり、東側、もしくは西側に正門を設けるようになる。厳密に南門を作ってはならないとういう規制はなかったようであるが、内裏（皇居）以外には南門を設けないという暗黙の了解があったともいわれている。この時期の邸宅としては、源融の六條河原院、藤原道長の土御門京極殿、その子、頼通の高陽院、藤原実資の小野宮邸があるが、建物配置など詳

細は不明である。

　平安時代後期から鎌倉初期に入ると寝殿造の史料も増え、寝殿造も変化を遂げていった。まず、第一に対代、対代廊が登場し対屋に取って代わり、あるいは、寝殿を中心として左右対称に建つべき対屋のうち、東西どちらか一方を欠くようになり、それまでの左右対象の建物配置から左右非対称に変化していく。寝殿造の好例として知られる藤原北家の東三條殿も、焼亡再建後、西対を欠いている。これは、機能性を重視した変化であると同時に財政悪化にともなう住宅規模の縮小および形式の簡素化を反映している。さらに対屋の縮小・消滅にともない小寝殿という殿舎が現れ、左右非対称の建築様式に拍車をかけた。小寝殿は、平安時代後期（11世紀末～12世紀）に集中的に現れるが、大規模な儀式を催さない私的性格が強い邸宅に多くみられ、寝殿を中心とする殿舎群からも離れて建てられた。その後、変容した寝殿造は、寝殿、二棟廊、侍廊、中門廊といった主要殿舎の一郭を室町時代まで残していくことになるが、しだいにその姿を消していくことになる。

　このように邸宅の建物配置について、一連の変化のなかで「寝殿造」が成立し、移り変わっていったととらえられている。はたして、平安時代前期に造られる邸宅の様相を寝殿造の準備期、これまで定説化している「寝殿造の祖形」ととらえてよいのだろうか。

(3)　「寝殿造」の問題点

　寝殿造については、これまで多くの研究者によって研究がなされてきた。寝殿造の研究の第一人者である太田静六氏は、平安時代初期から末期にいたる貴族の邸宅と思われる遺跡についての復原研究をおこなった。そして、寝殿造の成立や変遷過程、のちの書院造の成過程について論じている（太田1987a）。太田氏は裏松固禅などの江戸時代の故実書や指図などを参照しながら、貴族の日記類を渉猟し、東三条殿（左京三条三坊一町）をはじめとした平安時代初期～平安時代末期にいたる貴族邸宅の平面的な復元案を次々と発表した。この貴族邸

宅の復元は、その後の古代住宅史ならびに邸宅の建物配置復元に大きな影響を与えた。そして、寝殿造の形成について、「これまで寝殿造の原型となるものは、唐の宮殿である考えられてきた。それと同じ時期に導入された寺院建築（飛鳥・四天王・東大寺・唐招提寺など）が、伽藍などの建築様式がそのまま導入されたのに対して、寝殿造は中国からもたらされた宮殿建築を基準としながらも、多分に日本的に変化し日本独特の邸宅建築となった。よって、寝殿造とは古代中国における貴族の邸宅の日本における変化である」と述べている（太田1987b）。また、「寝殿造の祖形」と評価されている平安京右京一条三坊九町で検出されたコの字型建物配置をもつ遺構について、邸宅であるとしながらも「寝殿造の祖形」とする考えには否定的であり、奈良時代の住宅形式の延長であって、中国の宮殿ないし住宅形式の流れを汲むものであると論じている。邸宅の存族期間が短命であり、南側に池がなく南門の存在が想定されることなどから、寝殿造の祖形とみるよりは中国式の直系の建築様式とみた方が妥当であると論じた。

　そして、近年の発掘調査において、九町の宅地の南限に門（四脚門）が検出された（村田2000）。また、正殿の南側のほぼ全域において発掘調査を実施したが、関連する同時期の建物や庭園遺構は検出されなかった（村田2003・2004）。これらの調査成果は、定型化している「寝殿造」のイメージとは異なる結果となった。これにより、「寝殿造」の邸宅というイメージより内裏型の公的な施設の様相を合せ持つ平安時代初期の邸宅のイメージが強くなった。

　このほかにも、右京六条一坊五町で平安時代中期の貴族の邸宅とする遺構が確認されている。建物配置はコの字型を配するが、正殿の南側（正面）には庭園は存在せず主要建物群が南東側に集中している（図8）。このような邸宅も「寝殿造の祖形」といった評価がなされている。何をもって「寝殿造の祖形」と判断するのか、定義づけについて整理する必要があろう。

　研究者のなかには、「寝殿造」の典型的な例が発見されていないにもかかわらず、発掘調査によって検出される平安時代前期の邸宅を、中期以降に成立する

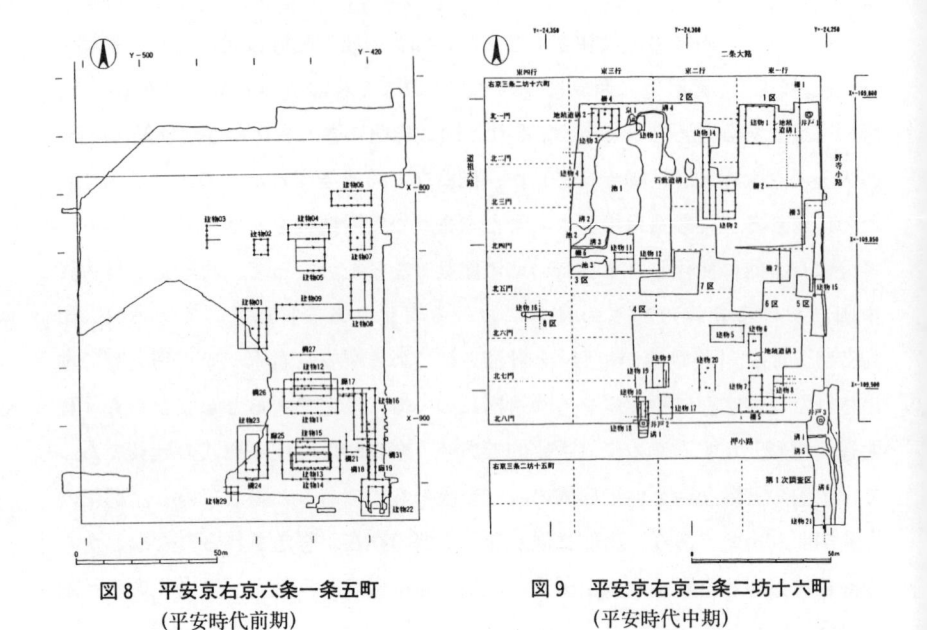

図8　平安京右京六条一条五町
（平安時代前期）

図9　平安京右京三条二坊十六町
（平安時代中期）

「寝殿造」の過渡期段階のものと処理していることに異論を唱えている研究者もいる。「寝殿造」という名称は、『家屋雑考』（天保13年）での沢田名垂の造語であり、そこに記載した平安時代の貴族住宅を復原した図が現代にいたるまでの「寝殿造のイメージ」の形成に影響を与えたとしている。平安時代の「寝殿造」について、その実態の不明瞭さからさまざまな疑問が投げかけられている。われわれが抱いているイメージは創られたものであり、いわゆる「寝殿造」はこの世に存在しなかった可能性がきわめて高いと論じている（京楽1994）。

　これまで宅地の規模や位置・建物の配置によって、「宮外官衙」か「貴族の邸宅」かの定義づけや遺構の性格づけの研究が多くの研究者によっておこなわれてきた。しかしながら、多くの矛盾や問題点を残しているのが現状である。「宮外官衙」や「貴族の邸宅」の要素をもつような宅地の建物配置を単純にひとつの住宅形式として「寝殿造の祖形」と評価できるのであろうか。宅地内での主要建物の位置が個々に異なるものを一形式とまとめてしまうには統一性に欠け

ているように思える。また、このような建物の規模や棟数や多少異なった建物配置に微妙な違いをもつものを単純に一形式としてとらえず、中国から影響を受けた住宅形式が日本的に変化・発展していく段階の一例と考えるのか、どちらにしても判断するにも不明瞭な点が多いのも事実である。寝殿造の定義について、基本モデルが検出されていない現状で、何をもって「寝殿造」とするのか。「寝殿造の祖形」と評価するのか。これまでの建物配置や園池から定型化した形式を求める「寝殿造」の定義について再検討の必要がある。それを踏まえて、「寝殿造の祖形」という形式の有無ついても検討していかなければならない。

　近年、各地の都城内での発掘調査において、一町以上の規模をもつ邸宅遺構の確認例が増加している。そのなかには、これまでの「寝殿造」の定義に当てはまらない邸宅の建物配置や園池との位置関係も確認されている。平安京右京三条二坊十六町のように、平安時代中期においても「寝殿造のイメージ」とは異なる建物配置をもつ邸宅遺構についての解釈または新たな分類も必要になってくるだろう（図9）。今後、それらの成果を踏まえ、奈良・平安時代におけるの住宅形式の変遷や建物配置の形式について再検討していく必要がある。

注
（1）　685（天武14）年に定められた冠位。諸臣については、正・直・勤・務・追・進があり、そのなかを壱・弐・参・肆の四階に分け、さらにそれぞれ大・広がつくられた。正大壱から進広肆まで、合計四十八階もの位が定められていた。
（2）　『藤原京右京七条一坊西南坪　発掘調査報告』奈良国立文化財研究所、1987
（3）　「平城京左京五条二坊十四坪発掘調査概要報告」『奈良市埋蔵文化財調査報告書―昭和54年』奈良市教育委員会、1980
（4）　研究者によっては「寝殿造の原型」の名称を使用されているが、ここでは「寝殿造の祖形」を使用する。
（5）　基本的な配置としては、垂花門を通り中庭に入ると、正面に正房があり中庭の左右に東西の廂房が建つ。寝殿造と異なるのは、垂花門から正房までと東西廂房に至る通路として十字型の石畳や甃が敷かれ、池などを配するスペースがないことである。また、周囲が正房や廂房に囲まれ建物も塀でつながっており密集した印象を

与える。それぞれの空間も厳密に区切られ密閉した住宅形式である。

引用・参考文献

阿部義平『考古学ライブラリー 50　官衙』ニュー・サイエンス社、1989
網　伸也「平安時代初期の大規模宅地造成について」『研究紀要　第 1 号』(財)京都市埋蔵文化財研究所、1994
石井清司「平安京跡右京一条三坊九町（第 7 次）発掘調査概要」『京都府遺跡調査概報　第 28 冊』(財)京都府埋蔵文化財調査研究センター、1988
太田静六『寝殿造の研究』吉川弘文館、1987a
太田静六「平安初期における貴族の邸宅」『寝殿造の研究』吉川弘文館、1987b
朧谷寿・角田文衞「平安京―条坊および官衙・邸宅―」『角川日本地名辞典 26　京都府　下巻』角川書店、1982
京楽真帆子「コラム・「寝殿造」はなかった」『朝日百科日本の歴史別冊　歴史を読みなおす 12―洛中洛外・京は"花の都"か』朝日新聞社、1994
黒崎　直「京におけるコ字型建物配置遺構の性格」『考古学叢考　中巻』吉川弘文館、1989
平良泰久ほか「平安京跡（右京一条三坊九・十町）昭和 54 年度発掘調査概要」『埋蔵文化財発掘調査概報 1980-3』京都府教育委員会、1980
平良泰久ほか「平安京跡（右京一条三坊九・十町）昭和 55 年度発掘調査概要」『埋蔵文化財発掘調査概報 1981-1』京都府教育委員会、1981
平良泰久「都城の宅地」『埋蔵文化財発掘調査概報』京都府教育委員会、1981
舘野和己『日本史リブレット 7　古代都市平城京の世界』山川出版社、2001
田辺征夫「平安京の人々と暮らし」『平城京　その歴史と文化』奈良県・平城遷都 1300 年記念 2010 年委員会編、小学館、2001
田辺征夫「平安京右京三条二坊十五・十六町―「齋宮」の邸宅跡―」『京都市埋蔵文化財研究所調査報告第 21 冊』(財)京都市埋蔵文化財研究所、2002
田辺征夫「平安京跡右京一条三坊九・十町（第 10 次）現地説明会資料」(財)京都府埋蔵文化財調査研究センター、2003
角田文衞『平安京提要』(財)古代学協会・古代学研究所編集、角川書店、1994
中村修也『日本史リブレット 10　平安京の暮らしと行政』山川出版社、2001
中村修也『古代の官衙遺跡　Ⅰ遺構編』独立行政法人文化財研究所奈良文化財研究所、2003

福山敏男「寝殿造の祖形と中国住宅」『住宅建築の研究』中央公論美術出版、1948
町田　章『考古学ライブラリー 44　平城京』ニュー・サイエンス社、1986
村田和弘「平安京跡右京一条三坊九・十町（第 8・9 次）」『京都府遺跡調査概報　第 92 冊』(財)京都府埋蔵文化財調査研究センター、2000
村田和弘「平安時代前期の邸宅遺構—平安京跡右京一条三坊九町の邸宅から—」『京都府埋蔵文化財論集　第 4 集—創立二十周年誌—』(財)京都府埋蔵文化財調査研究センター、2001
村田和弘「27．平安京跡右京一条三坊九・十町（第 10 次）」『京都府埋蔵文化財情報　第 88 号』(財)京都府埋蔵文化財調査研究センター、2003
村田和弘「平安京跡右京一条三坊九・十町（第 10 次調査）『京都府遺跡調査概報　第 111 冊』(財)京都府埋蔵文化財調査研究センター、2004
山口　博「平安京跡右京一条三坊九町　昭和 59 年度発掘調査概要」『京都府遺跡調査概報　第 16 冊』(財)京都府埋蔵文化財調査研究センター、1985
山中　章「長岡京から平安京へ—都城造営にみる律令体制の変質」『新版 古代の日本』第 6 巻 近畿Ⅱ、角川書店、1991
山中　章「古代都城の内郭構造をもつ宅地利用」『長岡京古文化論叢Ⅱ』三星出版、1992
山中　章『日本古代都城の研究』柏書房、1997
山本忠尚「地方官衙の遺跡」『日本歴史考古学を学ぶ（上）』有斐閣、1983

（村田和弘）

第3節　東国の集落遺跡に見る古代の終焉

1. はじめに

　9世紀から11世紀にかけて集落遺跡の変遷を見ると、10世紀代に住居数が急速に減少し、11世紀後半には集落の実態が不明確となる状況が、関東地方を中心とした東国で共通して認められる。その背景については、従来より集落立地の変化と丘陵部や沖積低地での土地開発が想定され（宮瀧1992・坂井1996）、最近では、10・11世紀頃の気候温暖化と結びつける見解が出されるなど、集落の変化と環境変化の関連性が指摘されている（戸田1991・宮瀧2002）。しかし、その反面、東国の各地に展開する大規模な古代集落がどのようなプロセスを経て中世集落へと変化するかについて、一定範囲の地域環境のなかで集落や周辺の土地利用を含めて分析した研究はあまり行われていないのが実状である。

　さいわい、千葉県内では台地上から沖積低地まで多様な立地の集落遺跡の調査例が蓄積し、一定の地域環境のなかで集落遺跡の動態を復元できる条件が整いつつある。そこで、ここでは、千葉県内で水系単位で集落動態を復元できる、東上総山辺郡内と西上総周淮郡内の事例を取り上げ、地域のなかで集落が、古代末期の10・11世紀代にどのように変質し中世に移行するかを跡づけてみたい。

2. 東上総山辺郡周辺の様相

　山辺郡は上総国の北東に位置し、西側には丘陵と洪積台地が広がり、東側には砂丘列を基盤とした九十九里平野が展開している。北幸谷川は、この山辺郡のほぼ中央を、洪積台地を浸食しながら西から東に流れるが、この北幸谷川流域を中心に古代集落の変化を概観してみよう。
　北幸谷川の上・中流域の台地上に立地する山田水呑遺跡、大網山田台遺跡群No.3遺跡（新林遺跡）、鉢ヶ谷遺跡、作畑遺跡、滝東台遺跡、そして九十九里平野に近い久我台遺跡の合計6遺跡（図1）で、竪穴住居と掘立柱建物の遺構数、さらに破片数を含めた墨書土器の出土量変化を土器編年にもとづき半世

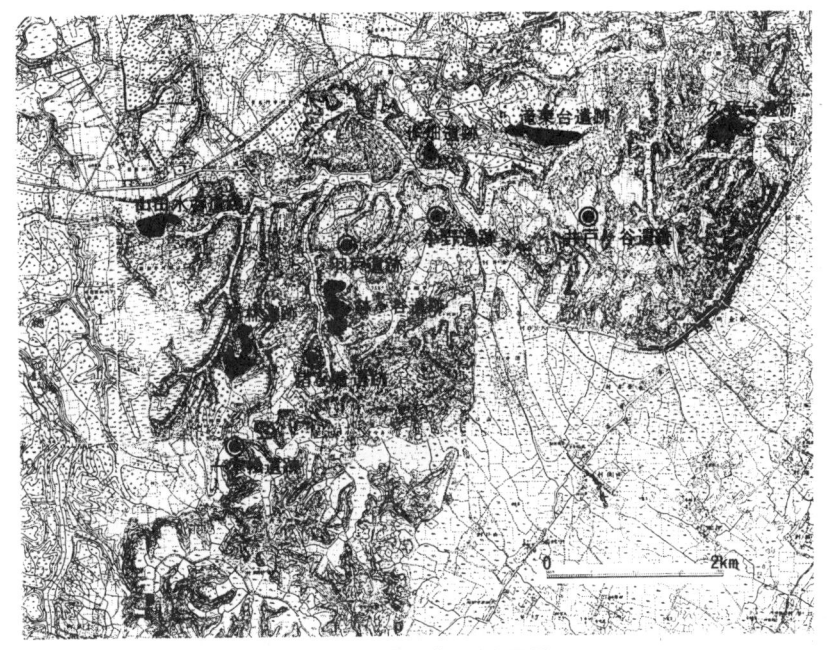

図1　山辺郡集落遺跡位置図

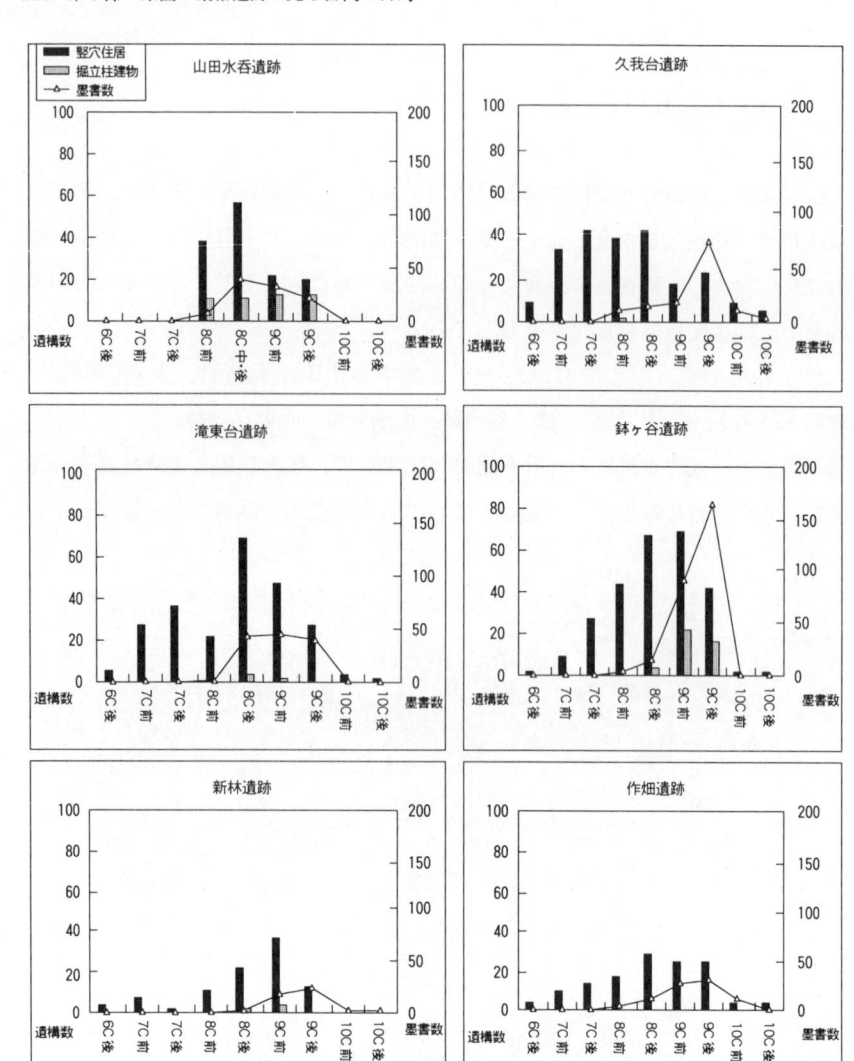

214 第3節 東国の集落遺跡に見る古代の終焉

グラフ1 山辺郡内集落遺跡遺構・墨書土器出土量変化

紀単位で示したのがグラフ1である（笹生2003a）。このグラフからは、集落遺跡の変化について、山田水呑遺跡を除く集落遺跡が成立するⅠ期（6世紀後半〜7世紀代）、山田水呑遺跡が成立し各遺跡の遺構数がピークに達するⅡ期

(8世紀代～9世紀前半)、集落の遺構数が急速に減少するⅢ期(9世紀後半～10世紀代以降)という3段階が確認できる。

古代集落の成立と展開

Ⅰ期(6世紀後半～7世紀代)における集落間の遺構数を比較すると、九十九里平野に近い久我台遺跡で竪穴住居数が90軒前後ともっとも多く、次いで北幸谷川中流域の滝東台遺跡、鉢ヶ谷遺跡、作畑遺跡、上流域の新林遺跡の順で少なくなっている。これは、6世紀後半から7世紀代に、九十九里平野に面する台地上の集落から台地西側の内陸へと支谷沿いに集落が広がっていったことを示している。

これと類似した状況は、九十九里平野でも認められる。九十九里平野の地形は内陸側から第Ⅰ～Ⅲ砂堤群に分類でき、その形成年代は、第Ⅰ砂堤群が縄文時代前・中期、第Ⅱ砂堤群が縄文時代後期から弥生時代、第Ⅲ砂堤群が弥生時代以降と推定されている(森脇1997)。Ⅰ期における山辺郡内の九十九里平野の状況は不明だが、山辺郡の北側、下総国匝瑳郡内では第Ⅰ砂提群上の光町芝崎遺跡で7世紀代の土器が一定量出土し、7世紀代に九十九里平野の第Ⅰ砂提群上で人間活動の痕跡を確認できる。つまり、この段階に、九十九里平野に面した台地上と支谷付近を核に、西側の台地内陸部と東側の九十九里平野へと同時に開発が開始されたと推定でき、この時期に古代集落の骨格が形成されたと考えられる。

つづくⅡ期(8世紀代～9世紀前半)には、ほとんどの集落で遺構数が増加し、滝東台遺跡と鉢ヶ谷遺跡では8世紀後半に70軒前後の竪穴住居が確認でき、集落規模の面でこの地域の中心的な集落へと発展する。なかでも滝東台遺跡の北西約1.5kmには「山邊郡印」が出土した滝台遺跡が位置し、滝東台遺跡周辺を中心に、律令支配を反映した地域秩序が形成されていた可能性が高い。また、北幸谷川の最上流域では、新たな開発で成立したと考えられる山田水呑遺跡が出現する。

九十九里平野では、第Ⅰ砂堤群上の芝崎遺跡は8世紀後半から9世紀代に竪

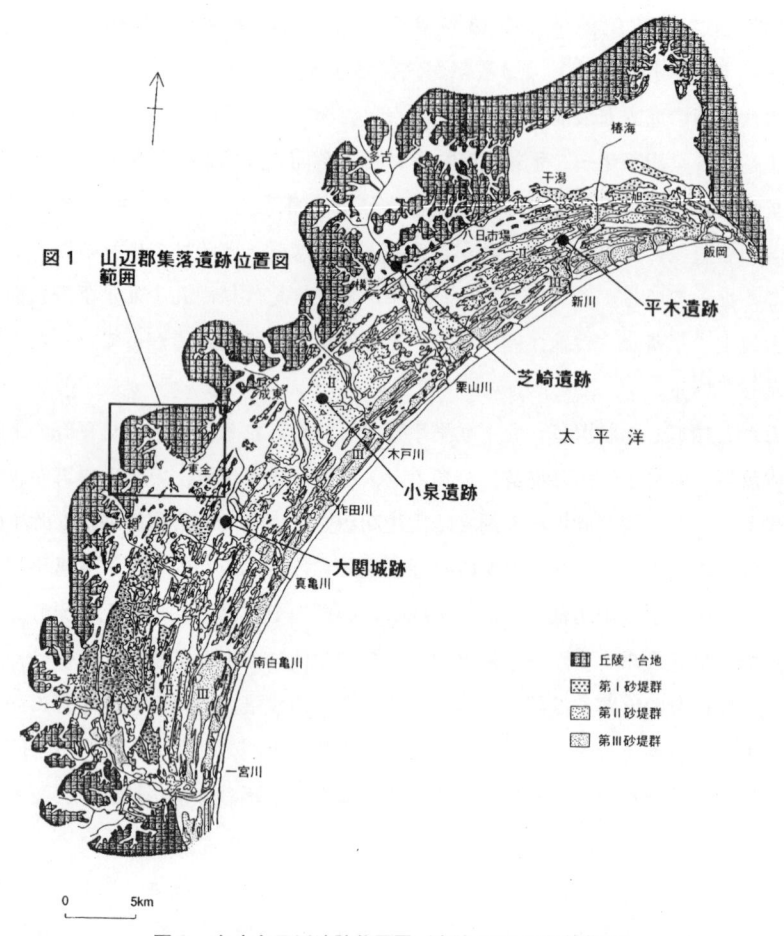

216 第3節 東国の集落遺跡に見る古代の終焉

図2 九十九里浜遺跡位置図（森脇1996に加筆作成）

穴住居と掘立柱建物の数がピークに達し、畠の存在を示す畝溝が多数検出され、畠に囲まれた集落景観が復元できる。また、第Ⅱ砂堤群上では、東金市（山辺郡）大関城跡で9世紀前半頃の井戸と思われる土坑や溝を、成東町（武射郡）小泉遺跡で8世紀後半の墨書土器や9世紀前半頃の竪穴住居を確認している。さらに、八日市場市（匝瑳郡）平木遺跡では、8世紀中頃から9世紀代には竪

穴住居と掘立柱建物、畠と思われる畝溝が存在し、芝崎遺跡と類似した集落の周囲に畑が広がる景観を復元できる。結局、この時期には台地内陸部に開発により新たな集落が成立するのと同時に、九十九里平野でも海岸に近い第Ⅱ砂堤群上まで、集落が拡大していたのである（図2）。

この集落の拡大に関連すると思われる資料に、「山邊」「山邊万所」「山邊御立」「山口舘」「山口家」「山口万」「山万所」「山万」などといった山邊郡・山口郷と関連する墨書土器がある。これらの墨書土器の年代はおもに9世紀代で、北幸谷川上・中流域の山田水呑遺跡、作畑遺跡、井戸ヶ谷遺跡、羽戸遺跡、そしてその南に隣接する大網山田台遺跡群（新林遺跡・一本松遺跡・小西平遺跡）にかけて広範囲に分布し、その分布範囲と山辺郡山口郷域との対応が考えられている（天野2001a）。その範囲内の大網山田台遺跡群は、掘立柱建物の構成比率がきわめて高く、分銅や上総国分僧寺の同笵瓦が出土したことから、上総国府官人などが関与した初期荘園との関連が指摘されている（天野2001b）。また、九十九里平野の平木遺跡では9世紀前半の墨書土器「郡厨」が出土しており、郡衙との関連が推定できる。つまり、この時期における集落規模の拡大や新たな集落の成立には、国・郡衙の地方律令官人の関与を考えることが可能である。

古代集落の変質

Ⅲ期、9世紀後半になると、全体的に竪穴住居数が減少し、10世紀前半以降には遺構数が激減、集落の景観は閑散とした状況へと変化する。この背景については、山田水呑遺跡の分析では「九十九里平野に向かって新たな開発を展開していく諸条件が9世紀後半に整い、新たな労働力の編成によって集落が移動した」と推定されている（松村1998）。しかし、九十九里平野では、8・9世紀代に第Ⅱ砂堤群まで集落が進出し、芝崎遺跡、平木遺跡の遺構数は8・9世紀代をピークとして、10世紀以降、急速に減少するという台地上の集落と同じ変化を示す。

では、10世紀以降、多くの集落が消滅してしまったのだろうか。この地域で

10世紀後半以降、集落景観が復元できる事例を具体的に見てみよう。新林遺跡の東約1kmの台地上に立地する猪ヶ崎遺跡（大網山田台遺跡群No.9地点）では、11世紀代と推定できる土師器の小皿と足高高台杯、黒色土器椀がともなう竪穴住居と円形土坑が確認されている。竪穴住居は30mから100m程度の間隔をおいて6軒（002・046・073・084・117・183号竪穴）存在し、その間に地下式坑状の円形土坑（174・317・342号土坑等）が点在する。円形土坑に耕作地で収穫物を貯蔵する機能を想定すれば、耕作地のなかに竪穴住居が距離をおいて散在するという11世紀代の景観が復元できる。

また、作畑遺跡と北幸谷川を隔てた南側の台地上に立地する小野城跡（小野遺跡）では、10世紀後半代と考えられる底部糸切り無調整の土師器杯をともなう竪穴住居2軒（001・002号竪穴）が検出されている。この地点は9世紀以前の集落が展開しない狭い台地であり、2軒の竪穴住居は約100m程度の間隔をおいてつくられ、猪ヶ崎遺跡と類似した景観が10世紀後半に成立したと考えられる。

つまり、両遺跡とも、9世紀末期から10世紀前半を境に、竪穴住居を分散してつくり一世代程度の短期間で移動する居住形態が成立したと推定できる。そして、集落遺跡で10世紀以降、一定の調査範囲のなかで数軒の竪穴住居しか見られなくなるのは、集落が消滅・移動したのではなく、竪穴住居や掘立柱建物が一定の範囲に継続的に営まれる居住形態から、耕地などを間において竪穴住居が点在する居住形態へと変化したためと考えられる。

このように集落景観が急速に変化する直前、9世紀後半に集落内から出土する墨書土器の量に明確な変化が現れる。墨書土器の出土量は、8世紀後半から9世紀前半にかけて国・郡衙の官人との関連が想定される滝東台遺跡や山田水呑遺跡で40点前後が出土し最多となっているが、9世紀後半には鉢ヶ谷遺跡で166点、久我台遺跡で73点という多量の墨書土器が出土し、同時期、他の集落で出土量が減少するのとは対照的な傾向を見せる。また、この時期、鉢ヶ谷遺跡の判読可能な墨書土器84点中、「大立」「大立万」の文字が65点を数え、久

我台遺跡の場合、判読可能な墨書土器42点中、「立合・立」の文字が29点を占めている。さらに、鉢ヶ谷遺跡を特徴づける「大立」「大立万」の文字は、鉢ヶ谷遺跡の北に隣接する羽戸遺跡で、同時期の墨書土器のなかに「大立」6点、「大立万」3点が存在し、一本松遺跡では、鉢ヶ谷遺跡と同筆の「大立」1点が出土している。このような「大立」「大立万」の墨書土器の分布を見ると、9世紀後半の段階で鉢ヶ谷遺跡を中心として羽戸遺跡と一本松遺跡を含む範囲で、相互に関係をもつ一定の地域ブロックが形成されていたと考えられる。それは、山辺郡・山口郷関連の墨書土器の分布範囲よりも、はるかに狭い範囲となっている。

また、羽戸遺跡では、10世紀前半代の竪穴住居（109号ＡＢ）から鉄製海老錠の断片が出土しており、鉢ヶ谷遺跡に隣接する羽戸遺跡付近になんらかの収納施設が存在していた可能性が高く、周辺の集落から物資を集積・収納する人物の存在を考えることができる。そして、その人物には「承平2年（932）9月22日付け丹波国牒」で郷内の稲を集めて調絹を調達し国衙に納める存在とされた「堪百姓」と類似した郷内の有力者という性格を推定できる（中野1979）。

結局、9世紀後半から10世紀代にかけて、6世紀後半以来継続してきた古代集落の居住域は解体し、分散した居住形態へと変化するが、それには郡・郷域に対応する地域秩序の変質・分解が深く関与していたと考えられる。それを具体的に表すのが、山口郷内で、墨書土器「大立」の分布に対応する鉢ヶ谷遺跡を中心とした小地域ブロックであり、その成立には「堪百姓」とよばれるような新興の郷内有力者がかかわっていたのであろう。

3. 周淮郡内の様相

周淮郡は上総国の南西部に位置し、房総丘陵から東京湾へと流れ込む小糸川流域をおもな範囲としている。小糸川中・下流域に広がる沖積平野では、近年、多くの集落遺跡の発掘調査が実施されており（図3）、ここでは、それらの集落

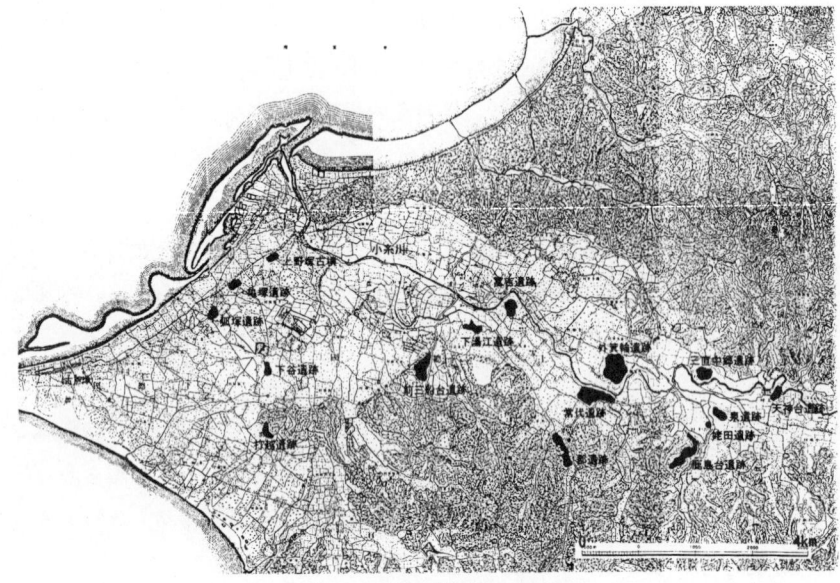

220　第3節　東国の集落遺跡に見る古代の終焉

図3　周淮郡集落遺跡位置図

遺跡から、古代から古代末期にかけての集落と環境の変化について復元してみたい（笹生2003b）。

古代集落の成立と展開

　小糸川流域の沖積平野では、古墳時代中・後期、5世紀から6世紀にかけて常代遺跡、天神台遺跡、富吉遺跡など、奈良・平安時代（8・9世紀）へとつづく集落遺跡が成立する。なかでも、常代遺跡では、5世紀から7世紀代の竪穴住居が40軒以上確認でき、小糸川沿いに4カ所の遺構群（A〜D群）を形成している（図4）。

　小糸川中流域では、古墳時代前期（3・4世紀）までに、常代遺跡や泉遺跡に見られるように、小糸川支流の自然流路が埋没し、それにともない沖積平野の地形環境に変化が生じたと考えられる。埋没した自然流路は、常代遺跡で確認できるように、弥生時代を中心に堰が設定され水田への灌漑用水源として機能していたが、その埋没により、常代遺跡では古墳時代後期・6世紀に新たな

第4章 歴史時代の集落　221

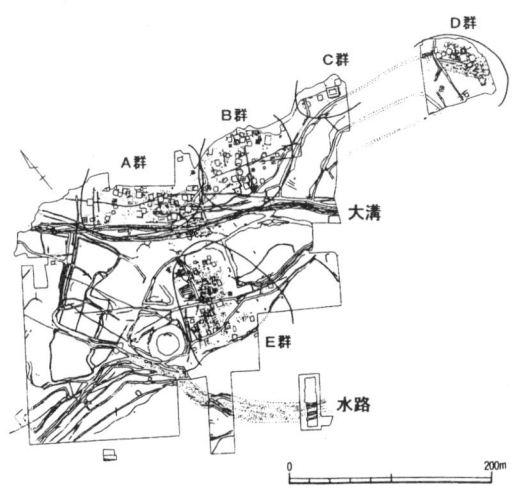

図4　常代遺跡遺構配置図（6世紀～9世紀）

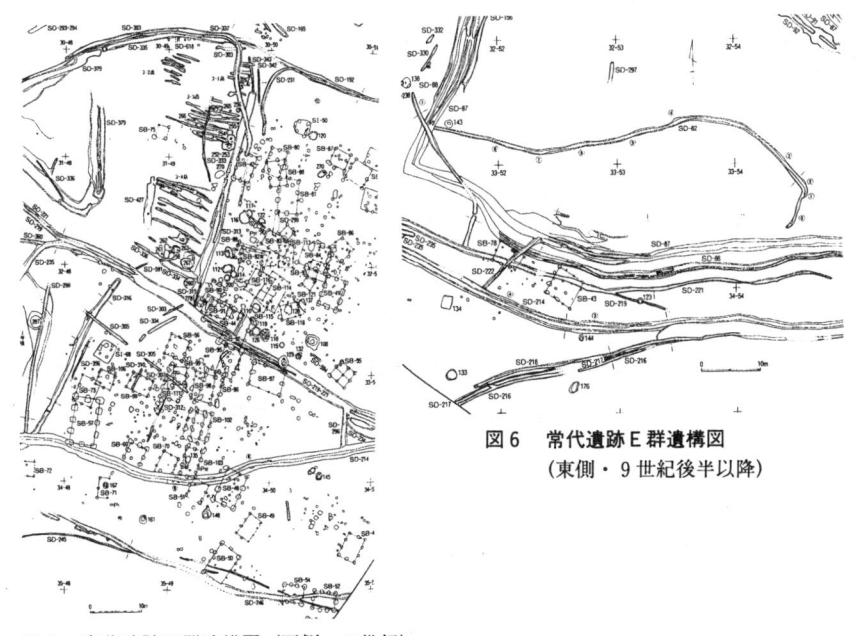

図5　常代遺跡E群遺構図（西側・8世紀）

図6　常代遺跡E群遺構図
　　　　（東側・9世紀後半以降）

用水路群や導・排水路である大溝が開削され、姥田遺跡では水田区画の変化が確認でき、用水系や水田の再編成が行われている。同時に、小糸川支流・江川沿いに位置する郡遺跡では、大型の掘立柱建物を中心とする豪族居館のような遺構群が江川の旧河道沿いに成立し、その周辺や河道内からは手捏土器、木製形代、卜骨など祭祀遺物が出土し、祭祀の場となっていたことが判明する。

つまり、5世紀代における沖積平野上への集落の本格的な進出は、地形環境の変化、具体的には沖積平野上の自然流路の埋没による土地条件の安定化が前提となったと考えられ、それは新たな用水系や水田区画、居館や祭祀の場の成立と同時に進行していたのである。

つづく奈良・平安時代前期（8・9世紀代）には、郡遺跡の居館は消滅し、常代遺跡では掘立柱建物と井戸を中心に構成される遺構群・E群（図4・5）が新たに成立、常代遺跡周辺の小糸川中流域では、外箕輪遺跡や三直中郷遺跡の掘立柱建物の建物方位と溝や水田区画の方位が一致することから、広範囲にわたる統一的な条里地割の成立が想定できる。この地域は、「郡」の地名が残ることからもわかるように、郡衙が置かれた周淮郡の中心地であり、常代遺跡などで展開する掘立柱建物を中心とした集落景観と周辺の条里地割という、律令支配に相応しい地域景観が8・9世紀代には成立していたのである。

しかし、常代遺跡、天神台遺跡、富吉遺跡は、古墳時代後期の集落を継承し、常代遺跡の大溝や用水路は古墳時代後期のものを踏襲している。また、郡遺跡の流路内からは、依然として手捏土器や木製形代などの祭祀遺物が出土し、古墳時代後期以来、祭祀の場としての機能は維持されていたと考えられる。結局、小糸川中流域の沖積平野に展開した古代集落や周辺の景観は、律令支配に対応しながらも古墳時代後期のものを踏襲するという側面をもっていたといえよう。

古代末期の変化

このような集落景観は、9世紀後半を境に大きく変化する。常代遺跡の中央に位地する遺構群・E群では、8世紀から9世紀にかけて掘立柱建物44棟、井戸5基が畑とは区画された形で存在し、継続的に居住域として機能している。

しかし、9世紀後半から10世紀以降、E群内には畑の畝溝がつくられ、E群の東側に井戸1基、方形竪穴1基、掘立柱建物2棟で構成される小規模な居住域（屋敷地・図6）が1カ所確認できるのみとなり、8世紀代に継続して維持されてきた居住域のE群は、9世紀後半を境に小規模な屋敷地が畑のなかに散在する景観へと変化する。また、郡遺跡では、江川沿いの支谷内で、11世紀代の土器焼成土坑と掘立柱建物、そして水田遺構がセットになった屋敷地が検出されている。このように小糸川中流域の沖積平野では、古墳時代後期以来、継続的に維持されてきた居住域は9世紀後半を境に分散し、川沿いから支谷内まで小規模な居住域（屋敷地）が耕地を間に挟みながら点在する景観へと変化したと考えられる。

　集落景観が変化する9世紀後半、常代遺跡では古墳時代後期以来、導・排水路として機能してきた大溝や用水路群が機能を失い埋没する。また、郡遺跡では、10世紀頃に、古墳時代以来、祭祀の場として機能してきた江川の流路が埋没し、江川の流れは14世紀代まで機能する低い部分の流路へと移動している。これは、9世紀後半から10世紀頃に小糸川支流の流路変化や河床面の低下が起こり、それまでの用水路などが機能しなくなったことに対応していたと考えられ、それは本流・小糸川の河床面の低下という地形環境の変化に連動していたのである。事実、小糸川河口の砂丘列上に立地する狐塚遺跡（図3）では、10世紀から14世紀までの間に多量の砂質土の堆積が認められ、小糸川からの土砂の供給量が増加していたと推定でき、10世紀頃の小糸川中流域の地形環境の変化に対応する。

　このような地形環境の変化にともない、新たな用水系の整備が想定でき、その一つの候補が常代五カ村用水である。この用水は常代遺跡の南と西側に広がる郡条里の水田に給水する用水路で、17世紀にはその存在が確認できる（図7）。常代遺跡の西側に位置する郡条里Ⅲ地点では古代末期以前と考えられる水田面が検出されているが、常代五カ村用水がなければ水田への給水が困難な地点に位置している。このことから、常代五カ村用水の原形は古代末期の10〜11

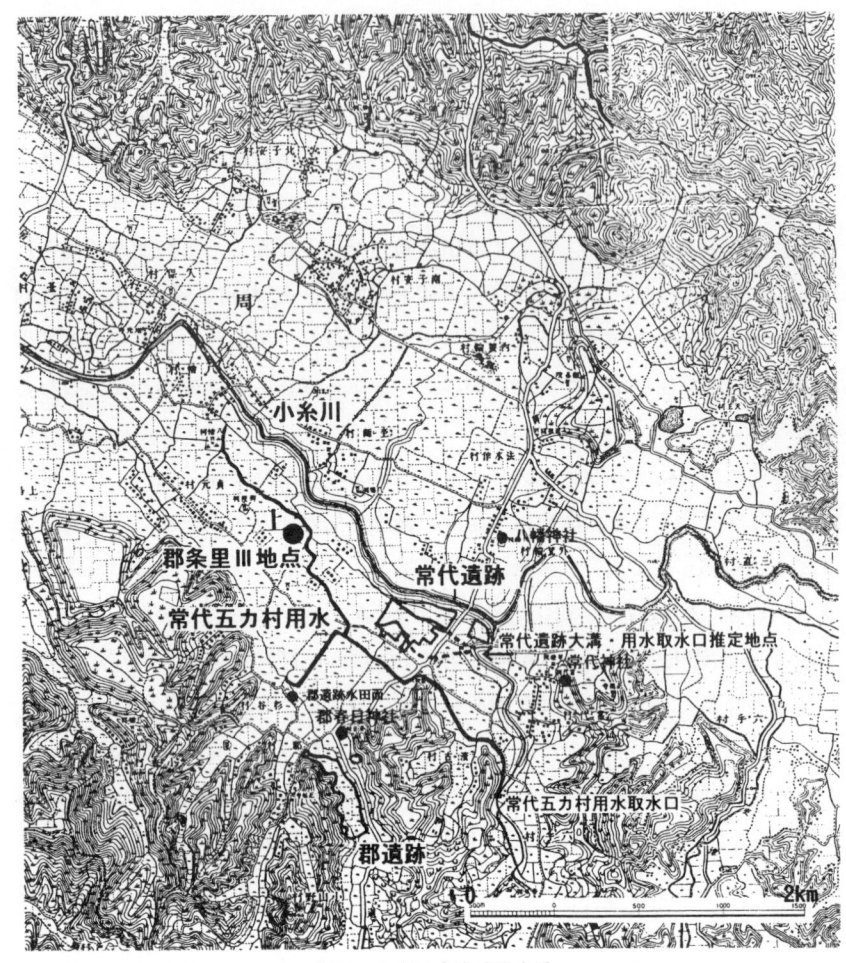

224　第3節　東国の集落遺跡に見る古代の終焉

図7　小糸川中流域用水系

世紀頃までには成立していた可能性が高く、その成立は10世紀頃の地形環境の変化に対応していたと考えられる。

　結局、小糸川中流域では、9世紀後半から10世紀にかけて、小糸川の河床面低下と支流の流路変化や河床面低下といった地形環境の変化が起こり、それにともない用水系の再編が行われていたと推定できる。また、それは沖積平野に

段丘面を形成し、地下水位の低下と流域の水田の乾田化を促進し、畑の拡大をもたらした。このような耕作地の変化に同調する形で出現する、耕地内に点在する屋敷地の景観は、12・13世紀に外箕輪遺跡や泉遺跡で成立する中世の屋敷群と類似し、その原形となっていったと考えられる。

4．まとめ——古代集落の変化の要因

以上、旧上総国内の事例から古代集落の変化について、山辺郡と周淮郡という地域のなかで見てきた。そして10世紀以降、多くの集落で竪穴住居などの遺構数が減少する状況は、居住域を一定範囲で複数世代にわたり継続的に維持する居住形態から、小規模な居住域（屋敷地）が耕地のなかに分散し一世代程度の短期間で移動する居住形態へと変化した結果であり、決して集落が移動・消滅したためではなかったことが判明した。このように居住形態と集落景観が変化する要因には、古墳時代後期（6・7世紀代）以来、特定の居住域を代々の屋敷地として維持してきた意識の変化があったと考えられる。そして、その意識と同様、10世紀頃に変化するのが、古墳時代後期以来の在地の神観念と祖先観である。

神観念について周淮郡内の郡遺跡の例で見ると、古墳時代後期の祭祀の場が奈良・平安時代前期（8・9世紀代）まで維持されており、それは古墳時代後期以来の在地の神観念が9世紀代まで存続していたことを示すと考えられる。

一方、小糸川流域では鹿島台古墳群、大井戸八木古墳群など6世紀前後に成立する古墳群中に8・9世紀代の火葬墓がつくられる例があり、隣接する望陀郡内・小櫃川流域では椿古墳群などでも同じ例を確認できる。これは、古墳時代後期に形成された古墳群が、平安時代前期の9世紀代まで墓域として意識されていたことを示し、古墳時代以来の系譜を意識した祖先観が9世紀代まで存在していた可能性を示唆する。このような祖先観に支えられ、代々受け継がれる居住域（屋敷地）の集合体として集落が継続的に営まれ、その集落で構成さ

れる地域の秩序が、古墳時代以来の神観念により維持されるという状況を考えることができよう。

　しかし、この神観念と祖先観は、8世紀後半から9世紀代にかけて集落内に浸透する仏教信仰などの影響で変化を余儀なくされていったと思われる。実際、郡遺跡では9世紀代の灰釉陶器の浄瓶2個体分が出土しており、古墳時代後期以来の祭祀の場へと仏教信仰が流入していたことを確認できる。そして、10世紀には、郡遺跡の祭祀の場は断絶し、古墳群中への火葬墓の造営は見られなくなる。つまり、10世紀は在地の神観念や祖先観にとっても大きな断層となっていたのである。このような神観念や祖先観の変質と断絶が内的（精神的）な要因となり、それまでの地域秩序に変化が生じ、9世紀後半以降、山辺郡山口郷に見られたような郷とは異なった小地域ブロックが成立し、そこを舞台に新興勢力である郷内有力者の活動が可能となったと思われる。また、祖先の系譜意識が断絶したことで、短期間で居住域を移動させる居住形態が実現したと考えられる。

　その一方で、10・11世紀には、周淮郡内の小糸川流域で確認できたように、河川の河床面低下や流路変化などといった地形環境の変化が現れ、耕地と用水系の再編成が進行したと推定できる。これが外的（環境的）な要因となり、居住域（屋敷地）と耕地の位置関係が変化し、耕地のなかに屋敷地が分散する景観を実現させたと考えられる。このような内的、外的な要因が相互に作用し合って古代集落を変化させていったのであり、そこに集落遺跡における古代の終焉を見ることができるのである。

　小糸川中流域では、12世紀後半頃、外箕輪遺跡や泉遺跡で、14世紀まで継続する安定した中世の屋敷群が確認できるようになる（笹生1998）。12世紀代に成立する新たな墓制に対応して中世的な氏族意識が形成され、春日・八幡・日枝社など権門寺院と関連をもつ中世的な神格が地方に浸透し、荘園公領制という新たな地域秩序が形成されることで、このような中世の屋敷群が形成され、その安定化がはかられていったと考えられよう。

参考文献

天野　努「掘りだされた古代の集落」『千葉県の歴史　通史編　古代2』千葉県、2001 a

天野　努「集落遺跡と墨書土器」『千葉県の歴史　通史編　古代2』千葉県、2001 b

坂井秀弥「律令以後の古代集落」『歴史学研究』第681号、1996

笹生　衛「東国中世村落の景観変化と画期―西上総、周東・周西郡内の事例を中心に―」『千葉県史研究』第7号、1998

笹生　衛「集落遺跡の地域動態と墨書土器の出土量変化―上総国山辺郡周辺の事例から―」『史館』第32号、2003 a

笹生　衛「古代集落の変化と中世的景観の形成」『千葉県史研究』第11号別冊、2003 b

戸田芳実「中世とはどういう時代だったか―中世前期―」『初期中世社会史の研究』東京大学出版会、1991

中野栄夫『律令制社会解体過程の研究』塙書房、1979

松村恵司「山田水呑遺跡」『千葉県の歴史　資料編　考古3（奈良・平安時代）』千葉県、1998

宮瀧交二「日本古代の村落と開発」『歴史学研究』第638号増刊号、1992

宮瀧交二「『嵯峨』期における東国集落の再検討」『古代文化』第54巻第11号、2002

森脇　宏「沖積平野」『千葉県の自然誌　本編2　千葉県の大地』千葉県、1996

〈遺跡関係参考文献〉

(財)君津郡市文化財センター『常代遺跡群』1996

(財)君津郡市文化財センター『泉遺跡発掘調査報告書Ⅰ』1996

(財)君津郡市文化財センター『泉遺跡発掘調査報告書Ⅱ』1996

(財)君津郡市文化財センター『天神台遺跡発掘調査報告書』1991

(財)君津郡市文化財センター『郡遺跡発掘調査報告書Ⅰ』1994

(財)君津郡市文化財センター『郡遺跡発掘調査報告書Ⅱ』1996

君津市教育委員会『富吉遺跡群確認調査報告書』1996

(財)君津郡市文化財センター『姥田遺跡発掘調査報告書』1998

(財)千葉県文化財センター「三直中郷遺跡」『千葉県文化財センター年報No.24―平成10年度―』2000

(財)君津郡市文化財センター『三直中郷遺跡発掘調査報告書』2001

(財)君津郡市文化財センター『狐塚遺跡』1995

(財)千葉県文化財センター『外箕輪遺跡・八幡神社古墳発掘調査報告書』1989

(財)君津郡市文化財センター『外箕輪遺跡Ⅱ』1997
(財)君津郡市文化財センター『外箕輪遺跡Ⅲ』1997
作畑遺跡調査会『千葉県東金市　作畑遺跡発掘調査報告書』1986
(財)千葉県文化財センター『東金市久我台遺跡』1988
(財)千葉県文化財センター『平木遺跡』1988
(財)千葉県文化財センター『東金市大関城跡』1997
(財)山武郡市文化財センター『大網山田台遺跡群Ⅱ』1995
(財)山武郡市文化財センター『大網山田台遺跡群Ⅲ』1996
(財)山武郡市文化財センター『油井古塚原遺跡群』1995
(財)山武郡市文化財センター『小泉遺跡（御用地3257地点）』1996
(財)山武郡市文化財センター『小泉遺跡B地区』1999
(財)山武郡市文化財センター『小野遺跡F区』1998
(財)山武郡市文化財センター『小野山田遺跡群Ⅰ―鉢ヶ谷遺跡―』2000
(財)山武郡市文化財センター『小野山田遺跡群Ⅱ―羽戸遺跡―』2001
道澤　明「光町　芝崎遺跡」『平成13年度　千葉県遺跡調査発表会　発表要旨』千葉県文化財法人連絡協議会、2002
山田遺跡調査会『山田水呑遺跡　上総国山邊郡山口郷推定遺跡の発掘調査報告書』、1977

(笹生　衛)

第4節　古代の「市」を探る

はじめに

　古代の「市」については、文献上ではその存在が知られており、理論上都城の「市」の他に、国府市と地方市が存在することも指摘されている。しかし、考古学的にはこれまで「市」であると確認された遺跡はなく、都城においても東西市の位置の想定はされ、周辺の調査が実施されているにも関わらず、規模や構造など基本的な問題についても不明な点が多い。考古学や古代史の図説や解説書などでは、「市」の様子をイラストで表現している例が多いが、残念ながら実態としては「市」全体はもちろん、「市」を構成する個々の建物や市司の施設も判明していない。

　ここでは、これまであまり考古学的に検討されることのなかった古代の「市」について、物資の流通などから交通路に関連する点や、度量衡関係の遺物と「市」に関連する文字資料の出土、あるいは中世の絵画資料などを手掛かりに分析したい。特に、都城の「市」や官衙に伴うような「市」ではなく、自然発生的な地方の「市」について、その構造や集落との関係を中心に検討を進めたい。

1. 描かれた中世の「市」

　最初に古代の「市」の姿を想定するために、視覚的なイメージの対象として中世絵画に描かれた「市」を検討してみたい。中世絵画資料の中で、正安元年(1299)の作と考えられている『一遍上人絵伝』には、鎌倉時代の地方の「市」とその周辺の人物達が描かれている。第四巻第3段には備前国福岡の市、第四巻第5段には信濃国佐久郡伴野の市の場面が、またこの他にもいくつかの場面で商店などが登場する。ここでは、絵巻から確認できる「市」関係の建物を平面図に置き換えて、その構造や配置などを検討してみたい。

　福岡の市は、山陽道と吉井川の交差する交通の要衝に位置し、多くの商品が扱われ賑わっている様子が描かれている。5棟の建物で構成され、1号は確認できないが、3～5号建物には1棟に2～3店が同居しており、商店数としては9～10店ほどになるだろう。5号は板壁によって米屋と魚・鳥屋に区画されている。何れも掘立柱建物で、草葺や板葺・切妻・細い丸太の簡易な建物である。布屋では品定めする女の姿があり、米屋では枡を使ってはかり売りし、天秤棒に魚を下げた振売と思われる行商人などが描かれている。道を挟んで両側に店が並び、画面手前には川が流れ、小さな橋が架けられている。3号は道の中央近くに配置されており、両側を人が通行している様子が描かれているが、商人は背を向けている。店の正面は3号と4号に挟まれた部分であることが想定できるが、橋の存在から道は3号の後ろを通過している。1号は4×2間の草葺屋根で背面の桁側が草壁になり、さらにその手前では耕作している人物がいる。2号は4×2間の板葺で3号は5×2間の板葺屋根である。4号は4×3間の板葺で桁側の柱が省略されている。5号は3×2間の草葺であるが、梁間両側の中央の柱が見られない。前述のように5号は板壁によって仕切られており、この壁部分のみ梁間中央に柱が入っている。1号の裏には鍵の手状に柵列が廻り、その手前には男が小舟から荷を降ろす様子が描かれている（図1）。

第 4 章　歴史時代の集落　231

　伴野の市は道の両側に 5 棟の建物が並び、板葺はなく何れも草葺の簡素で雑な造りである。1 号は 2×2 間風であるが梁行中央の柱がなく、道と反対側に庇が架かるような 2×1 間の 1 面庇とも見える構造になっている。2 号は 1 号と平行に並ぶ 4×2 間の建物で、梁行右側は草壁である。さらにその右側に道と直行する粗雑な柵列が描かれている。3 号は 5×1 間の細長い建物で、後側にこの建物に直角に張出した 1 間分の屋根が見える。3 号に平行して 2×2 間の建物と、その後に右側の梁行と平行した 3×2 間の 4 号建物が見え、その間に大きな松の木がある。右奥のコーナーと梁行中央の柱が欠けている。3 号の奥には放牧されている牛がおり、犬や烏は店内に入り込んでいる。福岡の市に比べて人通りも少なく閑散としており、周辺に他の建物は見られない。店には商品も置かれていないことから、この場面は「市」の立つ日ではないと考えられる（図 2）。

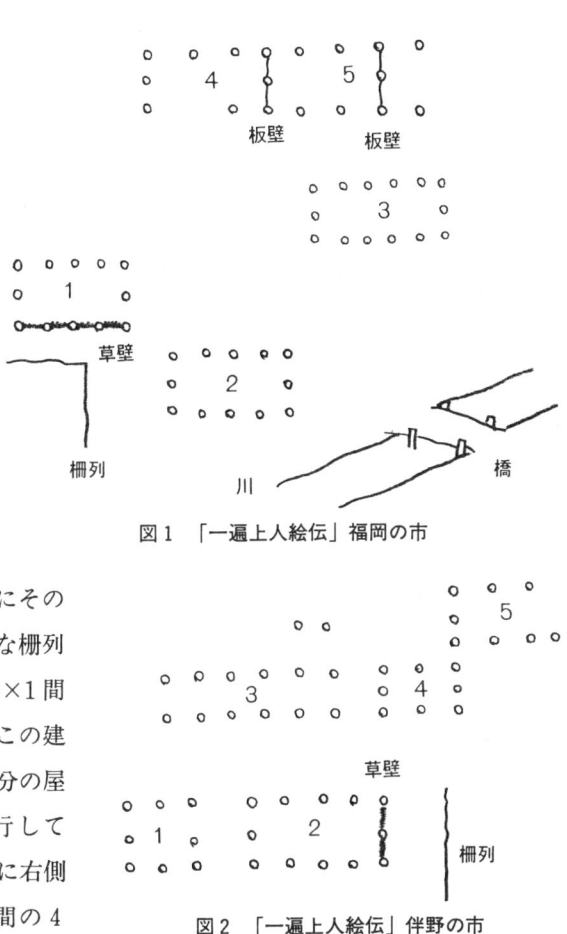

　以上の『一遍上人絵伝』に登場する 2 つの「市」に共通することは、道の両

図 1　「一遍上人絵伝」福岡の市

図 2　「一遍上人絵伝」伴野の市

側に 5 棟ほどの掘立柱建物が平行して並び、切妻屋根の簡易な造りで軒が接するような配置も見られる。柱は細く柱間が均一ではなく、一部の柱が省略されている場合もある。部分的に草壁や板壁が設けられているが、基本は開放であり従って専用の出入口となる間口はない。一部に柵列が設置されている、などの特徴も指摘できる。これらの点からは、「市」の建物は居住施設と兼用・併設ではなく、簡素ではあっても商店としての専用施設であったと考えられる。伴野の市の閑散とした状況からも、商人達は別に住居を持ち、消費者と同様に「市」の日にこの場所に集まって来たと想定できる。このような「市」の景観に対して、第五巻第 5 段には一遍達が武士によって鎌倉入りを阻止されている場面がある。道の中央に板橋が架けられた溝が走り、両側に屋敷や人家あるいは商店などが並んでいる。この場面には 2 軒の店が描かれているが、福岡の市・伴野の市の簡素な建物と異なり、切妻ではあるが板葺きの屋根と板壁を持つ常設的な住居兼用店舗として描かれている。ここでは、「市」と都市や町の商店と視覚的にも明らかに区別されており、細部の構造にも格差を見ることができる。

　このような描かれた中世の「市」に対して、宿や「市」の機能を指摘されている遺跡もいくつか調査されている。埼玉県堂山下遺跡（宮滝 1991）や大分県釘野千軒遺跡（玉村 1996）では、道路に面して建物が配置されており、特に釘野千軒遺跡では街路状の道の両側に建物が並んでいる。これらの遺跡と『一遍上人絵伝』を比較すると、道に面した建物群は同様であるが、両遺跡では建物の短軸方向つまり梁側が道に面しているのに対して、描かれた両「市」や第五巻第 5 段の商店では長軸方向である桁側に平行して道が描かれている。この問題に関しては、『慕帰絵詞』に登場する、松島の漁村・海人集落である浦の苫屋（第五巻第 20 紙）や、丹後の山々に続く山村である金剛薩埵院裏手の集落（第九巻第 10 紙）でも、基本は梁側が道路と平行している。このような建物の桁側・梁側どちらが道に平行・面するかについては、現在でも地域性は存在するが、中世の絵画資料からは、地方においては一般住居は梁側を道に向け、商店は桁側を向ける傾向を指摘することができる。本論ではこの傾向を古代に援用した

が、古代では官道と官衙の配置関係などに比べ、生活道と集落の関係を分析するには具体例は多くない。今後の検討課題としておきたい。

2. 古代の「市」の目安となるもの

　古代の「市」を考える時、どのような条件が必要かを羅列してみた。
① 陸上・水上交通の要衝
　　物資の流通に便利な陸路や水上交通の要衝となる場所で、消費地となる施設や集落が周辺に存在する。「市」が集落内包型でも単独で存在するにも、人の往来が盛んで需要と供給のバランスが取れる立地。逆説的には主要な交通路から離れ、物資の移動や人の往来の不便な孤立した集落などの可能性は少ない。
② 物資の流通に必要な度量衡関連の遺物の出土
　　度量衡に関わる出土遺物としては、秤などの権衡に関わるものと、枡などの量に関わるものがある。権衡の資料には、棹秤の権（吉村1995。錘などの用語もあるがここでは吉村に従い権を使用する）と天秤棒に取り付けるリング状金具などがある。権は金属製や石製があり、全国的に確認されているが、リング状金具については、埼玉県宮町遺跡（大谷1991）など発見例は限定されている。枡に代表される計量器については出土遺跡が限定され出土数も少なく、ここではコップ形須恵器（井上1994）を通常の流通に使用される計量器と位置付け、権とコップ形須恵器を指標とした。
③ 「市」関連文字資料の出土
　　出土文字資料の中で、「市」「○○市」のような墨書土器に注目した。都城や国府など官衙とその周辺でも発見されているが、多くは集落の竪穴住居や溝あるいは方形周溝状遺構などから出土している。文字資料は、「市」との関連を視覚的・直接的に感じさせるが、定期・臨時の「市」で住居と店舗が兼用でなければ、商人たちも「市」の日に通勤してくるのであり、本来の居住

地との関係も考えなければならない。
④　搬入品を含めた多様な遺物の出土
　　物資が流通し人の往来が盛んになれば、多種多様な遺物と在地以外の製品も出土すると考えた。官衙や寺院など地域の核となるような遺跡周辺でも同様な傾向にあるが、出土遺物の内容は、流通する商品によっても左右されるであろう。
⑤　桁行を並べた掘立柱建物群
　　これは前章で絵画資料の検討から導き出した結果であり、人の通行する面に桁行が平行で間口を広く取ることが基本となると考える。柱穴の構造・規模も官衙などで検出されるような、掘り方が方形であったり大型のものはなく、さらに柱の配置・柱間距離が必ずしも規則的でないような、貧弱な部類の掘立柱建物に着目したい。また、「市」と呼ぶには複数の建物が必要であり、妻側が接するように1列あるいは道路を挟んで2列並ぶ建物群を想定した。都城の「市」も定期市であることから、常設的な「市」が地方にあったかは疑問であり、定期・臨時の施設という観点から小型の掘立柱建物を考えた。

3. 古代の「市」を探る

中世の絵巻である『一遍上人絵伝』に登場する「市」について、建物配置の平面図を復元し、さらに古代の「市」を抽出する条件を考えてきた。これらを援用し基準として古代集落の遺構配置や立地あるいは出土遺物から、「市」と呼べる遺跡を検討してみたい。

仙台市欠ノ上II遺跡（工藤2000）は、北西1kmに郡山遺跡、広瀬川を挟んだ北東には神柵遺跡などの、官衙や官衙的建物群が存在する。郡山II期官衙の時期には、鍛冶工房や銅製品が検出され郡山遺跡の規制下にあった集落とされている。9世紀以降は散村的農耕集落と表現されているが、9世紀中頃の竪穴住居跡SI-8から底部外面に『七古市』の墨書がある須恵器坏が出土している（図

3)。古代には郡山遺跡の南を流れる旧河道と名取川支流の笊川の合流点の河岸に位置しており、遺構としては確認できないが「市」に関わる集落の可能性が高い。

　埼玉県宮町遺跡の周辺には、勝呂廃寺や若葉台遺跡などの遺跡が分布し、東山道武蔵路の通過を想定されている地域でもある。8世紀中頃の住居SJ9から、リング状の金具3点と緑泥片岩製権からなる棹秤が出土しており、さらに同時期の住居などから3点のコップ形須恵器や『路家』墨書が検出されている（図4）。越辺川右岸の台地上に位置し、水陸両者の交通を視野に入れることも可能である。大型住居跡や溝持ちの掘立柱建物跡なども発見されていることから、臨時の「市」のような施設ではなく、物資の集積や流通が行われた官の介在を感じさせる遺跡である。

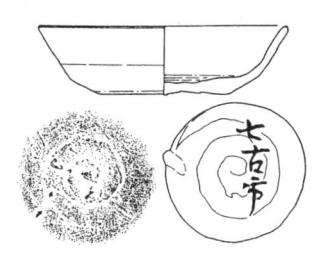

図3　欠ノ上Ⅱ遺跡

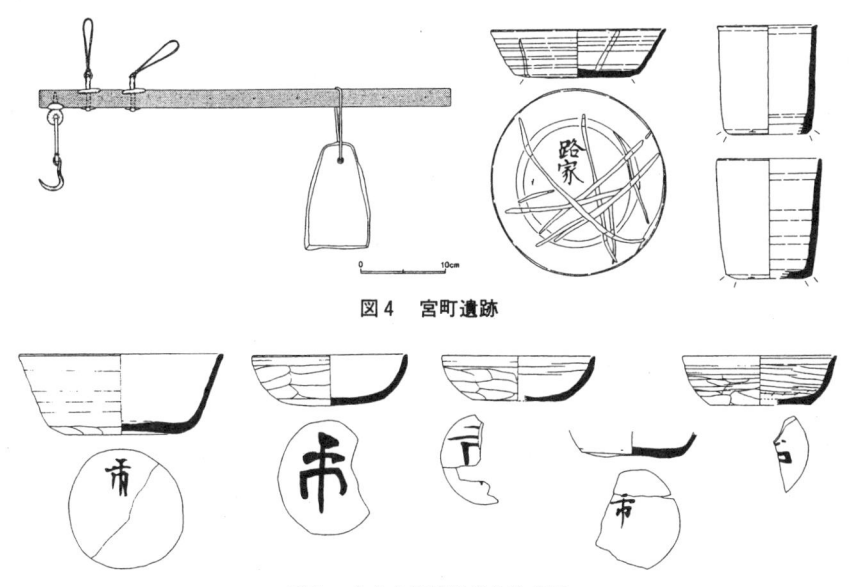

図4　宮町遺跡

図5　多古台遺跡群 No.8 地点Ⅱ

236 第4節 古代の「市」を探る

　千葉県多古台遺跡群（平野1997）は、栗山川とその支流沿いに広がる樹枝状谷を望む台地上に点在し、同時期の集落が数多く分布する。No.8地点Ⅱでは、8世紀末～9世紀前葉のSI1から馬具や『長苗』の墨書とともに、底部外面に『市』墨書のある土師器坏が5点出土している（図5）。土持台遺跡（三浦他1986）では、主体部のある29号方形周溝状遺構から『市』墨書の須恵器蓋2点（図6）が赤彩坏や鉄器とともに出土し、栗山川対岸の中内原遺跡でも『市』墨書が発見されている。このように、多古台遺跡群周辺は『市』墨書が集中して発見されており、栗山川沿いに「市」か「市」に関係する人物あるいは集団の拠点が存在した可能性も考えられる。方形周溝状遺構については、佐倉市大作遺跡でも『市』墨書が出土しており、流通あるいは「市」

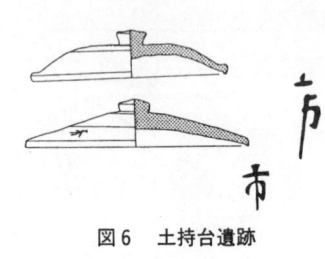

図6　土持台遺跡

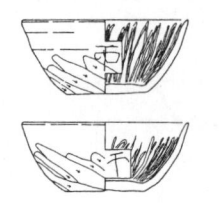

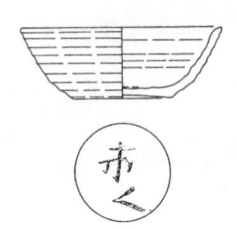

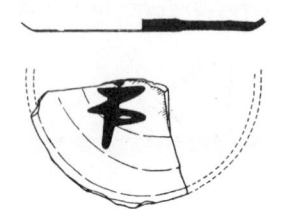

図7　御所遺跡、桜林遺跡、畝田・無量寺遺跡（左から）

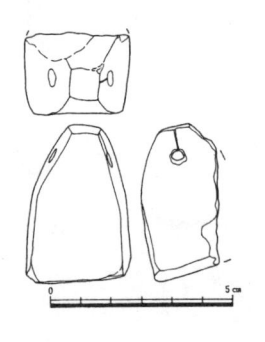

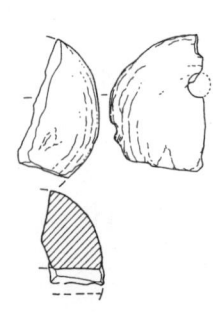

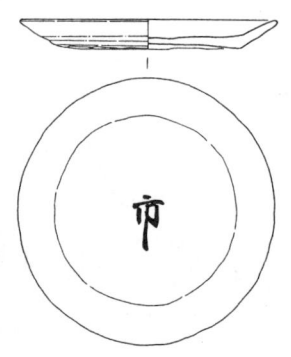

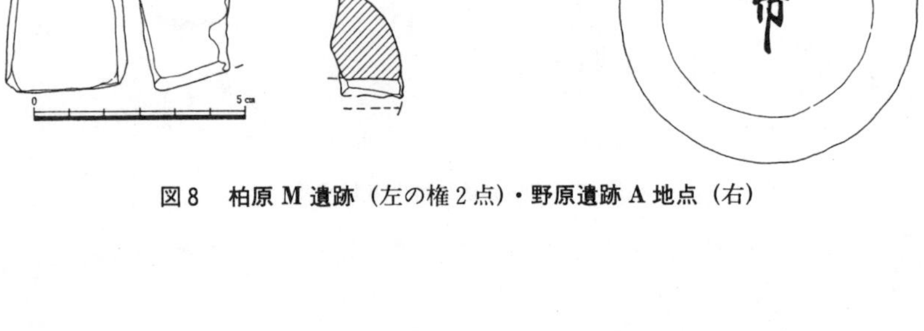

図8　柏原M遺跡（左の権2点）・野原遺跡A地点（右）

に関わる人物の墓とも考えられる。

　山梨県御所遺跡（小林1998）は桂川右岸の段丘面に位置し、竪穴住居跡主体の集落であり、周辺にも小規模な集落が点在する地域である。9世紀前半の8号住居跡から、底部外面に『市』刻書のある甲斐型鉢2点が出土している（図7）。この住居からは水銀朱と金が付着した石杵が発見されており、金メッキに使用する乳棒と考えられている。また、カマド内からは海産魚類（マイワシ）の骨が出土しており、河口から80 km遡った地点であることから、鮮魚としての流通は無理であり、保存食品として加工流通したとされている。このような魚類交易は普遍的・広域的に行われていた可能性も指摘されており、砂金や加工食品の流通と金工房に関わる集落であることが考えられる。

　愛知県桜林遺跡（伊藤他1998）は矢作川右岸台地に立地し、縁辺部には梅坪遺跡・高橋遺跡などが並ぶ。また、東2 kmの矢作川河床遺跡周辺から沖積地を通り、生活域である台地上に至る交通の要地でもある。8世紀中頃～10世紀前半の遺物が出土するSD1は、水の祭祀に関わる溝であり、『酒杯』など17点の墨書土器のなかに、底部外面に『市人』の墨書のある灰釉椀が出土している（図7）。岡崎市唐桶遺跡出土の『舩人』墨書との比較から、『市人』は職名＝市司の下で取引を行う人物との可能性が指摘されている。「市」に関わる職名が記された稀有な例であり、周辺には公的な「市」の存在を感じさせる。

　金沢市畝田・無量寺遺跡（出越他1983）は犀川と大野川に挟まれた日本海を望む微高地上に位置し、周辺には藤江B遺跡・戸水C遺跡といった庄家と関わる遺跡が分布している。この遺跡も大型建物群や50 m未満の区画施設、銅椀・円面硯と『庄』『袈』などの墨書土器から、庄園や庄園に関わる官人あるいは富豪層の居宅と考えられている。こういった遺跡から『市』墨書が出土しており（図7）、庄園と「市」の関連を暗示している遺跡である。

　福岡市柏原遺跡群（山崎他1988）は樋井川左岸の、福岡平野と早良平野の境界付近の入り組んだ地形に位置している。M遺跡は34棟の掘立柱建物跡で構成され、製鉄炉や土器埋納遺構なども検出されている、8世紀後半～9世紀前半

の集落である。中国製陶磁器や晩唐三彩の他、石帯・硯・『郷長』『左原補』『山守家』などの墨書土器が出土している。グリッドであるが、砂岩質と玉質石材の2点の権（図8左）が検出されている。対岸には柏原古墳群が分布し、7世紀代のG-1号墳からも権が出土している。また、鉄塊を供献している古墳や、製鉄遺構を伴う中世居館が上流にあるなど、製鉄と深く関わる地域でもある。

　福岡県安武遺跡群（富永他1991）の野畑遺跡A地点SE10から、底部外面に『市』墨書のある土師器皿が出土している（図8右）。同遺跡群には三潴郡田家郷家に比定されている野瀬塚遺跡や、居宅・寺院説のある今泉遺跡などが含まれ、南西2kmの道蔵遺跡からは大型建物や『三万少領』の墨書などと権が発見されている。SE10からは鉄滓や羽口と粘土塊も出土しており、8世紀後半～9世紀前半の鍛冶遺構の存在を指摘されている。筑後川沿いの遺跡密集地域における物資の流通と生産や工房との関係を伺える地域である。

　以上のような「市」との関連を指摘できる遺跡をいくつか挙げたが、遺構から「市」を想定できる遺跡として、千葉県大網山田台遺跡群（石本他1995・96）がある。大網山田台遺跡群は2つの水系に跨る、複雑に台地と樹枝状支谷が入り組んだ地域に広がり、周辺には山田水呑遺跡・作畑遺跡・金谷郷遺跡群などの古代集落が密度濃く分布している。遺跡群内一本松遺跡からは、250軒以上の竪穴住居跡や100棟近い掘立柱建物跡が確認され、帯金具・海老状鍵などが出土している。木葉状文の銅製の権は土壙D1025から出土しており（図9左）、副葬品と考えられている。猪ヶ崎遺跡は、190軒の竪穴住居跡と総柱を含む238棟の掘立柱建物跡が発見されており、『北曹司』『大吉』『生万』などの墨書土器や帯金具から、郷倉の可能性も指摘されている。9世紀後半のH-106のカマド内から、底部外面に『市』の線刻がある土師器坏が出土している（図9右）。

　この遺跡群の中で、『市』線刻が出土した猪ヶ崎遺跡H-106住居の北側に南北に並ぶ掘立柱建物群に注目し、建物の分布と規模などを検討したい。調査区南側の遺構集中区域から50m程距離を開けて、数棟の建物と竪穴住居が南北に並ぶブロックがある。南側の総柱建物や、L字あるいはコ字状に並ぶ建物群と

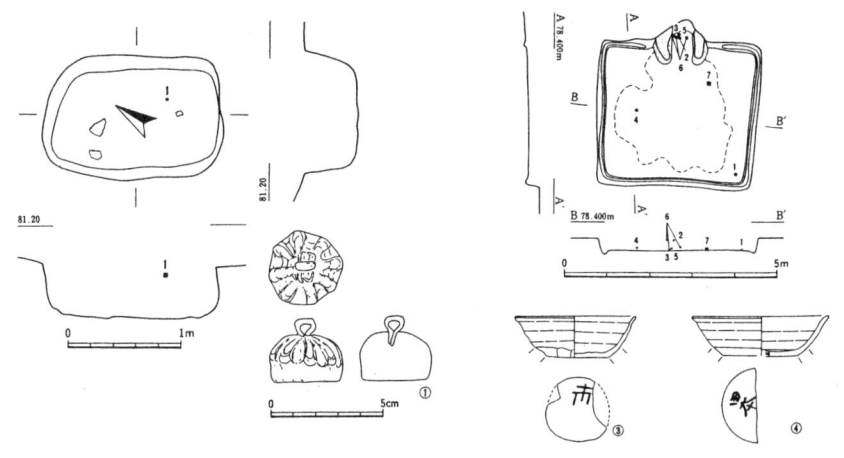

図9 大網山田台遺跡群D1025（左）・H106（右）

はやや主軸方向をずらしているが、4～5棟の掘立柱建物が竪穴住居を取り込みながら直線的に配置されている。掘立柱建物B-005・006・011・062の4棟、H-011と013の竪穴住居は、他の掘立柱建物や竪穴住居と一部重複しているが、B-006からH-013まで約50m続いている（図10）。また、B-005・006の西10mには溝が平行して走り、H-013の南には遺構の疎らな地域が続き、遺構密集地域へ至る。掘立柱建物から遺物は出土していないが、H-011が7世紀後葉～8世紀前半、013が8世紀後半～9世紀前半である。B-005と011が3×3間で、006と062が3×2間であるが、005・011ともに0.9～1.2m南北に長い。B-062以外は柱穴の直径も小さく、浅いものが多い。005・006と062の西面と011の東面は、2m程の距離を開けてほぼ直線的に通過することができ、011を挟んで西側の溝とほぼ平行になる。東庇のB-066の存在や062と重複する063・065などの問題があるが、062は明らかに主軸を90°変えており、性格の違いを感じさせる。こういった直線からなる建物群は、集落内の道路・通路に規制された結果であり、直線と直角を基本とした、広場空間を持つ配置の建物群とは明らかに性格を異にしている。これは単に道路に沿って並ぶ建物群ではなく、これまで見てきた遺跡の立地や出土遺物から「市」に関わる建物群と理解して

240 第4節 古代の「市」を探る

図10 大網山田台遺跡群猪ヶ崎遺跡

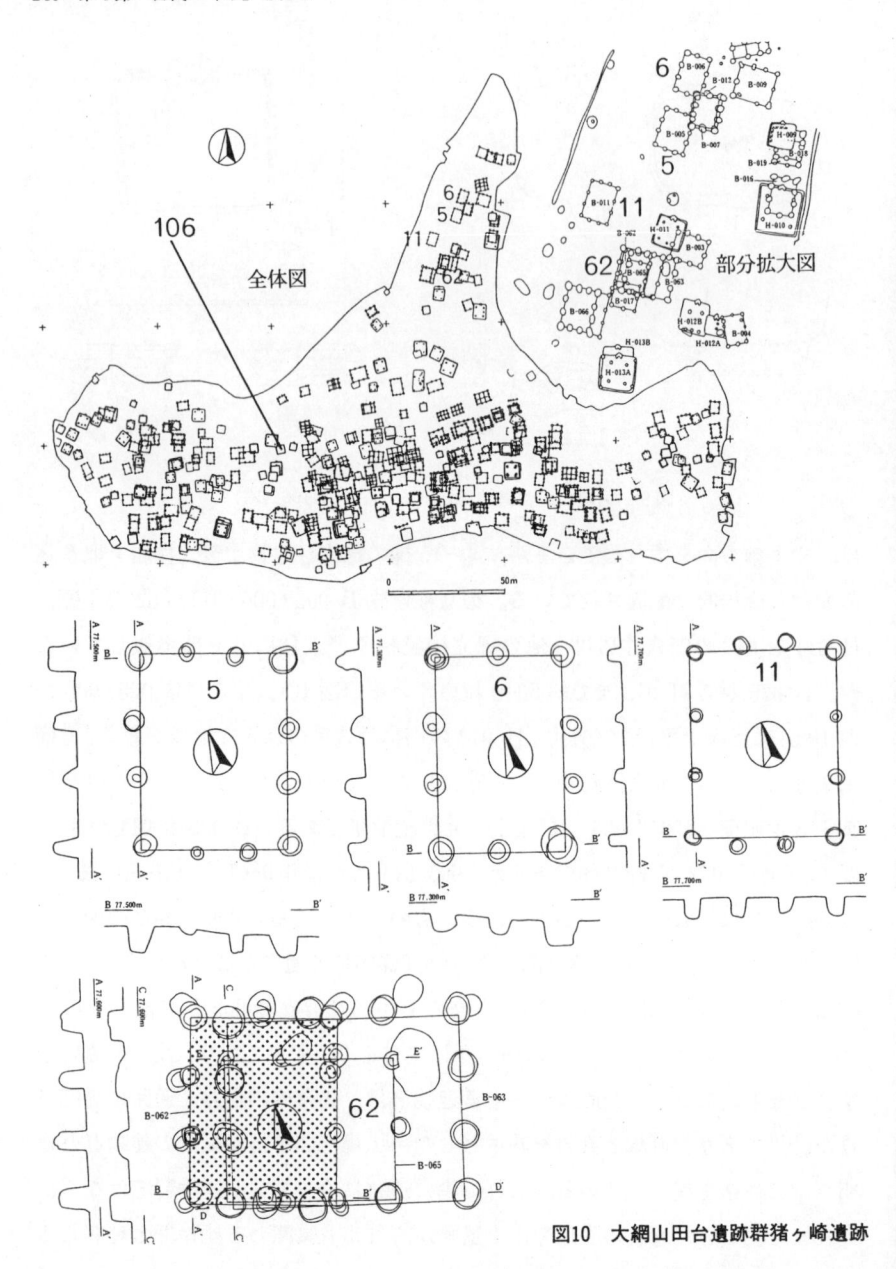

おきたい。『市』刻書が9世紀後半であることから、「市」的な性格は長期間継続したと考えられる。銅製権が出土した一本松遺跡D1025は墓壙の可能性が強く、「市」開設場所と居住域が異なっていると考えられる。しかし、「市」に関わる人全てが居住域：一本松遺跡から「市」開設場所：猪ヶ崎遺跡へとする理解ではなく、権の使用を必要とする商人がそうであったということで、「市」と商人そして消費者は広範な範囲で移動していたのであろう。

4. 古代「市」研究の課題と展望

　古代集落の概念は、官衙や寺院のような性格の明瞭な遺跡と異なり、多くの要素を包括している。そのため規模や構造、出土遺物は千差万別である。官衙の近くであれば集落も規制を受け、瓦窯近くの集落なら出土遺物にも影響が見られる。しかし、「市」のように遺構・遺物にメルクマールとなるような強い個性を持たない性格の遺跡の場合、集落に内包されるか、集落の一形態として注目されてこなかった。また、これまで見てきた遺跡には御所遺跡や柏原遺跡群のように、生産関連の遺構・遺物が伴う場合が確認でき、「市」と特に金属の生産などとの関係が新たに確認できた。「市」には製鉄に従事する集団も関与し、鉄製品の修理やメンテナンスも行っていた可能性が考えられる。鉄製品だけではなく、扱う商品によって構造的にもどのように差別化されるのか、そして「市」と「市」の関係なども今後の課題でもある。

　今回は、前記条件の中でも認識を共有しやすい「市」墨書土器など出土遺物を重視して「市」の抽出を行ったが、出土遺物の条件が揃わない集落遺跡の中にも、「市」遺跡が存在することは確実である。古代の「市」の考古学的研究はようやくスタートラインに立ったところであり、ここで述べたことも含めて改めて吟味し、資料の再精査を行う必要がある。古代「市」の認識の広がりと、属性の一端でも解明が進めば、研究は新たな展開を迎えるであろう。

引用・参考文献

石本信則他『大網山田台遺跡群Ⅱ』(財)山武郡市文化財センター、1995
石本信則他『大網山田台遺跡群Ⅲ』(財)山武郡市文化財センター、1996
伊藤基之他『桜林遺跡』安城市教育委員会、1998
井上尚明「コップ形須恵器の考察―奈良時代の計量器について―」『考古学雑誌79-4』日本考古学会、1994
井上尚明「官衙をとりまく施設と人々」『シンポジウム 坂東の古代官衙と人々の交流』埼玉考古学会、2002
井上満郎『平安京再現』河出書房新社、1990
宇野隆夫「律令制下の交易」『考古学による日本歴史9 交易と交通』雄山閣、1997
大谷徹『宮町遺跡Ⅰ』(財)埼玉県埋蔵文化財調査事業団、1991
小泉袈裟勝『枡』法政大学出版局、1980
小泉袈裟勝『秤』法政大学出版局、1982
栄原永遠男『奈良時代流通経済史の研究』塙書房、1992
栄原永遠男「国府市・国府交易圏に関する再論」『研究報告第63集』国立歴史民俗博物館、1995
工藤哲司『欠ノ上Ⅱ遺跡』仙台市教育委員会、2000
小林公治『大月市御所遺跡』山梨県教育委員会、1998
小松茂美『一遍上人絵伝』中央公論社、1988
小松茂美『慕帰絵詞』中央公論社、1990
桜井英治「市と都市」『中世都市研究3 津 泊 宿』中世都市研究会編、新人物往来社、1996
佐藤信『日本古代の宮都と木簡』吉川弘文館、1997
篠原豊一「コラム 平城京の東市」『考古学による日本歴史9 交易と交通』雄山閣、1997
玉村光洋「大分県釘野千軒遺跡発見の建物群」『中世都市研究3 津泊宿』中世都市研究会編、新人物往来社、1996
出越茂和他『金沢市畝田・無量寺遺跡』金沢市、1983
富永直樹他『安武地区遺跡群Ⅴ』久留米市教育委員会、1991
平野功『多古台遺跡群No.8地点』(財)香取郡市文化財センター、1997
福田聖「関東地方出土の古代権衡資料」『研究紀要13』(財)埼玉県埋蔵文化財調査事業団、1997
福山敏男他『一遍聖絵』角川書店、1975

三浦和信他『多古工業団地内遺跡群発掘調査報告』(財)千葉県文化財センター、1986
宮滝交二『堂山下遺跡』(財)埼玉県埋蔵文化財調査事業団、1991
山口讓治『井相田C遺跡Ⅰ』福岡市教育委員会、1987
山崎純男他『柏原遺跡群Ⅵ』福岡市教育委員会、1988
山本義浩『辻子遺跡他 近畿自動車道名古屋神戸線埋蔵文化財発掘調査概報Ⅱ』三重県埋蔵文化財センター、1999
吉村靖徳「権衡に関する一考察―福岡県出土権状製品の検討と課題―」『研究論集20』九州歴史資料館、1995

(井上尚明)

■ 執筆者紹介 ■ （五十音順）

安藤広道（あんどう・ひろみち）
　1964年神奈川県生。慶應義塾大学大学院後期博士課程単位取得。現在、慶應義塾大学文学部助教授。主要論文、「弥生時代集落群の動態―横浜市鶴見川・早渕川流域の弥生時代集落遺跡群を対象に―」『調査研究集録』第8冊、「南関東地方石器～鉄器移行期に関する一考察」『横浜市歴史博物館紀要』第2号、「倭の地は温暖にして冬夏生菜を食い―倭人の食卓」『三国志がみた倭人たち―魏志倭人伝の考古学』ほか。

石井克己（いしい・かつみ）
　1953年神奈川県生。國學院大學大学院修士課程修了。現在、群馬県子持村教育委員会公民館長勤務。主要論文「日本のポンペイ出現、軽石の下から古代の農村」『古代史はこう書き換えられる』、「東国の村と生活―日本のポンペイ黒井峯・西組遺跡は語る」『古代を考える　東国と大和政権』ほか。

井上尚明（いのうえ・かつあき）
　1953年東京都生。中央大学文学部史学科卒業。現在、埼玉県教育局文化財保護課勤務。主要論文、「銙帯をめぐる二、三の問題」『埼玉の考古学』、「郷家に関する一試論」『埼玉考古学論集』、「コップ形須恵器の考察―奈良時代の計量器について―」『考古学雑誌』79-4、「墨書土器の再検討」『幸魂』ほか。

岡田康博（おかだ・やすひろ）
　1957年青森県生。弘前大学教育学部卒業。現在、文化庁文化財部記念物課文化財調査官。主要論文、「青森県平館村今津遺跡出土の鬲状三足土器」『考古学雑誌』71-2、「東日本の縄文文化」『季刊考古学』64 ほか。

及川良彦（およがわ・よしひこ）
　1960年千葉県生。青山学院大学大学院修士課程修了。現在、東京都埋蔵文化財センター主任調査研究員。主要論文、「多摩ニュータウン（T.N.T.）遺跡群の方形周溝墓」『青山考古』第20号、「関東地方の低地遺跡の再検討（4）」『西相模考古』第12号、「有孔磨製小形尖頭器」『論集』XIX ほか。

小林謙一（こばやし・けんいち）
　1960年神奈川県生。総合研究大学院大学学位取得（文学博士）。現在、国立歴史民俗博物館研究部研究員。主要論文、「縄紋時代中期集落における一時的集落景観の復元」『国立歴史民俗博物館研究報告』第82集、「AMS^{14}C 年代測定と暦年較正を利用した縄紋中期の土器型式変化の時間」『時空をこえた対話―三田の考古学』ほか。

笹生　衛（さそう・まもる）
　　1961年千葉県生。國學院大學大学院修士課程修了。現在、千葉県立安房博物館上席研究員。主要論文、「古代仏教信仰の一側面」『古代文化』46巻12号、「東国中世村落の景観変化と画期」『千葉県史研究』第7号、「古代仏教の民間における広がりと受容」『古代』第111号、「地域の環境変化と祭祀」『神道宗教』第192号ほか。

菅原祥夫（すがはら・さちお）
　　1963年静岡県生。東北学院大学文学部史学課卒業。現在、（財）福島県文化振興事業団文化財主査。主要論文、「古代陸奥の土師器生産体制と土師器焼成坑」『古代の土師器生産と焼成遺構』真葉社、「平安時代における蝦夷系土器の南下」『阿部正光君追悼集』、「複式炉の成立過程とその意義」『福島考古』第44号ほか。

鈴木敏弘（すずき・としひろ）
　　1945年埼玉県生。國學院大學大学院博士課程修了。東京電機大学高等学校、大東文化大学非常勤講師。主要論文、「集落遺跡の研究」（Ｉ）・（Ⅱ）『和考研究』Ⅱ・Ⅸ、「集落内祭祀の研究」『和考研究』創刊号・Ⅳ・Ⅴ・Ⅹ、「銅鐸始私考」「銅鐸と祭祀同盟」『和考研究』XI、「弥生時代祭祀同盟の成立」『季刊　考古学』第84号、「邪馬台国の祭祀同盟」『初期古墳と大和の考古学』ほか。

正岡睦夫（まさおか・むつお）
　　1944年愛媛県生。愛媛大学教育学部卒業。現在、岡山県古代吉備文化財センター所長。主要論文、『日本の古代遺跡（愛媛県）』（共著）、『弥生土器の様式と編年（山陽・山陰）』（編著）、「弥生時代及び古墳時代の水利と水田─西日本を中心として─（上）（下）」『古代学研究』98・99ほか。

宮瀧交二（みやたき・こうじ）
　　1961年東京都生。立教大学大学院文学研究科博士後期課程退学。現在、埼玉県立博物館主任学芸員。早稲田大学・東京女子大学非常勤講師。主要論文、「日本古代の村落と開発」『歴史学研究』638、「日本古代の民衆と村堂」『村の中の古代史』ほか。

村田和弘（むらた・かずひろ）
　　1969年京都府生。奈良大学文学部文化財学科卒。現在、財団法人京都府埋蔵文化財調査研究センター勤務。主要論文、「山背国古山陰道小考」『文化財学論集』、「平安時代初期の邸宅遺構─平安京跡右京一条三坊九町の邸宅から─」『京都府埋蔵文化財論集』第4集、「平安京跡右京一条三坊九・十町（第8・9次）」『京都府遺跡調査概報』第92冊ほか。

山岸良二（やまぎし・りょうじ）
　　1951年東京都生。慶応義塾大学大学院修士課程修了。現在、東邦大学付属中高等学校教諭、日本考古学協会理事、習志野市文化財審議会会長。主要著作、『原始・古代

日本の墓制』、『関東の方形周溝墓』、『科学はこうして古代を解き明かす』、『古代史発掘総まとめ 03～04』ほか多数。

原始・古代日本の集落
げんし こだい にほん しゅうらく

2004年9月10日発行

編　者　山　岸　良　二
発行者　山　脇　洋　亮
印刷者　㈲協　友　社

発行所　東京都千代田区飯田橋　㈱同 成 社
　　　　4-4-8 東京中央ビル内
　　　　TEL 03-3239-1467　　振替 00140-0-20618

© Yamagishi Ryouji 2004 Printed in Japan
ISBN4-88621-297-2 C3021